Kohlhammer

Heinz Kramer
Maurus Reinkowski

Die Türkei und Europa

Eine wechselhafte Beziehungsgeschichte

Verlag W. Kohlhammer

Umschlag:
Ansicht von Počilelj, südlich von Mostar (Foto: Privat)

Karten: Peter Palm, Berlin
Gesamtherstellung:
W. Kohlhammer Druckerei GmbH + Co. KG, Stuttgart
Printed in Germany

ISBN 978-3-17-018474-9

Inhaltsverzeichnis

Vorwort

Noch vor zwei Jahrzehnten wäre dieses Buch aus einem eher »schöngeistigen« Interesse heraus gelesen worden. Heute jedoch will man mehr über die Beziehungsgeschichte zwischen der Türkei und Europa erfahren, um sich in der Frage eines eventuellen Beitrittes des Landes zur Europäischen Union ein gründlicheres Wissen und vielleicht auch Argumentationshilfen zu verschaffen. Das ist die Gretchenfrage, die wohl auch jede Leserin und jeder Leser diesem Buch wird stellen wollen: Ist die Türkei – auch mit Blick auf ihre Geschichte – ein geeigneter Beitrittskandidat? Die Antwort der Autoren wird viele Leser vielleicht enttäuschen, denn sie kann nur deutlich uneindeutig sein. Denn es gilt: Wie Menschen sich ihrer Geschichte erinnern, darf ihnen nicht vorgeschrieben werden, so wie Geschichte nicht vorschreiben kann, was Menschen in Zukunft zu tun haben.

Das heisst aber nicht, dass die Kenntnis der Geschichte für die Bildung des eigenen Urteils unerheblich ist. Wir haben uns nun einmal angewöhnt, Gegenwart und Zukunft auch vor dem Hintergrund der Geschichte zu sehen. Das vorliegende Buch will insofern eine Handreichung sein, als die Autoren dem Leser ihre Sicht auf die Geschichte der Beziehungen zwischen der Türkei und Europa darlegen. Sie verknüpfen damit natürlich die Absicht, zum Nach- und Weiterdenken anzuregen, aber auch Zustimmung und Widerspruch hervorzurufen. Denn, wie gesagt: *Die* Geschichte gibt es ebenso wenig, wie wir heute die Zukunft planen oder gar vorher sehen können.

In unserer Wahrnehmung ist das Gegenüber von Okzident und Orient tief verankert. Nicht nur Menschen in Europa neigen dazu, in Gegensätzen wie ‚wir' und ‚die anderen' zu denken, sondern überall auf der Welt – auch im Nahen Osten. Und hier sind wir schon beim Kern der Sache: Ist die Türkei ein Teil des Anderen, also des Orients, des Nahen Ostens, Asiens – oder »des Islam«, wie das Gegenbild zu Europa heute gerne gesehen wird? Oder hat die Türkei vielmehr durch ihre langen und engen Beziehungen mit Europa, durch ihre frühe Ausrichtung hin auf Europa nicht vielmehr den Status eines – wenn auch am Rande liegenden – europäischen Landes, etwa wie Russland?

In diesem Buch wird die Türkei im Verlaufe der türkisch-europäischen Beziehungsgeschichte nicht als ein selbstverständlicher Gegner Europas geschildert; man kann sie aber auch nicht ohne Weiteres als einen Bestandteil Europas verstehen. Auch im 20. Jahrhundert gehört die Türkei in der Sicht vieler Europäer, aber auch zahlreicher Türken immer noch nicht selbstverständlich zu Europa. Sonst gäbe es nicht – auf beiden Seiten – die ungewöhnlich heftigen Auseinandersetzungen darüber, ob das Land Mitglied in der Europäischen Union werden könne. Ein selbstverständlicher Gegner Europas aber ist die Türkei schon längst nicht mehr.

Die Beziehungen zwischen der Türkei und Europa sind nun rund ein Jahrtausend alt. Schon der gesunde Menschenverstand verlangt die Einsicht, dass diese Beziehungen eben nicht eindeutig und nur von einer Seite geprägt gewesen sein können. Wenn auch »Abendland« und »Morgenland« in den Köpfen der Menschen sich als meist feindliche und von einander abgegrenzte Welten gegenüberstehen, so hat es in der »hohen Politik«, aber vor allem in der Kultur und unter den Menschen vielfältige Berührungen, ja auch wechselseitige Durchdringungen gegeben. Ein besonderes Anliegen der beiden Verfasser ist es daher, die Türkei und Europa als eigenständige Einheiten nicht zu leugnen, aber auch die vielen Übergänge und Zwischenwelten, die im Laufe der Jahrhunderte entstanden sind, dem Leser nahe zu bringen.

Dabei ist keine »gleichwertige« Beziehungsgeschichte entstanden. Die Türkei und ihre Geschichte zu Zeiten des Osmanischen Reiches und der modernen Republik steht deutlich im Vordergrund. Schließlich geht es in der politischen Debatte, die derzeit in Deutschland und in Europa ingesamt geführt wird, in erster Linie ja auch darum, sich ein zutreffendes Bild von der Türkei im europäischen Kontext zu verschaffen. Dass dabei auch Einsichten und Erkenntnisse über die europäische Seite der Beziehungen anfallen, ist kein Zufall, sondern gewollt.

Diese Beziehungsgeschichte auf knapp 200 Seiten zu schildern, erfordert den Mut zur Lücke. So werden wichtige Personen wie Skanderbeg, Kämpfer im 15. Jahrhundert gegen die osmanische Herrschaft in Albanien, nicht erwähnt, oder wichtige Ereignisse wie die Eroberung Konstantinopels im Jahre 1453 nicht ausführlich erzählt. Die Verfasser wollen große Linien ziehen, zugleich aber Beispiele geben und einzelne Sachverhalte zum besseren Verständnis herausheben. Nicht jedem historischen Detail kann dabei Gerechtigkeit widerfahren. Die Geschichte des Osmanischen Reiches und der Republik Türkei wird in Grundzügen geschildert, ohne jedoch zu sehr in die Einzelheiten zu gehen. Wer dazu mehr und Genaueres wissen will, kann sich anhand der kommentierten Bibliographie am Endes des Buches vertieftes Wissen verschaffen.

Dies gilt auch für den zweiten Teil des Buches, der sich der Geschichte der Republik und ihrer Beziehungen zu Europa seit Beginn des 20. Jahrhunderts widmet. Dabei wird deutlich, dass in dieser Phase sich die »Europäisierung« der Türkei verstärkt. Die moderne türkische Republik wurde nämlich von Mustafa Kemal (Atatürk) in der Absicht, sie klar vom Osmanischen Reich abzugrenzen, nach dem Vorbild der klassischen europäischen Nationalstaaten des 19. Jahrhunderts geschaffen. Dieser Versuch, der Türkei und den Türken im Wege der »Anverwandlung« Europas eine neue Identität zu geben, bestimmt das politische Geschehen des Landes und seine Beziehungen zu den anderen europäischen Staaten bis heute.

Auch für diese Beziehungen gewann die innere Verfasstheit der Türkei zunehmend an Bedeutung. Denn nach dem Zweiten Weltkrieg setzte mit der europäischen Integration ein Prozess ein, der immer stärker von der Entwicklung eines Systems gemeinsamer Politik geprägt wurde. Die Grenzen zwischen den nationalen Systemen der Mitgliedstaaten in der Europäischen Union wurden zunehmend durchlässig und damit bekamen Fragen der gegenseitigen Kompatibilität von Institutionen, Prozessen und deren Wertegrundlagen eine wachsende Bedeutung. In dem Maß, in dem auch die Türkei sich auf diesen Prozess einließ, wurden derartige Fragen dann auch in ihrem Verhältnis zu Europa wichtig.

Deshalb wird gegen Ende des Buches der Blick mehr als vorher auch auf die innertürkische Entwicklung gerichtet und die Leitfrage gestellt: Wie wurde die Europäisierung unter Kemal und in seiner Nachfolge konkret gestaltet? Welches Europa hat sich in der Türkei im Zusammen- und Wechselspiel mit den eigenen osmanischen Grundlagen und den direkten und indirekten europäischen Einflüssen im Zeitalter der Republik entwickelt?

Das Buch ist eine Koproduktion zweier Autoren höchst unterschiedlicher Prägung: ein primär geisteswissenschaftlich geschulter Islamwissenschaftler und Hochschullehrer und ein sozialwissenschaftlich ausgebildeter Politikanalyst. Diese Unterschiede machen sich in der Darstellung und Analyse auch klar bemerkbar. Wir haben deshalb deutlich gekennzeichnet, welche Kapitel von wem geschrieben wurden. Es ist so zwar kein Buch »aus einem Guss« entstanden, doch meinen wir, dass deutlich wird, wie sehr die Verbindung der unterschiedlichen Perspektiven und Stile zum Erkenntnisgewinn über die Frage der Sinnhaftigkeit eines türkischen EU-Beitritts beitragen kann. Ähnlich wie in der Beziehungsgeschichte zwischen der Türkei und Europa geht es uns nicht um Fusion, sondern um Übergänge und Zwischenwelten zwischen den verschiedenen Ansätzen.

Im Buch verwenden wir für türkische Begriffe die heute in der Türkei übliche Schreibweise. Auf eine wissenschaftliche Umschrift wird verzichtet, auch osmanische Begriffe wurden an die moderne türkische Schreibweise angeglichen.

Für Hilfeleistungen und Ratschläge bei der Abfassung dieses Buches sind wir Klaus Kreiser, Jens Peter Laut, Olga Ott und Ferdinand Ranzinger dankbar. Natascha Beyer gilt unser Dank für die Erstellung des Registers und der Zeittafel.

I Das Osmanische Reich und Europa

1 Zur Einführung: Christliches Europa und islamische Welt

Die Türkei ist ein Staat mit einem eigenen Gepräge, der unter seinen Nachbarn weitgehend für sich allein steht: Die Türkei weist wenig Gemeinsamkeiten auf zu den Staaten Südosteuropas und Osteuropas mit ihrer überwiegend slavischen und orthodox-gläubigen Bevölkerung. Der Graben zu Griechenland erscheint angesichts mancher Streitpunkte in der Ägäis und vor allem durch die Zypernfrage besonders breit. Zu keinen seiner unmittelbaren östlichen Nachbarn, Georgien, Armenien, Iran, Irak und Syrien, hat die Türkei ein enges Verhältnis. Neben die sprachlichen (zum Beispiel Persisch und Arabisch gegenüber Türkisch) und religiösen (zum Beispiel schiitischer Iran gegenüber sunnitischer Türkei) Trennungslinien treten handfeste politische Streitfälle hinzu, so etwa die Furcht der Türkei vor einem kurdischen Teilstaat im Nordirak oder der Streit mit Syrien über die Wasservorräte des Euphrat.

Auf der anderen Seite ist die Türkei politisch alles andere als isoliert. Noch im Gründungsjahr 1949 wird die Türkei Mitglied im *Europarat*; erst 1951 folgt Deutschland. 1952, drei Jahre vor Deutschland, tritt die Türkei der *North Atlantic Treaty Organization* bei und ist bis heute wegen ihrer herausgehobenen südöstlichen Lage von großer Bedeutung für das NATO-Bündnis. Die Türkei ist seit 1945 Mitglied in den Vereinten Nationen; die beiden damaligen deutschen Staaten, die Bundesrepublik Deutschland und die Deutsche Demokratische Republik, erhalten erst 1973 einen Sitz in der UNO. Die Türkei war, wie auch Deutschland, im Jahr 1973 Gründungsmitglied der *Konferenz für Sicherheit und Zusammenarbeit in Europa*. Die *Organisation für Sicherheit und Zusammenarbeit in Europa (OSZE)*, wie sie seit 1995 heißt, zählt neben Bosnien-Herzegowina, Albanien, Aserbaidschan und der Türkei auch die islamischen Turkrepubliken Mittelasiens (Kasachstan, Kirgistan, Turkmenistan, Usbekistan) zu ihren 56 Mitgliedern.

Als einziger Staat der Welt ist die Türkei nicht nur Mitglied in NATO und OSZE, sondern hat zugleich Sitz in der 1969 eingerichteten *Organisation der Islamischen Konferenz (OIC)*. Die OIC sieht es als ihr Ziel an, die Solidarität und Zusammenarbeit unter den islamischen Mitgliedsstaaten zu fördern. Ihr Generalsekretär ist übrigens derzeit der Türke Ekmeleddin İhsanoğlu, der vorher Direktor des in Istanbul beheimateten und von der OIC finanzierten *Research Centre for Islamic History, Art and Culture (IRCICA)* war.

Die Türkei steht also im Umfeld ihrer unmittelbaren Nachbarn weitgehend für sich allein, ist aber zugleich – nicht nur durch ihre Mitgliedschaft in den internationalen Organisationen – international gut vernetzt. In politischer Hinsicht ist die

Bindung der Türkei an die westliche Welt weitaus stärker als an die islamische, aber dennoch wird die Türkei in der europäischen Öffentlichkeit immer wieder als orientalisches und islamisches Land wahrgenommen, das eben nicht Teil des christlich geprägten Europas sei. Was aber ist Europa?

Die heute so unbedingt erscheinende Selbstverständlichkeit von Europa ist das Ergebnis einer langen Entwicklung. Bis zum 15. Jahrhundert wurde »Europa« vornehmlich als geographischer Begriff verwendet; wollte man einen Raum mit gemeinsamer Religion und Kultur bezeichnen, sprach man von »Christentum« oder »Okzident«. Weil der Begriff von Europa so viele unterschiedliche Bezüge, geographische, religiöse, kulturelle, geschichtliche, in sich trägt, lässt sich nicht so leicht ein Gegenüber für ihn finden. Wir können von anderen Kontinenten wie Asien und Afrika sprechen, aber wenn zum Beispiel Historiker über Geschichte forschen wollen, die nicht in Europa stattgefunden hat, dann setzen sie bezeichnenderweise diese nicht-europäische Geschichte in Beziehung zu Europa und sprechen von »außereuropäischer« Geschichte.

Für die Begriffe »Christentum« und »Okzident« scheint es dagegen ein einleuchtendes Gegenüber zu geben – der Islam und der Orient. Das bedeutet aber nicht, dass »der Islam« und »der Orient« leicht zu fassen sind. So beginnt der Orient dort, wo man ihn beginnen lassen will; er kann fast überall sein, und zugleich ist er nirgendwo ganz sicher zu Hause. Jedenfalls ist Orient immer ein erhebliches Stück von dem Ort entfernt, wo man seine eigene Heimat sieht. Für Norddeutsche hat (oder zumindest: hatte) Bayern etwas bizarr Barbarisches. Für Wiener muten die weniger ansehnlichen östlichen Randbezirke der Stadt, die jenseits der Donau liegen, balkanisch an. In Südosteuropa sind sich alle sicher, dass sich jeweils einige wenige Hundert Kilometer weiter südöstlich das Tor zum Orient öffnet. Ein Istanbuler wiederum könnte der Meinung sein, dass spätestens östlich der Hauptstadt Ankara der Orient beginnt. Dieser Reigen des Weiterreichens des Orients an den jeweils Nächsten ließe sich wohl bis an die Gestade des Indischen Ozeans fortsetzen, ohne dass man jemals in einer für alle verbindlichen Weise »im Orient« angekommen wäre. Gerade aber die Tatsache, dass der Orient kaum fassbar ist und nahezu überall vermutet werden kann, macht ihn mächtig und wirkungsvoll.

Auch im Bild des Islams schwingt der Orient mit. Zwar reicht das europäische Bild vom Orient weit zurück bis zu den Reichen des Alten Orients im Zweistromland, Ägypten und Persien, aber seit vielen Jahrhunderten ist unser Bild des Orients mit islamischen Zeichen und Gegenständen angefüllt. »Der Islam« ist ebenfalls nicht so leicht zu fassen, wie man zuerst meinen möchte. Der Begriff Islam bezeichnet zuerst einmal allein die islamische Religion. Wollten wir ein genaues Gegenüber für »Christentum« finden, das ja nicht nur die christliche Religion meint, sondern auch die von der christlichen Religion nachhaltig geprägte Zivilisation, müssten wir eigentlich von »Islamtum« sprechen – eine sprachliche Neuschöpfung, die vor einigen Jahrzehnten der US-amerikanische Islamwissenschaftler Marshall G.S. Hodgson allen Ernstes vorgeschlagen hat.

Spätestens seit dem 11. September 2001 würden sich die meisten in Deutschland, so lässt sich vermuten, unter dem Europa entgegenstehenden Anderen nicht mehr den Orient vorstellen, sondern viel eher »den Islam« – ein großes, kaum zu entwirrendes Knäuel aus Religion, Kultur und Politik. Aber kann man Europa und den

Islam ernsthaft miteinander vergleichen? Die offensichtliche Schwierigkeit, einem geographisch-kulturellen Begriff wie Europa eine Religion, den Islam, gegenüber stellen zu wollen, könnten wir dadurch abzumildern versuchen, dass wir von »islamischer Welt« und »christlichem Europa« sprechen.

Aber auch mit diesem Begriffspaar lässt sich nicht recht glücklich werden. Abgesehen von den Anklängen an Samuel Huntingtons »Kampf der Kulturen« zieht die Gegenüberstellung »christliches Europa – islamische Welt« eine Grenze, die in dieser Eindeutigkeit niemals bestanden hat: Wollte man etwa die zahlreichen Christen und Juden, die im Nahen Osten lebten und leben, gänzlich aus einer europäisch-christlichen Geschichte ausschließen und sie zugleich zu einer Fußnote der islamischen Geschichte herabstufen? Sollen große Gebiete der christlich-antiken Welt im östlichen Mittelmeerraum nicht mehr zur europäischen Tradition gehören, weil sie seit vielen Jahrhunderten Teil der islamischen Welt geworden sind? Wenn Byzanz nicht aus der europäischen Geschichte wegzudenken ist, wie können, nach dem Untergang von Byzanz, die von Byzanz geprägten Länder und Menschen von einer europäischen Geschichte ausgeschlossen werden?

Wir können eine erste Lehre aus der bisherigen verwirrenden Darstellung ziehen: Wenn auch die Begriffe »Europa«, »Islam« und »Christentum«, »Okzident« und »Orient« alles andere als selbsterklärend und klar bestimmt sind, so werden sie doch als Selbstverständlichkeiten gesehen. Sie wurden über viele Jahrhunderte hinweg in einer langen Geschichte gegenseitiger Wahrnehmungen eingeübt.

Werfen wir einen Blick zurück zu den Anfängen. Schon in den ersten Jahrzehnten nach dem Tode des Propheten Muhammad im Jahr 632 eroberten arabisch-islamische Heere weite Gebiete des östlichen und südlichen Mittelmeerraums. Kerngebiete der spätantiken-christlichen Welt wurden für immer Teil der islamischen Welt: In den 630er Jahren fallen Syrien und Ägypten an die Muslime. Andere Länder wiederum werden für viele Jahrhunderte Teil der islamischen Welt: 711 setzt ein Heer nach Gibraltar über und läutet das Zeitalter von *al-Andalus,* der islamischen Herrschaft und Kultur auf der iberischen Halbinsel, ein, das im 15. Jahrhundert sein Ende finden wird.

Die anfangs unbesiegbar erscheinenden islamischen Heere stoßen an ihre Grenzen: 732 schlägt Karl Martell bei Tours und Poitiers islamische Verbände, die in das heutige Zentralfrankreich eingedrungen sind, zurück. Die beiden Belagerungen von Konstantinopel in den Jahren 674-678 und 717-718 scheitern. Dass die Geschichtsschreibung der Muslime die Schlacht von Tours und Poitiers nicht beachtete, aber den beiden misslungenen Belagerungen von Konstantinopel viel Aufmerksamkeit widmete, ist gut zu verstehen. Die Eroberung Ostroms hätte den Weg nach Südost- und Zentraleuropa geöffnet.

Angesichts der militärischen Erfolge der Muslime beginnen christliche Geschichtsschreiber und Theologen, vor allem in Byzanz, sich über das Wesen des Islams Gedanken zu machen. In seinem Werk *Die Quelle der Erkenntnis* zählt der um 750 verstorbene Theologe Johannes von Damaskus die Häresien, also die »ketzerischen Irrglauben«, im Christentum auf. Zu ihnen rechnet Johannes (obwohl es zweifelhaft ist, dass dieses Kapitel wirklich von ihm stammt) auch den Islam, den er noch nicht als eigenständige Religion versteht. Johannes spricht nicht vom »Islam«, sondern vom Glauben der Ismaeliten – der auf dem Alten Testament gründenden

Auffassung folgend, dass die Araber von Ismael abstammten, dem gemeinsamen Sohn Abrahams und seiner von ihm verstoßenen Magd Hagar.

Die in Byzanz begründete Tradition anti-islamischer Polemik wird in die anderen christlichen Länder weitergereicht. Die Vorwürfe gegen die islamische Religion sollten über die Jahrhunderte hinweg sich gleichen: Der Koran verdanke sich nicht göttlicher Offenbarung, sondern sei das Ergebnis einer in die Irre gegangenen Teilströmung des Christentums. Muhammad sei ein falscher Prophet, denn im Gegensatz zum angekündigten Christus gebe es keinerlei Hinweise auf einen nachfolgenden Propheten im Alten oder Neuen Testament. Ohnehin sei die Immoralität des Islams schon durch den Lebenswandel des Propheten erwiesen.

In den islamischen Herrschaftsgebieten, aber auch in den Übergangsbereichen zwischen Islam und Christentum entwickelt sich die Übung des religiösen Streitgesprächs, bei dem christliche und muslimische Gelehrte – meist vor einem als Schiedsrichter auftretenden Herrscher – die Wahrheit und damit auch den Vorrang ihrer eigenen Religion zu begründen suchten. Manche Herrscher wie etwa die Mongolen schätzten die geistige Herausforderung und wohl auch den Unterhaltungswert solcher Streitgespräche.

Die Rede von Papst Benedikt XVI. am 12. September 2006 in Regensburg hat ein solches Religionsgespräch aus dem späten 14. Jahrhundert bekannt gemacht. Manuel Palaiologos, Kaiser des Byzantinischen Reiches, das zu dieser Zeit nur noch ein kleines Gebiet rings um die Stadt Konstantinopel ist, musste in den Jahren von 1390 bis 1392 dem osmanischen Sultan Bayezid I. (regiert 1389-1402) Vasallendienste in dessen Heer leisten. Manuel und ein muslimischer Gelehrter verständigten sich in ihrem Streitgespräch mithilfe eines jungen, zum Islam konvertierten Griechen. Das Streitgespräch kreiste um die grundsätzlichen Glaubenselemente, wobei jeder die Vorwürfe des anderen gegen die eigene Religion zu entkräften suchte.

Zwei Beispiele für die in diesen Gesprächen üblichen Streitpunkte sollen hier genügen: Die Muslime sahen in der christlichen Verehrung des Kreuzes Götzentum und im Bekenntnis zur Dreifaltigkeit (aus Gott-Vater, Sohn und Heiliger Geist) eine gefährliche Nähe zur Vielgötterei. Die christliche Seite erwiderte mit dem Vorwurf, es müsse vielmehr die islamische Verehrung der Kaaba in Mekka als Götzendienst gelten. Wenn die Christen den Muslimen vorhielten, dass Koran und Muhammad nicht wahr sein könnten, weil sie nicht angekündigt worden seien und es keine Zeugen für Muhammads Wirken gebe, wussten die Muslime darauf zu antworten, dass die Ankündigung Muhammads als Prophet in den heiligen Schriften willentlich gelöscht worden sei. Warum aber, so erwiderte wiederum die christliche Seite, werde dann nicht wenigstens in den Heiligen Schriften der Monophysiten und Nestorianer, die doch christliche Häretiker seien, das Wirken von Muhammad angekündigt?

Bis in die Neuzeit ist dieses von Wetteifer und Feindseligkeit geprägte Verhältnis zwischen Christentum und Islam erhalten geblieben. Wie sollte es auch anders sein? Durch ihre zeitliche Aufeinanderfolge und durch ihre Berufung auf ähnliche Glaubensinhalte stehen die drei monotheistischen Religionen Judentum, Christentum und Islam in einer Art Wettbewerb: Die älteste Religion, das Judentum, kann auf seine Auserwähltheit durch Gott verweisen. Warum sonst hätte Gott seinen Bund mit dem jüdischen Volk geschlossen? Die jüngste Religion von den dreien, der Islam, kann sich als endgültige Aufhebung der beiden vorangehenden und damit als die von Gott vorgesehene Vollendung verstehen: Judentum und Christentum sind, so führen Muslime aus, an sich wahrhaftige, von Gott begründete Religionen, wurden von ihren Anhängern aber über die Zeit hinweg in ihrem Wesen verfälscht, so dass Muhammad als das »Siegel der Propheten« von Gott damit beauftragt worden sei, die einzige und wahre Religion zu verkünden. Die mittlere Religion, das Christentum, hat es in dieser Hinsicht am schwersten, da es von Judentum und Islam gewissermaßen in die Zange genommen wird.

Europäer waren in der islamischen Welt allgemein als »Franken« bekannt – ein Begriff, den die arabische Sprache von den Byzantinern entlehnt hat. *Firank* bezeichnete zuerst nur die Bewohner von *Firankistan*, dem Reich Karls des Großen und seiner Nachfolger. In osmanischen Schriften des 17. und 18. Jahrhunderts taucht der Begriff »Europa« und »Europäer« häufiger auf, ersetzt aber nicht den weit üblicheren Begriff »Franken«. Erst im nationalen Zeitalter, also ab dem 19. Jahrhundert, beginnen die muslimischen Gesellschaften, Europa vermehrt als eine Gruppe von unterschiedlichen Staaten und Nationen wahrzunehmen.

Weil beide Seiten in den Anderen die »Ungläubigen« sahen, sparte man nicht mit verächtlichen Bezeichnungen. Die Christen nannten die Muslime »Sarazenen«, »Mohren« und später »Türken« und »Tataren«. Das bei den Osmanen gängige Wort *gavur*, abgeleitet vom arabischen *kafir* (»Ungläubiger«), diente zur herablassenden Bezeichnung für die Nicht-Muslime – wobei die Juden oft von dieser Bezeichnung ausgenommen wurden.

Typisch für lange Beziehungs- und Konfliktgeschichten ist, dass man dem Anderen seine Fehler vorrechnet und immer wieder darauf zurückkommt. Die nachbarschaftliche Nähe der islamischen Welt zum christlichen Europa hat tief sitzende Feindbilder eher befördert als verhindert. Anrechte auf ehemalige Besitztümer wurden immer wieder geltend gemacht. Die christlichen Staaten sahen mit Ingrimm, wie die alten christlichen Länder im östlichen Mittelmeerraum an den Islam verloren gegangen waren. Den Kreuzfahrern erschienen daher ihre Kriegszüge als höchst ehrenwerte Befreiung der christlichen Bevölkerungen und Stätten im Heiligen Land. Viele Muslime denken bis heute mit Wehmut an das verlorene *al-Andalus*.

Von ihren Anfängen bis in die frühe Neuzeit ist die islamische Welt dem christlichen Europa in nahezu jeder Hinsicht überlegen. Von Muslimen ist heutzutage immer wieder zu hören, dass Europa seine Errungenschaften letztlich der islamischen Zivilisation zu verdanken habe. Dieses Argument ist nicht neu: Im Belgrader Friedensschluss von 1739 vereinbarten die österreichische und osmanische Seite, in einer gemischten Kommission einvernehmlich den Grenzverlauf festzulegen. Ebu Sehil Numan, ein religiöser Gelehrter, der die osmanische Seite vertritt, berichtet von den kleinen Streitigkeiten und Übervorteilungen, in denen sich beide Seiten üben. Als zur Überraschung der Österreicher die Osmanen sehr schnell deren Messverfahren übernehmen, merkt Ebu Sehil etwas hämisch an: »Da könnt Ihr es natürlich weder mit Eurem angeborenen noch mit Eurem geborgten Verstand fassen, dass die Osmanen, die Ihr unter Euch doch als Schafsköpfe bezeichnet, diese Methode in so kurzer Zeit erlernt haben.« Die geometrischen Lehrsätze nämlich, die dem Messverfahren zugrunde lägen, seien, so Ebu Sehil, erst mit der Eroberung des islamischen Córdoba in den Besitz der Europäer gelangt.

Ab dem 18. Jahrhundert aber ist der weitaus stärkere Teil Europa, das sich zugleich zum »Westen« weitet. Im 20. Jahrhundert werden die Vereinigten Staaten von Amerika zum Zentrum einer westlichen Welt, die nicht nur Europa und Nordamerika, sondern auch Länder wie Australien und Neuseeland umfasst. Im ersten Teil des Buches werden wir anstelle von »Westen« lieber den Begriff »Europa« verwenden, denn viele Jahrhunderte hindurch war der Westen nichts Anderes als Europa.

Der Literaturwissenschaftler Edward Said hat in einem außerordentlich einflussreichen Buch aus dem Jahr 1978 die Übermacht Europas über den Orient in den letzten zweihundert Jahren als »Orientalismus« bezeichnet. Orientalismus ist vieles zugleich: Die akademische Tradition der Orientalistik, der wissenschaftlichen Kunde vom Orient; eine Denkweise, die den grundlegenden Unterschied zwischen West und Ost zum Ausgangspunkt ihrer Überlegungen macht; ein Instrument, um all das, was zum »Orient« erklärt wird, als vermeintlich Minderwertiges beherrschen zu können. Der Orientalismus, so Said, habe damit dem europäischen beziehungsweise westlichen Imperialismus seine Rechtfertigung geliefert.

In der Tat hat Europa mit Beginn der Neuzeit ein weitaus systematischeres Bild von den anderen Welten entwickelt, als dies jemals eine andere Zivilisation unternommen hat. Die an sich berechtigte Kritik am europäischen Orient-Begriff ist aber über das Ziel hinausgeschossen, indem sie selbst wiederum den Westen als eine über die Zeitläufte hinweg unveränderliche Kultur beschrieb: Europa habe über Jahrhunderte hinweg, von Herodot angefangen, immer nur in derselben Weise den Orient sehen können und wollen. Zwar trifft es zu, dass im historischen Gedächtnis Europas die Unterscheidung zwischen Europa und Asien bis in das Alte Griechenland zurückreicht, geprägt von der Erfahrung der griechischen Stadtstaaten in ihren Kämpfen gegen das Persische Reich. Die Geschichte zeigt uns aber, dass sich im alltäglichen Leben Nichtbeachtung, Feindseligkeit und freundliches Interesse miteinander abwechselten.

Über die gesamte Geschichte der islamisch-europäischen Beziehungen hinweg gesehen war die islamische Welt durchlässiger und offener als Europa. Nur über den islamischen Orient konnte Europa Seide, Gewürze und Aromatika beziehen, währenddessen es selbst den muslimischen Kaufleuten lange Zeit außer Sklaven und Waffen nichts zu bieten hatte. Dass muslimische Kaufleute in Europa – mit wenigen Ausnahmen wie im Venedig des 16. und 17. Jahrhunderts – in Europa kaum zu finden waren, muss auch an der größeren religiösen Intoleranz Europas gelegen haben. Wenn Reisen nach Europa überhaupt notwendig waren, schickte man christliche oder jüdische Untertanen. Nichtmuslime hatten in der islamischen Welt größere Bewegungsfreiheit (außer natürlich in den beiden heiligen Stätten Mekka und Medina, die bis heute für Nicht-Muslime nicht zugänglich sind): Grundsätzlich stand es jedem Muslim zu, einem christlichen Europäer, der muslimisches Gebiet besuchte, die Garantie freien Geleits zu geben. Zudem konnten sich Reisende aus Europa auf die Unterstützung der christlichen und jüdischen Gemeinden in der islamischen Welt verlassen.

1.1 Die Türkei: Teil Europas oder Asiens?

Eine Beziehungsgeschichte zwischen Europa und der Türkei zu schreiben, ist wie das Manövrieren auf einem reißenden Fluss, der vor Tatsachen überschäumt, immer in Gefahr, an einem der Felsen falschen Verständnisses zu zerschellen. Unversehens kommt man dem tückischen und kaum aus der Wasseroberfläche ragenden, jedoch felsenfesten Glauben nahe, dass sich alles einem unüberbrückbaren Gegensatz zwischen »Europa« und »dem Islam« verdanke. Blickt der Steuermann aber zu gebannt auf die Wasserfläche, droht er an einer der hoch aufragenden Felswände der Überzeugung zu zerschellen, dass man sich eines falschen Bewusstseins entledigen und zur Einsicht gelangen müsse, »Christentum« und »Islam« seien willentlich verfochtene Vorstellungen ohne jeden Inhalt. Dass in diesem Buch Europa und der Islam nicht als fein säuberlich zu trennende und eindeutig beschreibbare Einheiten verstanden werden, ist schon deutlich geworden. Zugleich aber sollten Unterschiede und Trennungslinien nicht verwischt werden. Wie sonst hätte für Völkerschaften, die in die muslimische beziehungsweise christliche Gemeinschaft und Zivilisation eintraten, dies ein so tief einschneidendes Erlebnis sein können? Schon die Geschichte der Türken und ihrer Islamisierung gibt, wie wir im nächsten Kapitel sehen werden, ein beredtes Bild hiervon.

Dass manche Vorstellungen von Christentum und Islam, von Europa und der Türkei nicht von der historischen Wirklichkeit gedeckt sind, muss nicht bedeuten, dass sie von vornherein als unberechtigt oder sogar ungerecht zu verwerfen sind. Betrachten wir zum Beispiel den Europa-Begriff. Dass er über die Jahrhunderte hinweg tiefe Wandlungen erfahren hat, bedeutet nicht, dass er in sich nichts bedeuten kann.

Während das westliche Europa durch den Atlantik und seine benachbarten Meere deutlich abgegrenzt wird, ist die Grenze Europas gegenüber Asien offen. In der Geschichte der Europa-Definitionen hat die Grenzziehung nach Osten hin um bis zu 80 Längengrade geschwankt – vom Bug, der heute im Teil seines Verlaufs die Ostgrenze Polens bildet, bis hin zum Fluss Jenisseij, tief in Sibirien. Wenn sich auch seit etwa zwei Jahrhunderten der Ural als europäisch-asiatische Grenze in den Schullehrbüchern und damit in den Köpfen festgesetzt hat, so ist doch ungeklärt, wie man im sogenannten »uralisch-kaspischen Völkertor«, also in dem weiten und offenen Gebiet zwischen Ural und Kaspischem Meer, eine Grenzlinie zwischen Europa und Asien ziehen soll. In der wissenschaftlichen Geographie ist man schon längst so weit, in den Beschreibungen des Kontinents Europa ein Konstrukt, also eine gesellschaftliche Übereinkunft zu sehen. Geologisch gesehen kann Europa nicht als eigenständiger Kontinent gelten, sondern nur als die westliche und kleinere Hälfte von »Eurasien«. Morphologisch, klimatisch und vegetationsgeographisch lässt sich keine Grenze zwischen Westsibirien und Osteuropa ziehen.

Auch wenn es scheinen mag, dass weiter südlich die Dinge wieder eindeutig sind, dass also Marmarameer und die beiden Meerengen der Dardanellen und des Bosporus als natürliche Grenze Europa von Asien trennen, so erweisen sich diese Trennlinien nicht von der Natur, sondern von den Menschen gemacht. Der Geograph Theodor Kraus hat dies in den 1960er Jahren anschaulich auf den Punkt gebracht: »Hellespont [also die Dardanellen] und Bosporus sind ertrunkene Flußtäler und von Byzanz blickt man auf das andere Ufer wie von Bingen nach Rüdesheim. Istanbul vereint Europa und Asien, wie am Rhein Köln und Deutz zusammengehören. Rumelien und Anatolien sind hier Länder, nicht Erdteilbegriffe. Kleinasien allerdings, von der Ägäis leicht zugänglich, ist sonst abgeriegelt, seine plumpe Gestalt, sein wüstenhafter Kern trägt uneuropäische Züge, gleichwohl könnte man es mit der iberischen Halbinsel vergleichen.« Die Auffassung, es existiere ein Kontinent Europa, ist geographisch-wissenschaftlich nicht wirklich haltbar; aber die Vorstellung von Europa als einem Raum, der von allen dortigen Bewohnern mehr oder weniger gemeinsam geteilte Eigenschaften und Auffassungen vorweist, ist weder falsch noch ist sie unmoralisch.

Man könnte darauf bestehen, dass die Türkei, wenn sie auch geographisch nicht so leicht von Europa abgegrenzt werden kann, in kultureller und historischer Hinsicht jedenfalls nicht zu Europa gehört. Aber Europa war immer in der Türkei: Die Juden und Christen des östlichen Mittelmeerraums gehören zur europäischen Tradition. Die Spuren der den Osmanen vorangehenden Zivilisationen und Reiche, die in einer christlich-antiken Tradition standen, wurden niemals gänzlich ausgelöscht. Und die Türken sind sehr lange in Europa gewesen (und sind es heute – wie wir alle wissen – dank der Migrationsbewegungen des 20. Jahrhunderts wieder). So sprach man bis in das 19. Jahrhundert von der »Europäischen Türkei« und meinte damit diejenigen Gebiete des Balkans, die unter osmanischer Herrschaft standen. Der in der Vorstellung so tiefe Graben zwischen Europa und dem Orient war bis zum frühen 20. Jahrhundert nicht am Bosporus zu finden, sondern viel weiter westlich. Einer der berühmtesten Orientreiseberichte des 19. Jahrhunderts, *Eothen or Traces of Travel Brought Home from the East* von William Kinglake, schildert das Übersetzen vom habsburgischen Semlin (heute Zemun, ein Vorort Belgrads) zum osmanischen Belgrad als den Wechsel in eine völlig andere Welt; die Fahrt über die Donau hinein in das Osmanenreich gerät Kinglake zur Fahrt über den Styx.

Die Geschichte der Beziehungen zwischen der Türkei und Europa darf nicht allein als eine direkte Beziehungsgeschichte geschrieben werden, sondern sie ist in einen weiten Zusammenhang einzubetten: Die Welt des Mittelmeers, die Geschichte des Balkans, das Leben der großen jüdischen und christlichen Bevölkerungsgruppen im Osmanischen Reich und die vielfältigen Verflechtungen zwischen Europa und der Türkei müssen vor den Augen der Leserin und des Lesers lebendig werden. Neben diesen über eine unmittelbar europäisch-türkische Beziehungsgeschichte hinausgehenden Weiterungen sind aber zugleich Einschränkungen notwendig. Es wird in diesem Buch unmöglich sein, es auch nur zu wagen, die Gesamtheit der Beziehungen der Türkei zu den einzelnen Ländern Europas in Geschichte und Gegenwart darstellen zu wollen.

Von allen europäischen Staaten hat Frankreich am nachhaltigsten die Kultur und Gesellschaft des Osmanenreiches geprägt, so dass das osmanisch-französische Verhältnis auch in einem Buch für ein deutschsprachiges Publikum immer wieder zur Sprache kommen muss. Venedig wird als eine bedeutende Macht im Mittelmeer und ein Gegenspieler der Osmanen gewürdigt. Viel Augenmerk erfährt auch Österreich, dessen Beziehungen zum Osmanischen Reich bis ins 18. Jahrhundert von der Auseinandersetzung in Südosteuropa geprägt sind. Deutschland tritt mit der Reichsgründung 1871 in den Vordergrund und wird in den letzten Jahrzehnten des

Osmanischen Reiches sein hauptsächlicher Verbündeter. Vieles aber, wie etwa die osmanischen Beziehungen zu den Niederlanden, Spanien, Italien oder Polen, können höchstens nebenbei angesprochen werden. Russland wiederum erfährt mehr Aufmerksamkeit, nicht nur wegen mancher Ähnlichkeiten zwischen den Imperien Russland, Österreich und Osmanisches Reich, sondern auch wegen des Aufstiegs Russlands im 18. Jahrhundert zu der für das Osmanische Reich bedrohlichsten Großmacht. Keine Beachtung findet aber in diesem Buch die russische Herrschaft über die Turkvölker, obwohl nach dem Abschluss der russischen Eroberung Mittelasiens mehr als die Hälfte aller Türken weltweit unter russischer Herrschaft lebten. Würden aber russische Wissenschaftler ein Buch mit demselben Titel schreiben, sie würden sich neben den russisch-osmanischen Beziehungen zu Recht vor allem den Türken Mittelasiens zuwenden.

Es wurde bereits ausführlich über den »Anderen«, also die Vorstellungen von »dem Islam«, »dem Orient« oder auch »den Türken«, geredet. Die Vorstellung vom Anderen entfaltet aber nur dann ihre Wirkung, wenn wir zugleich ein »Wir« denken. Das »Wir« lässt sich vermeiden, indem – wie auf den vorangehenden Seiten geschehen – unpersönliche Satzkonstruktionen mit »man« oder im Passiv gewählt werden. Aber dennoch werden die Verfasser eines Buches, das sich das Verhältnis zwischen Europa und der Türkei zum Gegenstand nimmt, es nicht vermeiden können, zumindest zwischen den Zeilen von einem »Wir« im Sinne von »Wir als Europäer« zu sprechen.

Es ist ohnehin nicht leicht, eine gleichberechtigte Geschichte des historischen Verhältnisses zwischen der Türkei und Europa zu schreiben. Betrachten wir, um nur ein Beispiel zu nennen, die europäische Vorstellung von der zweiten osmanischen Belagerung Wiens im Jahre 1683. Wir können europäische und osmanische Pläne von Wien ausfindig machen und sie gleichberechtigt nebeneinanderstellen, aber die Schlachtengemälde, die den Sieg der christlichen Allianz feiern, sind von Europäern und aus europäischer Perspektive gemalt – und sie haben unsere Vorstellung, ob wir dies wollen oder nicht, geprägt. Denken wir an osmanische Sultane, so müssen wir nicht unbedingt das gänzlich unhistorische Bild Dürers vom Türkischen Kaiser im Kopf haben, sondern können auch an osmanische Miniaturdarstellungen denken. Mehmed II. Fatih (regiert 1444-1446, 1451-1481) aber, der Eroberer Konstantinopels, wird uns, wenn wir ihn genau vor Augen haben möchten, immer in Gestalt des berühmten Bildnisses des italienischen Malers Gentile Bellini erscheinen. Nicht nur das Bildmaterial des christlichen Europas vom Orient ist überwältigend. Ähnliches gilt für Reiseberichte und Gesandtschaftsberichte, die zwar auch auf osmanischer Seite zu finden sind, aber ab dem 18. Jahrhundert von der Überzahl europäischer Darstellungen und Berichte geradezu erdrückt werden. Um so mehr gilt das Ziel, auf den folgenden Seiten fest gefügte Vorstellungen davon, was »Europa« und was »die Türkei« sein soll, aufzulockern.

Das Buch ist ein Versuch, die wechselhafte Geschichte der europäisch-türkischen Beziehungen und die Gleichzeitigkeit von Nachbarschaftlichkeit und Feindseligkeit verständlich zu machen. Der erste Teil dieses Buches ist von einem weiteren Anliegen geprägt: Sprechen wir von den europäisch-türkischen Beziehungen, so denken wir unwillkürlich in nationalstaatlichen Kategorien, also an die Beziehungen zwischen der Republik Türkei und den europäischen Staaten. So richtig dieser

Ansatz ist, wenn es etwa um den möglichen Beitritt der Türkei zur Europäischen Union geht, so wird doch leicht übersehen, dass der Beziehungsraum zwischen der Türkei und Europa über Jahrhunderte hinweg vor allem Südosteuropa war. Das Wort vom »Euro-Islam«, die Forderung und Erwartung, dass in Europa lebende muslimische Bürger die Trennung von Religion und Staat akzeptieren, lässt sich ebenso gut für die Muslime Südosteuropas verwenden, die in den letzten Jahrzehnten die Vereinbarkeit von Europäischsein und Muslimsein bereits vorgelebt haben. Wenn es also darum gehen soll, mit der islamischen Welt ein Einvernehmen zu finden, ist der erste Beweis nicht nur in den Beziehungen zur Türkei zu erbringen, sondern auch in Südosteuropa.

2 Die Osmanen und europäische Weltgeschichte

Die europäisch-türkischen Beziehungen beginnen nicht erst am 29. Mai 1453, als osmanische Truppen die Stadtmauern von Konstantinopel überwinden, sondern sie gehen zurück bis in das 6. nachchristliche Jahrhundert. Um die Anfänge der langen europäisch-türkischen Beziehungsgeschichte verständlich zu machen, müssen wir uns die Mühe machen, etwas weiter zu blicken – sowohl zurück in die Vergangenheit als auch nach Osten.

2.1 Türkische Welten

Das nördliche Asien gliedet sich in vier große, in West-Ost-Richtung verlaufende Klimazonen: Ganz im Norden findet sich die auch heute noch weitgehend menschenleere arktische Tundra. Es schließen sich die Waldgebiete der Taiga an. Den südlichen Abschluss Nordasiens bilden große Wüsten und Halbwüsten wie Karakum, Kisilkum, Takla-Makan und Gobi sowie nur sehr schwer zu überwindende Hochgebirge wie Tien Shan, Kunlun Shan, Pamir (das »Dach der Welt«) sowie die Hochebene von Tibet und das Himalaya-Gebirge, die den Weg nach Südasien und Südostasien versperren. Zwischen Taiga einerseits und den Wüsten sowie den gewaltigen Gebirgsmassiven Asiens andererseits findet sich ein rund 9 000 Kilometer langer Korridor von Steppen, die größtenteils sehr trocken sind, sich zum kleineren Teil aber auch für den Ackerbau eignen. In diesem Steppenkorridor verläuft die »Seidenstraße«, bei der es sich übrigens niemals um eine Straße handelte, sondern um ein Netzwerk von Handelswegen.

Ähnlich wie in der Tundra bieten die Hochgebirge Asiens nur wenigen Menschen Raum und Möglichkeit zum Leben, in den Waldgebieten der Taiga dagegen konnten Wildbeutergesellschaften, also Jäger und Sammler, ihr Auskommen finden. Bedeutend für die Geschichte Eurasiens waren aber nur die in den Steppengebieten beheimateten beiden anderen Lebens- und Wirtschaftsweisen – die sesshaft-agrarische Lebensweise und die nomadische Hirtenwirtschaft. Nur in der Steppe konnten mächtige Nomadenstaaten entstehen.

Der Nomadismus ist eine Lebensweise, die es dem Menschen ermöglicht, grundsätzlich ohne landwirtschaftliche Tätigkeit und festen Wohnsitz auszukommen. Das Kapital der Nomaden ist ihr Besitz an Vieh. Je nach Region sind dies Rentiere, Pferde, Kamele, Schafe, Rinder oder Yaks. Die Tiere sind Transportmittel und liefern zugleich Nahrung, Kleidung, Obdach, Brennmaterial und dazu noch einen Überschuss, den sie mit ihren sesshaften Nachbarn gegen Güter tauschen, die sie als Nomaden nicht herstellen können. Wenn auch in den Oasen vor allem eine sesshafte Bevölkerung lebte und manche kargen Steppengebiete nur von Nomaden durchstreift wurden, so griffen doch in vielen Gegenden des Steppengürtels die Lebensräume von nomadischer und sesshafter Bevölkerung ineinander. Aus ihrer Begegnung und ihren Auseinandersetzungen heraus hat sich die Geschichte Eurasiens der letzten zweitausend Jahre gestaltet.

Zwischen Europa und China, den beiden Eckpunkten Eurasiens, finden sich zwei weitere für die Kulturgeschichte Eurasiens und im Besonderen für die Geschichte der Türken bedeutende Großregionen: Zum einen Mittelasien, das ungefähr dem Gebiet der heutigen Staaten Turkmenistan, Kasachstan, Usbekistan, Tadschikistan und Kirgisistan entspricht; zum anderen Zentralasien, das die historischen Landschaften Kaschgarien, Dsungarei, Mongolei und Tibet umfasst, also den heutigen Staat Mongolei, den Norden und Westen Chinas sowie die Gebiete Russlands im Dreiländereck mit Kasachstan und China. Bei den Begriffen »Mittelasien« und »Zentralasien« herrscht heute einige Verwirrung. Neuerdings findet sich – in Anlehnung an angloamerikanische Gebräuchlichkeiten – für Mittelasien die Bezeichnung »Zentralasien« und für Zentralasien wiederum die Benennung »Innerasien«; in diesem Buch wird aber die in der deutsch- und russischsprachigen Wissenschaft verankerte Definition von Mittelasien und Zentralasien fortgeführt.

Eine Besonderheit der gemeinsamen Geschichte Europas und Asiens ist der über Jahrhunderte hinweg währende Zustrom von nomadisierenden Bevölkerungsgruppen von Ost nach West. Bedingt durch die Auseinandersetzung mit dem sich nach Norden und Nordwesten ausdehnenden China und durch äußerst knappe natürliche Ressourcen wurde nomadischen Gruppen in Zentralasien rasch der Platz zu eng. Es blieb ihnen meist nur der Weg nach Westen entlang des schon oben beschriebenen Steppenkorridors. Dieser Weg nach Westen hatte ohnehin seine verlockenden Seiten: Traten die Nomaden aus dem schmalen, von der Taiga im Norden und von den Gebirgen im Süden begrenzten Korridor in das westliche Eurasien hinaus, das sich auf der Höhe des heutigen Kirgistans und Kasachstans weit öffnet, so fanden sie hier schier unendliche und ergiebige Grasweiden. Die westlichen Endpunkte dieses von kalten Wintern und heißen Sommern geprägten Steppengürtels sind die ungarische Tiefebene und das durch hohe Gebirge vom Einfluss des Mittelmeers und des Schwarzen Meers abgeschottene innere Kleinasien.

Beobachter aus sesshaften Gesellschaften zeichneten durch die Jahrhunderte immer dasselbe Bild von den Nomaden: Nomaden sind sich alle gleich und zugleich deutlich unterschieden von der sesshaften Bevölkerung. Die Nomadenvölker galten als Barbaren – und zwar im doppelten Sinne von unzivilisiert und unverdorben. Für die Griechen waren die »Skythen«, ein nomadisches Reich im Norden des Schwarzmeergebiets ab dem 7. Jahrhundert v. Chr., die Sammelbezeichnung für alle Nomadenbevölkerungen der eurasischen Steppen im ersten Jahrtausend v. Chr. Beobachtern in den großen muslimischen Städten wie Bagdad galten um die erste Jahrtausendwende alle Nomaden als »Türken«. Seine ersten nachdrücklichen Erfahrungen mit Nomaden machte das westliche Europa mit den Hunnen, die im 4. Jahrhundert n. Chr. die Steppen nördlich des Aral-Sees verlassen, um kurz danach die Grenzen des Römischen Reichs zu überschreiten. Die Geschichtsschreiber der großen sesshaften Reiche, auch in China, verglichen die Einfälle von Nomaden mit der unvorhersehbaren Zerstörung durch Heuschreckenplagen. Sesshafte Staaten hatten in der Tat den Nomadenverbänden militärisch kaum etwas entgegenzusetzen und mussten sie meist wie eine Landplage über sich ergehen lassen.

Bereits bei den Skythen sind die militärischen Fähigkeiten erkennbar, die später für die Nomadenreiche Eurasiens so kennzeichnend sein werden: Berühmt und gefürchtet war die Fähigkeit der Nomaden, in vollem Galopp und rückwärts gewandt den Bogen abschießen zu können. Dieser »parthische Schuss«, benannt nach dem indo-europäischen Volk der Parther, wurde schon lange vor den späteren turko-mongolischen Nomadenvölkern entwickelt. Eine immer wieder erfolgreiche Taktik der Nomaden war, direkten Auseinandersetzungen mit geordneten Truppen sesshafter Staaten aus dem Weg zu gehen und sich bei Verfolgung in die Weiten der Steppe zurückzuziehen. Darius I., Großkönig der persischen Achämeniden, erkannte bei seinem Feldzug gegen die Skythen 513 v. Chr. den Hinterhalt und brach rechtzeitig seinen Feldzug in der Steppe ab. In der langen Geschichte chinesisch-nomadischer Auseinandersetzungen sind viele chinesische Generäle mit ihren Heeren in den Weiten der Steppenwüste Gobi zugrunde gegangen.

Die Nomaden Eurasiens entwickelten die beweglichste und zugleich kriegerischste Form aller nomadisch-pastoralen Lebensweisen. Von den »Blitzkriegen« der Mongolen im 13. Jahrhundert, die innerhalb weniger Monate die gesamte Strecke von Zentralasien bis nach Osteuropa und in den Nahen Osten überwinden konnten, wurden die sesshaften Gesellschaften Osteuropas und des Nahen Ostens überrannt. Erst mit dem 18. Jahrhundert hatte sich die Militär- und Transporttechnologie der sesshaften Staaten so weit entwickelt, dass die Nomaden ihre militärische Überlegenheit endgültig verloren. Das östliche Eurasien, bis dahin Hort der Nomaden, wurde von Russland und China unterworfen.

Während für die Zeit vor dem 6. Jahrhundert n. Chr. nur vage Hinweise auf die Existenz von türkischen Völkerschaften existieren (etwa in der Form türkischer Elemente in den Sprachmaterialien der Hunnen), so sprechen chinesische Quellen nun von den *T'u-küe,* was wohl »Türken« heißen soll. Das Wort *türk* mag ursprünglich nur die unter einem Anführer vereinigte herrschende Schicht, also eine Art Adel bezeichnet haben. Historisch verbürgt sind zwei, in kurzen Abständen aufeinanderfolgende türkische Doppelreiche in den Jahren 552-630 und 682-745. In diesen von einer Dynastie geführten Reichen, den *Kaganat*en, schlossen sich nomadische Stämme zusammen und verleibten sich dabei auch Gebiete mit sesshafter Bevölkerung ein.

Während das Zentrum des östlichen Reiches im Gebiet der heutigen Mongolei lag, reichte das westliche *Kaganat* bis nach Mittelasien. Schon diese frühen und noch tief im östlichen Asien liegenden türkische Reiche streckten ihre Fühler nach Europa aus. Im Jahr 568 erschienen zwei türkische Gesandtschaften in Byzanz, um ein byzantinisches-türkisches Bündnis gegen den gemeinsamen Feind, die persischen Sassaniden, zustandezubringen. 569 schickte der byzantinische Kaiser Justinian II. seinerseits eine Gesandtschaft an den Herrscher der Türken, den *kagan,* um das Bündnis zu bekräftigen, das im folgenden Jahr mit einem gemeinsamen Krieg gegen die Perser umgesetzt wurde.

Die frühen türkischen Reiche waren nicht langlebig, aber unter ihnen beginnen türkische Völkerschaften, sich in den Steppengebieten Eurasiens auszubreiten und für immer niederzulassen. Die Entstehung der türkischen Völker ist ein Vorgang, den wir bis heute nur in seinen Grundzügen nachvollziehen können. Vermutlich entstanden sie in der Weise, dass andere Bevölkerungsgruppen die türkische Sprache (genauer müsste es wohl heißen: die türkischen Sprachen) übernahmen, sich also sprachlich an eine türkische Herrscherschicht anglichen. Man könnte sogar sagen, dass das verbindende Element der frühen Turkvölker nur die Sprache gewesen ist. Diese neu entstehenden türkischen Völkerschaften weisen einige Gemeinsamkeiten auf: Sie halten sich kleine Gärten, leben in Zelten und betreiben Weidewirtschaft.

Sie schließen sich in Stämmen zusammen, besitzen ein numerisches System auf Zehnerbasis und schaffen sich mündliche Epen, die auch in islamischer Zeit weiterleben werden.

Heute stellen die in der Türkei lebenden Türken nur einen Teil der gesamten türkischen Bevölkerung Eurasiens dar. Man unterscheidet deswegen im Englischen zwischen den Begriffen *Turkish,* der die türkische Sprache und Kultur der Republik Türkei meint, und *Turkic,* der alle andere türkischen Sprachen und Ethnien bezeichnet. Dem Studium aller türkischen Sprachen, die unter dem Begriff der »Turksprachen« zusammengefasst werden, widmet sich das Fach »Turkologie« (das eben nicht mit »ü« geschrieben wird).

Die vorislamischen Turkvölker verfügten über religiös-magische Praktiken, die man unter dem Begriff des »Schamanismus« zusammenfasst. Beim Schamanismus handelt es sich weniger um eine Religion als um ein religiöses Expertentum, das von wenigen für wenige, vor allem für den Herrscher, gepflegt wurde. Der Großteil der Bevölkerung kannte nur Ahnenkulte. Wie in nahezu allen nomadischen Gesellschaften waren die Herrscher der frühen türkischen Reiche religiös sehr offen, wenn nicht gleichgültig gesinnt. Die Inschriften der Kaganate bezeugen vor allem einen Glauben an die beiden Mächte Himmel *(tängri)* und Erde *(yer)*, zwischen denen der Mensch entstanden ist. Es gibt aber auch Hinweise auf eine Verbreitung des Buddhismus, daneben von Nestorianismus, Zoroastrismus, Manichäismus und Daoismus. Als einziges Reich in der Weltgeschichte wählte das turkstämmige Steppenimperium der Uiguren (744-840) als Staatsreligion den Manichäismus, der im 3. Jahrhundert n. Chr. von Mani begründet wurde und dessen Anhänger – vor dem Siegeszug des Christentums – vom Mittelmeer bis nach Ostasien zu finden waren.

Heute sind nicht nur die Türken in der Türkei, sondern auch in Mittel- und Zentralasien Muslime. Es gibt – zahlenmäßig allerdings unbedeutende – Ausnahmen von dieser Regel: Die Gagausen in Moldawien, die Tschuwaschen in der Wolgaregion und die Yakuten in Sibirien gehören der orthodoxen Kirche an; die Tuwiner im Süden des asiatischen Russlands und die Gelben Uiguren in der Provinz Gansu in China sind Buddhisten; die turkstämmigen Karäer Osteuropas sind Juden.

Hauptsächlich in der Zeit vom 10. bis zum 12. Jahrhundert nehmen die Türken in Mittelasien den Islam an. Wenn arabische Quellen zu dieser Zeit von *Turkmenen* sprechen, meinen sie damit bereits islamisierte Türken. Die Ausbreitung der Türken über das gesamte Eurasien schreitet so rasch voran, dass bereits byzantinische Quellen des 10. Jahrhunderts das heutige Ungarn als westliches *Tourkia* und das Gebiet der Chasaren (ein weiteres von Türken dominiertes Nomadenreich nördlich des Schwarzmeers) als östliches *Tourkia* bezeichnen. Vom 12. Jahrhundert an sprechen auch europäische Chronisten von Anatolien als *Turchia, Turcia* usw. Die Türken selbst werden ihr Land erst nach dem Ersten Weltkrieg *Türkiye* nennen.

Um 1000 entsteht sogleich das erste muslimisch-türkische Großreich im westlichen Eurasien: Um 985 lässt sich ein gewisser Seldschuk – so berichtet die Überlieferung – in Mittelasien zum Islam bekehren. Seine Nachkommen erobern im 11. Jahrhundert die Gebiete des heutigen Iran, erreichen 1055 Bagdad und stellen das abbasidische Kalifat unter ihren Schutz. Das von ihnen begründete Reich der »Großseldschuken«, das in der zweiten Hälfte des 11. Jahrhunderts seinen Höhepunkt erreicht und dessen Zentrum im heutigen Westiran liegt, zerfällt zwar rasch, aber die Türken sind für immer im westlichen Eurasien und an den Grenzen des östlichen Mittelmeerraums angekommen.

Der US-amerikanische Historiker Carter Findley findet für die Wanderungsbewegung der Türken von Zentralasien bis nach Kleinasien das anschauliche Bild einer Busreise: Der Busfahrer ist längst nicht mehr derselbe; das Fahrgestell wurde mehr als einmal ausgetauscht und der Bus immer wieder überholt. Die lange Busreise mit vielen Aufenthalten führt zuerst von Zentralasien nach Mittelasien. Hier steigen viele Passagiere aus oder auch um (etwa Richtung Afghanistan und Industal), viele wollen aber weiterfahren. Sie gelangen bis in den Iran, wo heute rund ein Viertel der Bevölkerung (vor allem im Nordwesten des Landes) türkischstämmig und türkischsprachig ist. Auch wenn wir wissen, dass sich die Turkvölker während ihrer Wanderung im gesamten Steppengürtel Eurasiens verbreiten und dabei in ihrer großen Mehrheit den Islam annehmen, so können wir über den genauen Fahrplan dieser Wanderungsbewegungen nur sehr wenig sagen.

Über eine Ankunftszeit aber wissen wir genau Bescheid: Als Byzanz dem allmählichen Eindringen von Turkmenen in das östliche Kleinasien Einhalt zu gebieten versucht, schlägt am 26. August 1071 bei Manzikert (heute Malazgirt, ca. 50 km nördlich des Van-Sees in Ostanatolien) ein seldschukisches Heer, begleitet von zahlreichen Turkmenen-Einheiten, das byzantinische Heer. Der Weg nach Kleinasien (auch »Anatolien« genannt), dem Kernland dessen, was wir heute als Türkei kennen, ist geöffnet.

Im 11. Jahrhundert waren die großen Zeiten von Ostrom gar nicht so fern. Zwar waren Gebiete wie Ägypten, die Kornkammer des Byzantinischen Reichs, und Syrien bereits im 7. Jahrhundert für immer verloren gegangen; unter Basileios II. (regiert 976-1025) aber hatte Byzanz erneut einen Höhepunkt seiner Machtentfaltung erreicht. Dennoch stellte Kleinasien im 11. Jahrhundert, nach dem allmählichen Verlust der Besitzungen in Südosteuropa und in Italien, den wichtigsten und bevölkerungsreichsten Teil des Byzantinischen Reiches dar. Das turkmenisch-seldschukische Eindringen nach Kleinasien musste Byzanz deswegen um so härter treffen. Ohne Kleinasien schrumpfte das ehemals stolze Ostrom auf den Status eines balkanischen Kleinreiches.

Schon seit Jahrhunderten war das östliche Kleinasien Grenzland gegen die islamische Welt gewesen und hatte sich gegen die Anstürme unterschiedlichster islamischer Reiche behaupten können. Warum brach nun auf einmal 1071 die byzantinische Reichsgrenze und Herrschaft zusammen? Der Niederlage von Manzikert ging ein jahrzehntelanges selbstzerstörerisches Ringen zwischen den in den Provinzen verankerten militärischen Führern und der bürokratischen Klasse in der Hauptstadt des Byzantinischen Reiches voraus – der tiefen Schwächung vergleichbar, die sich das iranische Reich der Sassaniden und Ostrom vor dem Auftreten des Islams in langen Kämpfen gegenseitig zugefügt hatten. Zudem wurde das Ausmaß der Bedrohung, das von den Turkmenen und Großseldschuken ausging, zuerst nicht richtig eingeschätzt. Seit Jahrhunderten musste sich Byzanz mit immer wieder wechselnden Gegnern – von den Persern über die Germanen, Hunnen, Awaren und Slawen – auseinandersetzen. So schlug sich Byzanz in der zweiten Hälfte des 11. Jahrhunderts mit den vom Nordwesten her, also über Südosteuropa, andrängenden türkischen Völkerschaften der Petschenegen und Kumanen herum. Der Einfall der Großseldschuken und Turkmenen war jedoch der erste wirklich große Angriff seit den beiden Belagerungen Konstantinopels durch islamische Heere im 7. und 8. Jahrhundert. Byzanz war auf diese Herausforderung nicht vorbereitet.

Als rund ein Jahrhundert später, 1176 bei Myriokephalon im Westen Kleinasiens, die Byzantiner, die sich wieder erstarkt glaubten, von türkischen Nomadeneinheiten erneut vernichtend geschlagen wurden, verloren sie jede Hoffnung, Kleinasien wieder zurückgewinnen zu können. Die neu entstandene türkische Dynastie der »Rumseldschuken« in Kleinasien (der Begriff »Rum« meint hier die Gebiete, die früher der Herrschaft des »römischen« Ostrom unterstanden hatten) herrschte nun von ihrer Hauptstadt Konya aus über ein Reich vom Mittelmeer bis zum Euphrat.

Die Kreuzzüge, am Ende des 11. Jahrhunderts ausgerufen, um den christlichen Orient und Ostrom vor dem Islam und insbesondere vor den Seldschuken zu retten, bewirkten eher das Gegenteil: Langfristig trugen sie dazu bei, das Schicksal der Christen im Orient zu erschweren, und schwächten Byzanz, das sich die Kreuzfahrer recht bald zum Gegner machten. Nachdem sich auf den ersten Kreuzzügen die Landreise über Kleinasien als zu beschwerlich und gefährlich herausgestellt hatte, wählten die Kreuzfahrer die Überfahrt über das Mittelmeer. Venedig stellte den Kriegern des Vierten Kreuzzugs seine Flotte zur Verfügung. Als die Kreuzfahrer für die Kosten nicht aufkommen konnten, mussten sie auf dem Weg durch das Mittelmeer Venedig militärische Dienste leisten, das heißt, Venedig feindlich gesinnte Städte erobern helfen. Ob nun der damalige venezianische Doge, Enrico Dandolo (im Amt 1192-1205), von vornherein die Eroberung Konstantinopels ins Auge gefasst hatte oder ob durch Verkettung verschiedener Zufälle die Dinge sich so entwickelten, ist umstritten. Jedenfalls fiel Konstantinopel am 13. April 1204 in die Hände der Kreuzfahrer und Venezianer – das einzige Mal vor 1453, dass die Stadt erobert wurde.

Mit der Einnahme Konstantinopels durch die Kreuzfahrer und Venezianer schien das Schicksal von Byzanz besiegelt. Die Eroberer teilten unter sich die byzantinischen Gebiete auf. Hauptsächlicher Nutznießer war die Seerepublik Venedig. Die Byzantiner, aus ihrer Hauptstadt vertrieben, konnten sich jedoch in Trapezunt (Trabzon) an der Schwarzmeerküste, auf dem Epirus (heutiges Nordwestgriechenland und Teile des südlichen Albaniens) und in Nicäa (İznik) im nordwestlichen Anatolien halten. Von Nicäa aus gelang es im Jahr 1261 dem byzantinischen Herrscher Michael VIII. Palaiologos, sich Konstantinopels wieder zu bemächtigen.

Man darf nicht denken, dass Kleinasien innerhalb weniger Jahre ein Land von Muslimen und Türken geworden wäre. Die Wandlung hin zu einem vornehmlich türkisch-muslimischen Land erstreckte sich über mehrere Jahrhunderte. Viele Städte blieben noch für lange Zeit in ihrer Mehrheit christlich. Die wichtigen Zentren seldschukischer beziehungsweise türkischer Herrschaft sind aus byzantinischen Städten hervorgegangen, so etwa Kayseri aus Caesarea und Konya aus Iconium. (Weniger leicht nachzuvollziehen ist allerdings der Namenswechsel bei Städten wie Eskişehir, vormals Dorylaeum, oder Erzurum, vormals Theodosiopolis.) Eher muss es verwunden, dass Kleinasien überhaupt turkifiziert und islamisiert wurde. Die Mongolen konnten bei einer Bevölkerungszahl von deutlich weniger als einer Million zwar den größeren Teil des nördlichen Eurasiens unterwerfen (und dabei übrigens auch nebenbei das Reich der Rumseldschuken zerstören), wurden aber in den Ländern, in denen sie sich selbst niederließen, wie in Iran oder China, von den sie aufnehmenden Gesellschaften aufgesogen. Dagegen wurden die zwei bis drei Millionen Einwohner im östlichen und mittleren Anatolien von einer etwa zehnmal so kleinen türkischen Erobererschicht nicht nur überwältigt, sondern zu ihrer eigenen Religion und Ethnie »bekehrt«. Vielleicht war die große Anhänglichkeit der Bevölkerung, zumindest im westlichen Kleinasien, ein Grund für die Zerstörung von Byzanz und den weitgehenden Untergang des kleinasiatischen Christentums: In einer Gesellschaft, die sich so sehr der eigenen Religion und dem eigenen Staat verbunden fühlte, mussten die militärischen Niederlagen zu einer tiefen Verunsicherung und zu einer religiösen Sinnkrise führen: Warum hatte Gott seine Gläubigen verlassen?

Kleinasien hat in der Zeit vom 11. bis zum 15. Jahrhundert ein erstaunliches Nebeneinander von erbittertem Kampf und alltäglichem Umgang gekannt. Die türkischen Nomadenverbände und türkischen Kleinfürstentümer, deren Anführer bereits sesshaft geworden waren, verdankten ihre militärischen Erfolge der nomadischen Kampf- und Beutezugtaktik, die sie mit einer religiösen Motivation als islamische Glaubenskrieger *(gazi)* verbanden. Zugleich wissen wir aber, dass bereits im ersten Jahrzehnt nach Manzikert byzantinische Fraktionen mit türkischen Führern Bündnisse eingingen. Die religiösen Verhältnisse waren unübersichtlich. Trotzdem war die grundsätzliche Richtung eindeutig – hin zu einer zunehmenden Islamisierung. Die Bekehrung zum Islam konnte dabei ganz unterschiedlich ausfallen: Manchmal scheinen ganze Städte zur Annahme des Islams gezwungen worden zu sein, oft geschah sie durch die freiwillige Heirat einer Christin mit einem Muslim. Muslimische Mystiker, die Derwische, waren erfolgreiche Missionare eines Volksislams, der Elemente anderer Religionen in sich trug. Noch im 14. Jahrhundert erkannten europäische Reisende zahlreiche christliche Spuren in diesem volkstümlichen Islam.

Wir sehen: Es gibt es eine lange Vorgeschichte europäisch-türkischer Beziehungen, die bis in das 6. Jahrhundert zurückreicht. Entscheidend aber für das heutige Bild der türkisch-europäischen Beziehungen ist die Geschichte des Verhältnisses von Europa und dem Osmanischem Reich, denn die frühen Berührungen haben in der kollektiven Erinnerung Europas keine – und in der der Türkei nur wenige – Spuren hinterlassen. Die Bilder, die sich beide Seiten voneinander machen, entstehen erst mit dem Aufstieg des Osmanischen Reiches, dem wir uns nun zuwenden.

2.2 Der Aufstieg der Osmanen

Als sich die Herrschaft der Rumseldschuken und der Mongolen, die ohnehin niemals wirklich in Kleinasien Fuß fassen, auflöst, nehmen türkische Kleinfürstentümer unterschiedlicher Größe und Stärke den Platz ein. Der byzantinischen Dynastie der Palaiologen ist es zwar 1261 gelungen, Konstantinopel wieder zurück zu gewinnen, sie kann aber das Schrumpfen von Byzanz auf die Größe eines Stadtstaates nicht verhindern und sieht sich sogar dazu gezwungen, in inneren Machtkämpfen türkische Verbündete zu Hilfe zu rufen.

Zeitgleich mit dem allmählichen Verlöschen von Byzanz erleben wir den Aufstieg eines der mächtigsten Großreiche der Neuzeit – dem Osmanischen Reich.

HEILIGES RÖMISCHES REICH
POLEN
Halitsch
PODO
Kamenez
Braz
Chotin
Wien
Preßburg
Kaschau
ÖSTERREICH
Raab
Gran
Erlau
Eisenburg
1664
Ofen
Villach
Gr.-Wardein
FSM. MOLDAU
1512 Vasall
Mailand
KGR. UNGARN
FSM. SIEBENBÜRGEN
1541 Vasall
Szigetvár
Szegedin
Venedig
Genua
Fiume
Mohács
1526
Hermann-stadt
Karpaten
BUDS
KROATIEN
Temesvár
Kronstadt
Bologna
Bihać
1592
Karlowitz
Florenz
Belgrad
Jajce
Semendria
FSM. WALACHEI
1386/1417 Vasall
BOSNIEN HERZEGOWINA
1526 Vasall
DALMATIEN
ITALIEN
SERBIEN
1389/1459
Korsika
Nikopolis
BULGARIEN
Pescara
Nisch
Rom
Ragusa
MONTENEGRO
Tirnowo
REP. RAGUSA
Amselfeld
1389/1448
Sofia
Cattaro
Philippopel
Foggia
Antivari
Sardinien
Kruja
RUMELIEN
Adrianope
Neapel
Bari
Durazzo
Elbasan
Konstan
Cagliari
Tarent
Brindisi
Seres
Otranto
Saloniki
Nikor
Gallipoli
Marmarameer
Lemnos
Troja
Bruss
Korfu
Palermo
Ägäis
Lesbos
(Mytilene)
Pergamor
Messina
Reggio
Beja
Sizilien
Kephallenia
Lepanto
Euböa
Chios
Smyrna
Tunis
Syrakus
Korinth
Athen
Ephesos
Philade
TUNIS
1531–35, 1574 Vasall
Nauplia
Modon
Naxos
MENTES
Malvasia
Rhodos
Kreta
1669
Kandia
Mittelmeer
Tripolis
Krenna
Benghasi
TRIPOLIS
1551 Vasall
BARKA
1521
ÄGYPT
FEZZAN
1554 Tripolis tributpflichtig

Karte 1: Das Osmanische Reich bis 1683

Aus der großen und unübersichtlichen Zahl von türkischen Kleinfürstentümern schält sich allmählich das Reich der Osmanen heraus. Osman I. (stirbt 1326), dem Begründer eines kleinen Fürstentums in Nordwestanatolien, verdankt die osmanische Dynastie ihren Namen.

Das Osmanische Reich darf – auch in seinen ersten Jahrzehnten – nicht als ein Reich von Nomaden verstanden werden. Die osmanische Führungsschicht, die in den ersten beiden Jahrhunderten die Sesshaftwerdung der türkischen Nomaden in Kleinasien nachdrücklich förderte, betrieb etwa so viel Nomadismus wie reiche Saudis heutzutage, die als Erinnerung an ihre beduinischen Wurzeln für einige Wochen im Jahr in der Wüste ihre Zelte aufschlagen. Das Osmanische Reich ist, ebenso wie das der Safaviden im Iran (1502-1722) und (wohl zu Unrecht) der Großmoguln in Südasien (1526-1858), als »Schießpulverreich« bezeichnet worden, in dem nicht mehr die Kavallerie die zentralen Truppen sind, sondern mit Feuerwaffen ausgerüstete Infanterietruppen. Im Fall der Osmanen waren dies die Janitscharen (abgeleitet vom türkischen *yeni çeri*, »Neue Truppen«), dem Sultan unmittelbar unterstellte Militärsklaven, die anfangs vor allem unter Kriegsgefangenen, später unter den Christen Südosteuropas rekrutiert wurden. Diese zentralen Truppen werden zur Vergütung ihrer militärischen Dienste nicht mit Lehen bedacht, sondern bar bezahlt, so dass »Schießpulverreiche« einen erhöhten Finanzbedarf haben und deswegen über ein leistungsfähiges Steuersystem verfügen müssen.

Im Laufe des 14. Jahrhunderts steigen die Osmanen von einem unbedeutenden Grenzfürstentum zu einer Regionalmacht auf: Sie nehmen 1326 Prusa (Bursa) ein und machen es zu ihrer ersten Hauptstadt; 1354 greifen sie über Gallipoli als Brückenkopf nach dem Balkan aus; um 1361 folgt die Einnahme Adrianopels (Edirne), das Bursa als Herrschersitz ablöst. Mit der Schlacht auf dem Amselfeld 1389 befestigen die Osmanen ihre Macht auf dem Balkan.

Timur (auch Tamerlan genannt), der zum türkisch-mongolischen Stamm der Barlas gehört und von seiner Hauptstadt Samarkand in Mittelasien aus mit großer Grausamkeit ein kurzlebiges Riesenreich schafft, fällt auch nach Kleinasien ein und vernichtet die osmanische Armee 1402 bei Ankara. In Kleinasien folgt ein Jahrzehnt der Wirren und Bruderkämpfe, aus denen die Dynastie der Osmanen unbeschadet hervorgeht. Mit der Einnahme von Konstantinopel 1453 unter der Führung von Mehmed II. dem Eroberer tritt das Osmanische Reich endgültig in das Licht der Weltgeschichte.

So selbstverständlich, wie es auf den ersten Blick erscheinen mag, war der Aufstieg der Osmanen nicht. Neben der unmittelbaren Nachbarschaft zu Byzanz und zur Balkanhalbinsel, die dem jungen Reich strategische Vorteile verschafft haben mag, müssen auch Zufälle von Bedeutung gewesen sein. Die Osmanen konnten ihre Niederlage gegen Timur nur mit Glück verwinden und die anderen türkischen Kleinfürstentümer in Kleinasien nur sehr langsam überrunden.

Auch ohne das Osmanische Reich stünden wir heute mit größter Wahrscheinlichkeit vor einer langen türkisch-europäischen Beziehungsgeschichte – nur einer etwas anderen. Vielleicht würden wir heute von einem »Umurischen Reich« sprechen, benannt nach Umur, dem bedeutenden Anführer der an der westanatolischen Küste gelegenen Herrschaft der Aydın. Oder die Wissenschaft, die sich der Geschichte und Kultur dieses großen türkischen Reiches widmet, würde nicht »Osmanistik«, sondern »Germiyanistik« heißen, benannt nach dem Kleinfürstentum der Germiyan, das im 13. Jahrhundert lange das stärkste im westlichen Anatolien war.

Die Einnahme Konstantinopels im Jahr 1453 war schon deshalb sehr wichtig, weil die Osmanen den Schiffsverkehr zwischen Schwarzem Meer und Mittelmeer in die Hand bekamen. Zudem hatte der Fall des alten Ostroms große symbolische Bedeutung: Dass die Hilfe der christlichen Mächte Westeuropas gänzlich ausgeblieben war, wurde von der christlichen Geschichtsschreibung der folgenden Jahrhunderte als bohrende Wunde empfunden. Die neue Hauptstadt der Osmanen, nun Istanbul (vermutlich eine Verstümmelung von Konstantinopolis oder vom griechischen *eis tin polin,* »in der Stadt«, abgeleitet) genannt, nahm einen neuen und ungeheuren Aufschwung: Der entvölkerten Stadt, innerhalb deren Stadtmauern viele Teile brach gelegen hatten und die am Vorabend der Eroberung wohl nicht mehr als 40 000 bis 50 000 Einwohner zählte, wurden vom osmanischen Staat neue Bevölkerungsgruppen zugeführt. Bereits in der ersten Hälfte des 16. Jahrhunderts hatte Istanbul rund 400 000 Einwohner, darunter wohl ein Drittel Christen und ein Zehntel Juden. Istanbul war bis zum 20. Jahrhundert die bedeutendste Stadt der islamischen Welt und zugleich das wichtigste religiöse und kulturelle Zentrum der griechischen und armenischen Christenheit und des sephardischen Judentums.

Das Osmanische Reich ist also aus einem türkischen Grenzfürstentum hervorgegangen. Einem Osmanen wäre es allerdings vor dem 20. Jahrhundert niemals eingefallen, sich selbst »Türke« zu nennen – ein Begriff, der der einfachen türkischen Bevölkerung in Kleinasien vorbehalten war. Osmane konnte im Osmanischen Reich grundsätzlich jeder Mann (sehr viel weniger aber jede Frau) werden, vorausgesetzt er war beziehungsweise wurde Muslim. Im Gegensatz zu den Groß- und Rumseldschuken, deren Staats- und Kultursprache noch das Persische gewesen war, ist das Osmanische eine türkische Sprache, angereichert mit unzähligen arabischen und persischen Lehnwörtern. Wer Osmane sein wollte, musste dieses Osmanisch beherrschen und sich in der verfeinerten osmanischen Elitenkultur ohne Anstrengung bewegen können.

Die Eigenschaften von Gebilden wie dem Osmanischen Reich können wir heute, wo wir die Nationalstaaten als die natürlichste Sache der Welt sehen, nicht mehr recht nachvollziehen. Eine engere Einbindung der unterschiedlichen Bevölkerungen des Reiches lag bis zum 19. Jahrhundert gar nicht in der Absicht der herrschenden Elite der Osmanen, die eine höchst unterschiedliche nationale (Albaner, Araber, Kurden, Lasen, Serben, Tscherkessen, Türken und viele andere) und religiöse Herkunft aufwies, aber durch das gemeinsame Bekenntnis zur osmanisch-islamischen Kultur zusammen gehalten wurde. Die Osmanen verwendeten für ihr Reich weder die Begriffe »Türkei« noch »Osmanisches Reich«, sondern belegten es mit blumigen Bezeichnungen wie »hocherhabenes Reich« *(devlet-i aliyye)* oder »die von Gott beglückten Länder« beziehungsweise »die wohlbehüteten Länder« *(memalik-i mahruse)*. Das in europäischen Darstellungen oft zu lesende »Hohe Pforte« *(bab-ı ali)* als allgemeine Bezeichnung für die osmanische Regierung bedeutet im wörtlichen Sinne den Eingang zum Amtssitz des Großwesirs. Konstantinopel hieß bei den Osmanen »Istanbul«, aber auch »Kostantiniyye«; bis ins 20. Jahrhundert sprach man zudem vom *Der-i Saadet* (»Schwelle zur Glückseligkeit«), wenn man die Hauptstadt meinte. Deswegen wird im Folgenden eher von den Osmanen oder dem Osmanischen Reich gesprochen und Türkei nur dann als Begriff verwendet, wenn die damals in Europa übliche Vorstellung einer »Türkei« wiedergegeben werden soll. Erst mit dem Zerfall des Osmanischen Reiches entsteht 1923 die »Republik Türkei« *(Türkiye Cumhuriyeti)*.

Die Beziehungen des Osmanischen Reiches zu Europa machen nicht seine gesamte Geschichte aus. Als die Osmanen Konstantinopel eroberten, war noch längst nicht abzusehen, dass Österreich und Russland eines Tages die beiden wichtigsten Gegner des Osmanischen Reiches sein würden. Selim I., der »Gestrenge« (reg. 1512-1520), greift weit in den Nahen Osten aus und erobert den »Fruchtbaren Halbmond« (ein vom südlichen Palästina bis nach Mesopotamien reichendes fruchtbares Gebiet, das die Form eines Halbmondes hat) und Ägypten. Mühelos zerschlagen die osmanischen Armeen die Militärdynastie der Mamluken in Ägypten, die im 13. Jahrhundert als einzige in Europa und Asien dem Ansturm der Mongolen standgehalten hatten. Die Osmanen gelangen sogar bis in den Jemen und bauen einen Brückenkopf an der dem Jemen gegenüberliegenden afrikanischen Küste auf.

Das Osmanische Reich umfasst ab dem 16. Jahrhundert nicht nur den Balkan, sondern den größten Teil dessen, was wir heute als Nahen Osten kennen. Darüber hinaus gelingt es den Osmanen, ihren Einfluss im Maghreb, den afrikanischen Küstengebieten des Mittelmeers östlich von Ägypten, geltend zu machen. Die »Barbareskenstaaten« in den großen Häfen Algeriens und Tunesiens sind Verbündete der Osmanen.

Aus Kairo bringt Selim I. auch den Titel des Kalifen mit nach Istanbul. Nachdem das abbasidische Kalifat in Bagdad 1258 von den Mongolen vernichtet worden war, flüchteten sich Nachkommen der Abbasiden nach Kairo und führten unter mamlukischer Herrschaft ein bedeutungsloses »Schattenkalifat« weiter. Für die osmanische Dynastie drückte der Titel des Sultans ihre wirkliche Macht aus, das Kalifat dagegen stand eher für eine spirituelle Oberhoheit.

Der osmanische Sultan wird zudem »Hüter der Heiligen Stätten« in Mekka und Medina. Auch Jerusalem, die den Muslimen drittheiligste Stadt, ist osmanisch. Unter anderem aus dem Verdienst, die alljährliche Wallfahrt nach Mekka durchzuführen und die heiligen Stätten des Islams zu schützen und zu erhalten, wird der osmanische Sultan in den folgenden Jahrhunderten sein Recht auf Herrschaft ableiten. (Um so erstaunlicher ist es, dass kein einziger osmanischer Sultan jemals die Pilgerfahrt nach Mekka unternommen hat.) Auf ihre Dienste, auch durch die Eroberung von nicht-islamischen Gebieten, für die islamische Gemeinde hinweisen zu können, war für die Osmanen sehr wichtig. Im Gegensatz zu den frühislamischen arabischen Dynastien wie den Umayyaden und Abbasiden konnten sie ihre Herkunft nicht von der Familie des Propheten ableiten; und nur mit sehr viel mehr Mühe als etwa den Großmoguln in Südasien gelang es, eine Abstammung von den Mongolen zu behaupten.

Das Osmanische Reich trug sich – zumindest im 16. Jahrhundert – mit weltimperialen Bestrebungen. Die erste erhaltene Amerikakarte legt der osmanische Großadmiral Piri Reis im Jahr 1513 dem osmanischen Sultan vor. Der Blick der Osmanen geht auch Richtung Osten. So schlägt 1580 ein osmanischer Geograph vor, einen Verbindungskanal vom Mittelmeer zum Roten Meer zu bauen. Ernsthaft wurde erwogen, zwischen den Flüssen Don und Wolga einen Kanal zu bauen, so dass sich die osmanische Flotte auf dem Kaspischen Meer hätte bewegen können.

Die Osmanen greifen – auch mit Hilfe ihrer Mittelmeerflotte – nach der Herrschaft im Indischen Ozean. Sie lassen Galeeren zerlegen, auf Kamelrücken bis nach Suez befördern, wo sie wieder zusammengesetzt und zu Wasser gelassen werden. 1569/70 schicken die Osmanen eine Hilfsflotte nach Sumatra, die dort dem Sultan von Aceh gegen die Portugiesen beistehen soll. Aus Gründen, die wir bis heute nicht so recht kennen, erlahmt jedoch bald der nach Osten gerichtete Schwung: Die Osmanen brechen bereits begonnene Arbeiten an einem Kanal bei Suez ab und ziehen sich aus dem Kampf gegen die Portugiesen um die Vorherrschaft im Persischen Golf zurück.

Keinesfalls darf man dem Missverständnis erliegen, das Osmanische Reich sei ein abgeschlossenes Gebilde gewesen. Das Osmanenreich war eng mit den anderen Gebieten der islamischen Welt verbunden: Ein Gelehrter aus Persien konnte durchaus in Istanbul sein Glück machen. Über lange Jahrhunderte hinweg zog zudem das Osmanische Reich viele Menschen aus der christlichen Welt an. Ein Grund mag sein, dass in den östlichen Mittelmeergebieten die Bevölkerungszahl, selbst wenn man die Wüstengebiete und sonstigen unzugänglichen Gebiete nicht in Rechnung stellt, erstaunlich niedrig war. In dem demographischen Ungleichgewicht zwischen Europa und der islamischen Welt liegt vielleicht auch ein Grund für die »Toleranz des Islams«: Man war glücklich über jeden Zuwachs an Menschen. Das Osmanische Reich hatte aber nicht nur Bedarf an Zuwanderern; es stellte auch eine Versprechung für all die Menschen dar, die vom intoleranten Europa ausgestoßen wurden und sich vom religiösen Pragmatismus der Osmanen angezogen fühlten. Die Juden Spaniens wurden nach ihrer Vertreibung aus Spanien 1492 mit offenen Armen empfangen. Saloniki entwickelte sich dank der jüdischen Emigranten aus Spanien zur größten jüdischen Stadt des Mittelmeers.

Ab dem 17. Jahrhundert ließ allerdings der Zuzug an Flüchtlingen aus Europa nach. In Europa selbst nahm die Religionstoleranz zu; die Entdeckung Amerikas eröffnete unternehmungslustigen Menschen neue Möglichkeiten und zugleich verblasste die Anziehungskraft des Osmanenreichs. Eine letzte große Welle von Emigranten kam in das Osmanische Reich nach den missglückten Revolutionen von 1848, unter ihnen vor allem Ungarn und Polen.

Man hat die Osmanen – aufgrund mancher vergleichbarer Weise, ihr Reich zu organisieren – als die »Römer der islamischen Welt« bezeichnet, aber viel öfter wurde die Vermutung angestellt, ob die Osmanen nicht die Erben von Byzanz seien. Der rumänische Historiker Nicolas Iorga sprach in seinem Buch *Byzance après Byzance* (1935) von den Osmanen als Nachfolgern der Byzantiner.

Es lassen sich in der Tat viele Ähnlichkeiten zwischen Byzanz und dem Osmanischen Reich aufzählen: Für beide diente Ägypten als Kornkammer der Hauptstadt; das europäische Feindbild vom »Türken« war schon vorbereitet durch das negative Bild Ostroms seit den Kreuzzügen; beide Reiche erstaunen durch ihre Langlebigkeit trotz widrigster Umstände. Nur im westlichen Kleinasien konnte Byzanz die griechische Sprache und die griechisch-orthodoxe Religion gänzlich durchsetzen; ähnlich erging es dem osmanischen Staat, der den Kernbereich seiner Herrschaft niemals über Mittelanatolien hinaus ausdehnen konnte. Beide Reiche bedienten sich des Instruments der Umsiedlung, um aufständische Bevölkerungen aus dem ihnen vertrauten Umfeld zu entfernen. Zudem sind die Grenzen des Osmanischen Reiches zur Zeit seiner größten Ausbreitung sehr ähnlich zu denen von Byzanz auf dem Höhepunkt seiner Macht. Die Trennungslinie zwischen Ost- und Westrom, die sich über die Jahrhunderte hinweg zu einer konfessionellen Grenze zwischen katholischer und orthodoxer Kirche ausbildet, bildet zum Teil auch die Grenzlinie des Osmanischen Reiches auf dem Balkan. Weitaus mehr Christen orthodoxer Konfession als Katholiken stehen unter osmanischer Herrschaft. Die osmanische Einrichtung, dass Land meist in der Größe eines sogenannten *çift-hane* (ein Stück Land, das von einem Hausstand mit einem Gespann bewältigt werden kann, also etwa 6 bis 15 Hektar) bewirtschaftet wird, könnte auf das römische *iugum* (ein »Joch« von Ochsen) zurückgehen.

Mehrere Wege sind denkbar, wie es zur Übernahme von byzantinischen Praktiken und Einrichtungen durch die türkischen Fürstentümer und schließlich die Osmanen gekommen ist: So mögen ältere islamische Praktiken, die die Araber bei ihren Eroberungszügen auf byzantinischem Gebiet übernommen hatten, von den türkischen Kleinfürstentümern fortgeführt worden sein. Bei der unterworfenen christlichen Bevölkerung konnten die neuen türkischen Herren Anschauungsunterricht nehmen. Das geschwächte Byzanz arbeitete immer wieder und mehr oder weniger freiwillig mit den Osmanen zusammen. Während niemals Heiratsbündnisse zwischen den Osmanen und den Herrscherhäusern Westeuropas geschlossen wurden, gab es mehrere Heiraten zwischen dem byzantinischen Kaiserhaus und den Osmanen. Türkische Prinzen verbrachten längere Zeit am Hof der byzantinischen Herrscher und christliche Aristokraten weilten an den türkischen Herrschersitzen; byzantinische Frauen kamen durch Heirat auf die türkische Seite; viele unter den Bediensteten und Sklaven am osmanischen Hof erinnerten sich – obwohl sie Muslime geworden waren – ihrer christlichen Herkunft und Bräuche.

In den Beziehungen zwischen dem Osmanischen Reich und Europa lassen sich zwei Zeitabschnitte deutlich unterscheiden: Der osmanischen Expansion in der Mittelmeerwelt und nach Südosteuropa, die die Osmanen bis vor die Tore von Wien und sogar für kurze Zeit nach Apulien (in Form eines osmanischen Vorstosses nach Otranto in den Jahren 1479-1481) führt, folgt das Zeitalter der europäischen Expansion ab dem 18. Jahrhundert. Wenn auch spätere andere Bilder hinzutreten mögen, so ist vor allem das Bild, das sich Europa im Zeitalter des osmanischen Vordringens in Südosteuropa von den Türken macht, bis heute prägend geblieben.

2.3 Die osmanische Expansion in Südosteuropa und die Türkenkriege

Die Geschichte der Ausdehnung des Osmanischen Reiches in Südosteuropa lässt sich in Jahreszahlen fassen: 1389 schlagen die Osmanen auf dem Amselfeld (beim heutigen Priština) eine vor allem aus serbischen Einheiten zusammengesetzte Armee; 1453 nehmen die Osmanen unter Sultan Mehmed II. Konstantinopel ein; mit der Schlacht von Mohács 1526 (an der Donau in Ungarn in der Nähe der heutigen Grenze zu Kroatien und zu Serbien gelegen) geht das Königreich Ungarn unter; 1529 belagern die Osmanen unter Süleyman I. Kanuni, »dem Prächtigen« (reg. 1520-1566), das erste Mal Wien.

So wie Niederlagen gegen die Osmanen immer wieder als gerechte Strafe Gottes beschworen wurden, so hoben im gleichen Maße die ersten größeren Siege über die Osmanen die Moral ihrer christlichen Gegner, auch wenn etwa die erfolgreiche Abwehr der osmanischen Belagerung von Belgrad im Jahr 1456 und die von den christlichen Mittelmeermächten 1571 gewonnene Seeschlacht von Lepanto (am Eingang zum Golf von Korinth gelegen) militärisch nicht so entscheidend waren, wie man im ersten Überschwang dachte.

Die Begriffe »Balkan« und »Südosteuropa« sind schon des öfteren gefallen. Eine Klärung, was sie bedeuten, ist jetzt notwendig. Der Balkan als Bezeichnung für die gesamte südosteuropäische Halbinsel geht letztlich auf ein Missverständnis bei den antiken Geographen Strabon und Ptolemäus zurück, dass sich nämlich der Haemus, wie er in der Antike genannt wurde, über die ganze Landmasse zwischen Schwarzem Meer und den slowenischen Alpen erstrecke. Tatsächlich handelt es sich bei dem Balkan nur um ein kleineres Gebirge, das Donaubulgarien, den nördlichen Teil Bulgariens, von Hochbulgarien abtrennt und mit den anderen Gebirgszügen Südosteuropas nicht direkt in Verbindung steht. Im 18. Jahrhundert wird der Begriff Balkan langsam gebräuchlich; bis zum Berliner Kongress im Jahr 1878 herrscht aber die Bezeichnung »Europäische Türkei« vor.

Der Balkan findet in den umliegenden Meeren, der Adria, dem Ionischen Meer, der Ägäis, dem Marmarameer und Schwarzen Meer seine natürlichen Grenzen. In nördlicher Richtung dagegen lässt sich keine eindeutige Abgrenzung bestimmen; meist werden die Flussläufe von Save und unterer Donau als nördliche Begrenzung des Balkans genannt.

Südosteuropa dagegen kann als ein Begriff verstanden werden, der ein doppelt so großes Gebiet umfasst. Neben den Balkan selbst treten, über die Donau und die Save nach Norden hinausgehend, die heutigen Länder Kroatien, Slowenien, Ungarn, die Wojwodina (heute Teil Serbiens) und große Teile Rumäniens. Grob verallgemeinernd lässt sich sagen: Die Grenzen des Balkans entsprechen im Großen und Ganzen dem osmanischen Herrschaftsbereich. In dem darüber hinausgehenden Südosteuropa befanden sich die Vasallenstaaten des Osmanischen Reiches.

Zu diesen südosteuropäischen Vasallenstaaten gehörten der östliche Teil des untergegangenen Königreiches Ungarns, bevor er direkt in den osmanischen Herrschaftsbereich einverleibt wurde, sowie die Moldau, Walachei und Siebenbürgen (Transsilvanien), die alle Tribute zahlten und zum Teil durch die Stellung von Geiseln oder Heeresfolge an den Sultan gebunden waren. Seit dem von Ferdinand I. 1547 ausgehandelten Waffenstillstand hatten auch die Habsburger Tribut an die Osmanen zu zahlen.

Die Osmanen selbst nannten ihre europäischen Besitzungen »Rumeli«, das Land der Römer. Rumelien war für die Osmanen auch wirtschaftlich von größter Bedeutung: Rund zwei Drittel der Steuern und Abgaben kamen aus dem europäischen Teil des Reiches.

Was machte das Osmanische Reich für so lange Zeit zur stärksten Militärmacht in Europa und zu einem kaum bezwingbaren Gegner? Die Osmanen schienen das Kriegsglück gepachtet zu haben: Sie wurden von der Erfahrung eines sich selbst tragenden Erfolges beflügelt, während die europäische Seite durch die Furcht vor weiteren Niederlagen gelähmt wurde. Mit der Niederlage bei Nikopolis 1396 beginnt der Glaube an die Unüberwindlichkeit der Osmanen zu wachsen; die »Türkenfurcht«, die Europa bis ins 17. Jahrhundert begleiten wird, findet hier ihre ersten Anfänge. Ausschlaggebend für die Siege der Osmanen aber waren handfestere Dinge: Sie verfügten über eine leistungsfähige Verwaltung, die wirksamer als andere Staaten die landwirtschaftliche Produktion besteuerte; sie stützen sich auf eine sehr gute militärische Infrastruktur und setzten gekonnt eine Mischung von Streitkräften ein: Kavallerie, Infanterie, irreguläre Streitkräfte wie die berüchtigten »Renner und Brenner« *(akıncı)* und Einheiten der Krimtataren. Mehrere Jahrhunderte war das tatarische Khanat auf der Krim ein enger Verbündeter und zugleich Vasall der Osmanen.

Dass die beiden Belagerungen von Wien in den Jahren 1529 und 1683 scheiterten, lag vor allem an der weiten Entfernung von Istanbul. Die Heereszüge brachen im Frühjahr von Istanbul aus auf. Für die rund eintausend Kilometer von Istanbul nach Belgrad brauchte das Heer nahezu drei Monate. Weitab vom eigenen Versorgungsnetzwerk und in einem verwüsteten Umland wurde es immer schwieriger, Proviant zu beschaffen. 1529 bewogen Dauerregen und die Furcht vor einem frühen Wintereinbruch Süleyman den Prächtigen, Mitte Oktober die Belagerung aufzugeben und sich mit seinen Truppen zurückzuziehen. Der Rückzug kam dennoch zwei Wochen zu spät und bescherte der Armee auf dem Rückmarsch hohe Verluste an Material. Eine der größten Gefahren bei Sommerfeldzügen war, dass im Herbst angeschwollene Flüsse die Rückmärsche erschwerten. Bei der zweiten Belagerung im Jahr 1683 ließen die Osmanen ihrem Gegner zu viel Zeit. Ihren Belagerungsring um Wien zogen die Osmanen am 13. Juli. Zwei Monate später, am 12. September 1683, stieß ein Entsatzheer, bestehend aus kaiserlichen Truppen, umfangreichen Einheiten deutscher Fürsten und einer Armee unter Führung des polnischen Königs Jan III. Sobieski (reg. 1674-1696), von den Höhen des Wienerwaldes herab und schlug in der Schlacht am Kahlenberg das osmanische Heer.

Nachdem sich die Osmanen in Südosteuropa festgesetzt hatten, stiegen sie zum ersten Gegner Europas auf. Die christlichen Staaten deuteten die Auseinandersetzung mit den Osmanen als Fortsetzung, ja als Bedingung der Kreuzzüge: Erst müssten die Osmanen in Südosteuropa und Kleinasien niedergerungen werden, bevor man Jerusalem befreien könne. Für den heutigen Betrachter mögen die Kreuzzüge und Türkenkriege weit auseinander liegen, jedoch fällt Akko, die allerletzte Bastion der Kreuzfahrer in Palästina, erst im Jahr 1291. Die ersten großen Schlachten europäischer Heere gegen die Osmanen, 1396 bei Nikopolis (eine Stadt an der unteren Donau in Nordbulgarien) und 1444 bei Varna, stehen in der Art und Weise der Kriegsführung und in ihrer Zusammensetzung noch unmittelbar in der Tradition der Kreuzzüge. In den bunt zusammengewürfelten Heeren finden sich – unter vielen anderen – burgundische Ritter, oberdeutsche Kaufleute, einfache Leute aus Ungarn und die Truppen unterschiedlicher Herrscher aus Südeuropa.

Die Kreuzzugspläne gegen die Osmanen scheitern, denn anstelle einer gemeinsamen Bemühung sucht jeder der Beteiligten, zuerst seine eigenen Interessen zu verteidigen. Wie schon bei den Kreuzzügen des 12. Jahrhunderts, als alle Beteiligten, vor allem aber die vier italienischen Seerepubliken Amalfi, Genua, Pisa und Venedig, auf ihre geschäftlichen Interessen achteten, machen Auseinandersetzungen der oberitalienischen Stadtstaaten mit den Seemächten Venedig und Genua einerseits und die Streitigkeiten zwischen dem Königreich Ungarn und Venedig andererseits die wohl ernsthaft gemeinten Absichten zu gemeinsamen Unternehmungen zunichte.

Vergeblich wirbt Byzanz um Hilfe im Westen. Die katholische Kirche wittert bei jeder Gelegenheit die Möglichkeit, die oströmische Kirche zur Unterwerfung bewegen zu können. Als im Jahr 1369 der byzantinische Kaiser Johannes V. Palaiologos persönlich nach Rom reist und als Gegenleistung für militärische Hilfe sogar seinen Übertritt zum katholischen Glauben anbietet, wird er auf der Rückreise von den Venezianern wegen ausstehender Schulden in Beugehaft genommen.

Wenn es darum ging, die christliche Bevölkerung Südosteuropas vor den Osmanen zu retten, so hatte diese zum Teil ganz andere Bedenken. Niederlagen wie die von Varna lagen wohl auch an der fehlenden Mithilfe der orthodoxen Bevölkerungen Südosteuropas, die in den Kreuzzugsunternehmen eher den Versuch sahen, ihnen die katholische Religion aufzuzwingen und ein neues lateinisches Reich in Konstantinopel zu errichten. Die bisherigen Erfahrungen gaben ihnen jedenfalls recht. Zudem hatte die osmanische Herrschaft für die bäuerliche Bevölkerung ihre Vorteile: Eine geregelte Verwaltung und der Schutz eines starken Staates war der Willkürherrschaft christlicher Feudalherren vorzuziehen.

»Die Türken« wurden nicht von Anfang an als Feind gesehen. Wie man anfangs von den Mongolen erhoffte, dass sie die islamische Welt zerstören würden, so konnte man während der Zeit der Kreuzzüge in den Türken mögliche Verbündete gegen das allmählich verhasst gewordene Byzanz sehen. Ein normannischer Ritter, der einen Bericht über den Ersten Kreuzzug, die *Gesta Francorum,* verfasst, erwähnt die Legende, dass Türken und Franken gemeinsame Nachkommen der Trojaner seien und damit die natürlichen Gegner der Byzantiner. Der Fall von Konstantinopel 1453 konnte so als die Rache des Priamus an den Griechen gedeutet werden. Der überwältigende militärische Erfolg der Osmanen jedoch ließ alle anderen möglichen Deutungen zurückstehen: »Der Türke« war nun die Verkörperung des bösen Feindes geworden.

2.4 Religiös-ideologische Konfrontation

Am 14. August 1683, einen Monat, nachdem die osmanische Armee einen Belagerungsring um die Stadt Wien gezogen hat, schickt ihr Oberbefehlshaber, Großwesir Kara Mustafa Pascha, einen Brief in die Stadt Wien mit der Aufforderung zur Kapitulation. Darin heißt es unter anderem:

»Wir sind mit sieghaften Truppen sonder Zahl vor die Festung Wien gezogen, in der Absicht, diese Feste zu erobern und die wahre Religion zu verkünden. Wenn Ihr Muslime werdet, geschieht Euch nichts. Auch wenn Ihr nicht Muslime werdet, die Festung aber kampflos übergebt, so wird Gnade und Pardon gewährt. Solltet Ihr aber halsstarrig sein und Widerstand leisten und sollte die Festung durch die überwältigende Kriegsmacht des Padischahs erobert und unterworfen werden, so wird keinem einzigen Gnade und Pardon gewährt. Dann werden Eure Besitztümer geplündert und Eure Kinder versklavt.«

In diesem Schreiben ist die »offizielle« Sicht der osmanischen Eroberungspolitik zusammengefasst: Die beabsichtigte Einnahme der Stadt Wien ist religiös begründet und gerechtfertigt; wenn die Einwohner sich nicht ergeben, verlieren sie alle Rechte, die sonst unter islamischer Herrschaft lebenden Nicht-Muslimen zustehen würden.

Sehr früh unterschied man in islamischen Ländern zwischen dem sogenannten »Haus des Islams« *(dar al-islam)*, in dem bereits islamische Einrichtungen verankert waren und der Islam die vom Staat anerkannte Religion war, und dem »Haus des Krieges« *(dar al-harb)*, also all denjenigen Gebieten, die in naher oder ferner Zukunft noch Teil der islamischen Gemeinschaft werden müssten. Ergaben sich Städte und Gebiete im »Haus des Krieges« freiwillig den islamischen Armeen und waren deren Bevölkerung Angehörige der beiden monotheistischen Religionen Christentum und Islam (später sollten auch andere Religionen wie etwa der Zoroastrismus in dieser Weise anerkannt werden), so wurde ihnen der Status von »Schutzbefohlenen« *(zimmi)* zuerkannt. Schutzbefohlene mussten ein Kopfgeld *(cizye)* bezahlen, die Höherrangigkeit der islamischen Religion im öffentlichen Raum anerkennen, konnten aber ansonsten auf den Schutz ihrer Religion, ihres Lebens und ihrer Güter vertrauen. Wurde jedoch eine Stadt mit Gewalt genommen, so konnten die Einwohner versklavt werden und besaßen keinerlei Rechte. Nach einiger Zeit jedoch wurden auch solche Bevölkerungen als »Schutzbefohlene« behandelt.

Daneben entwickelte sich, um die vielen Übergangszonen zu bezeichnen, die sich weder eindeutig dem *dar al-islam* noch dem *dar al-harb* zuordnen ließen, schon in frühislamischer Zeit die Begrifflichkeit des *dar al-ahd* (»Haus des Vertrags«) oder *dar al-sulh* (»Haus des Friedensschlusses«). Schon der erste Kalif der Umayyaden, Mu'awiya (reg. 661-680) erkannte armenische Fürstentümer als *dar al-ahd* an.

Geht es um die Geschichte der islamischen Expansion, werden rasch die umstrittenen Begriffe *gazi* und Dschihad genannt. Als *gazi* wird der bezeichnet, der sich im Kampf für die Sache des Islams oder auch – in zweiter Linie – für eine »geheiligte Sache« einsetzt. So erhielt wegen Verdiensten im türkischen Unabhängigkeitskrieg die Stadt Antep in Südostanatolien den Namen *Gazi*antep und Mustafa Kemal (1881-1938, seit 1934: Atatürk) wurde der Ehrentitel *gazi* zuerkannt. Der Dschihad ist im engeren Sinne die Bemühung einer einzelnen Person um ein gottgerechtes Leben, aber auch all das, was den Kampf gegen Ungläubige betrifft; als »heiligen Krieg« sollte man Dschihad aber besser nicht übersetzen. Wir wissen heute, dass in der frühesten islamischen Zeit das oberste Ziel des Dschihads nicht war, Juden und Christen zum Islam zu bekehren, sondern sich Einkommensquellen durch neue Schutzbefohlene zu sichern. Manche wie der austro-englische Osmanist Paul Wittek sahen in dem vom religiösen Kampfgeist angetriebenen *gazi* die Ursache für den Erfolg des Osmanischen Reich – und in der Tat, ist nicht die osmanische Expansion im ehemals christlichen Kleinasien und Südosteuropa der schlagende Beweis dafür?

Der früheste erhaltene osmanische Gesandtschaftsbericht, von Kara Mehmed Pascha aus dem Jahr 1665, scheint Beweis für den religiösen Kampfgeist der Osmanen zu sein. Nach der osmanischen Niederlage von St. Gotthard an der Raab (heute Westungarn an der Grenze zum österreichischen Burgenland) 1664 wird Mehmed Pascha ein Jahr später, begleitet von einem großen Gefolge, zur Aushandlung eines Friedensvertrages nach Wien geschickt. Auf den Vorschlag des Kaisers, den Frieden alle 25 Jahre zu erneuern, entgegnet der osmanische Gesandte: »O nein, damit ist unser Padischah nicht einverstanden. Nach dem großherrlichen Befehl ist der Frieden alle zwanzig Jahre zu erneuern. Unser Padischah und die gesamte Streitmacht des Islams können ohne Kampf und Streit, ohne Krieg und Eroberung nicht sein, denn da unser Prophet Muhammed durch Allahs Befehl die Sendung erhalten hat, die Giauren zu bekriegen, so kämpfen wir eben nach Seinem Gebote und ziehen in den Glaubenskrieg.«

Wie das oben erwähnte Schreiben von Kara Mustafa Pascha an die Wiener und nun auch diese Äußerung von Kara Mehmed Pascha zeigen, begründeten die Osmanen ihre Handlungen mit der Religion des Islam. Die Frage aber ist, ob der Gegensatz zur europäisch-christlichen Welt grundsätzlich in religiösen Vorstellungen begründet war oder viel mehr nur in diese gekleidet wurde. Evliya Çelebi, der bekannteste osmanische Weltreisende, der nahezu die gesamte damalige osmanische Welt und ihre angrenzenden Regionen aufgesucht hat, gehört der Gesandtschaft des Kara Mehmed an. In der ausführlichen Beschreibung seiner Reise nach Wien und seines Aufenthalts in der Stadt merkt er an, dass Österreicher und Ungarn wegen ihres unterschiedlichen Bekenntnisses (damals Katholiken gegen Protestanten) niemals untereinander einig werden könnten. Andererseits aber hielten sich doch wieder zusammen; die Ungläubigen seien – aufs Ganze gesehen – eine einzige Glaubensgemeinschaft. Kurz darauf aber kommt Evliya Çelebi wieder auf die Unterschiede zu sprechen: »Kurz und gut – beide sind Giauren ohne den wahren Glauben, aber die Ungarn sind wohlgeartete, saubere Ungläubige, die sich allmorgendlich das Gesicht nicht mit ihrem Harn waschen, wie die Österreicher, sondern mit Wasser, wie wir Osmanen.«

In seinen Berichten über die außerosmanische Welt neigt Evliya zum Fabulieren; so behauptet er, mit 40 000 Mann in einem kühnen Feldzug bis zur Nordsee vorgedrungen zu sein. Wegen seiner phantasievollen Berichte hat man anfangs auch nicht daran glauben wollen, dass er Wien mit eigenen Augen gesehen hat. Evliya vermeidet in seinem Bericht unmittelbare Vergleiche mit dem Osmanischen Reich und hebt einzelne lobenswerte Eigenschaften des von ihm besuchten Österreichs heraus – eine blühende Landwirtschaft, wohlgeordnete Rechtssprechung, gehorsame Armee und glänzende Hauptstadt. Mit Bewunderung berichtet Evliya von den reichen Bibliotheken und der hoch stehenden Heilkunst.

In Evliyas so fröhlicher und leichtgängiger Erzählweise sind militärische Belange dennoch gegenwärtig. Zu den Städten Komorn, Raab, Szent Márton, Óvár und natürlich auch Wien gibt er genaue Bemerkungen, wie sie von osmanischen Truppen eingenommen werden könnten.

Evliya Çelebi verliert auch nicht das langfristige Ziel aus den Augen, dass alle Städte der Welt islamisch werden sollten. Die prächtigen Bauten, die die Österreicher mit ihren Reichtümern geschaffen haben, würden, so gebe es Gott, letztlich dem Islam anheimfallen. Zum Glockenturm der Stephanskirche kommt ihm in den Sinn: »Möge Allah der Erhabene gewähren, dass er dereinst zu einem Minaret umgewandelt wird und dass von ihm dereinst der mohammedanische Gebetsruf erschallt – Amen!«

Bekundungen eines tiefen religiösen Gegensatzes sollten wir nicht einfach als äußerliche Rede abtun, zugleich aber müssen wir sehen, dass die osmanische Dynastie ihren Herrschaftsanspruch mit einer unablässigen Kriegsführung gegen »die

Ungläubigen« begründete und dementsprechend handeln, vor allem aber sich darstellen musste. Bis zum späten 17. Jahrhundert erkannten die Osmanen die christlichen Staaten nicht als gleichberechtigte Mächte an und brachten ihnen gegenüber ihr Anrecht zum Ausdruck, ganz Europa zu beherrschen. 1527 sprach Sultan Süleyman der Prächtige in einem Schreiben Karl V. (1530-1556 Kaiser des Heiligen Römischen Reiches) als »König von Spanien« an, also als einen Herrscher, in dessen Reich sehr wohl jeden Tag die Sonne unterging. Andererseits scheint Süleyman die Anerkennung als europäischer Herrscher gesucht zu haben. 1532 bestellte er in Venedig eine imperiale Krone und weitere Herrschaftszeichen wie Thron und Szepter. Im Kupferstichkabinett von Berlin findet sich ein Holzschnitt aus dem 16. Jahrhundert, wohl von Melchior Lorich gefertigt, der Süleyman mit einer riesigen Krone zeigt.

Wie wir aus der Geschichte wissen, wurden und werden Konflikte aus Berechnung religiös aufgeladen. Es ist daher nicht einzusehen, warum die Eroberungspolitik der Osmanen in Südosteuropa grundsätzlich anders gesehen werden sollte als die der europäischen Staaten. So kann die Auseinandersetzung zwischen den Osmanen und Habsburgern um Ungarn, nachdem das Königreich in der Schlacht von Mohács 1526 untergegangen war, als die Gegnerschaft zweier auf Gebietsgewinne erpichter Mächte gesehen werden, bei der letztendlich die Habsburger die Oberhand behalten sollten. Ein Nebeneinander von Ideologie und tatsächlichem Handeln zeigt sich auch in den Schreiben des osmanischen Staates. Während die sultanischen Erlässe die offizielle staatliche Ideologie verfechten, sind die Mitteilungen des Großwesirs in derselben Angelegenheit weitaus umgänglicher.

Die Begründung für ihr Handeln bezogen die Osmanen nicht nur aus der islamischen Tradition, sondern auch aus anderen Quellen: Wien, aber auch Buda (ein Teil des heutigen Budapest) und Rom, stellten für die Osmanen besonders erstrebenswerte Ziele, »goldene Äpfel« *(kızıl elma)*, dar – eine Vorstellung, die von den Symbolen der Sonne und des Mondes in steppennomadischer Tradition, aber wohl auch vom europäischen Reichsapfel beeinflusst war.

Dass nicht nur die Auseinandersetzung mit christlichen Staaten eine religiös-ideologische Dimension annehmen konnte, zeigt das Verhältnis des Osmanischen Reiches zu seinem großen Widersacher im Osten, Iran. Mit der – übrigens ebenfalls türkischstämmigen – Dynastie der Safaviden lieferten sich die Osmanen erbitterte Kämpfe. Um sich besser behaupten zu können, kehrten beide Seiten ihre jeweilige »Rechtgläubigkeit« heraus: Das Osmanische Reich betonte nun eine strenge sunnitische Orthodoxie, während die Safaviden ihre schiitische Rechtgläubigkeit hervorhoben. Bereits in der Mitte des 16. Jahrhunderts bildete sich in den osmanisch-safavidischen Auseinandersetzungen eine Grenzlinie heraus, die bis heute als türkisch-iranische Grenze im Wesentlichen Bestand hat.

Aus osmanischer Sicht wurden die Erfolge der osmanischen Armeen in Südosteuropa durch die Eroberungen in anderen Gebieten wie dem Nahen Osten bestätigt und stimmten mit dem eigenen Bewusstsein religiöser und kultureller Überlegenheit überein. In ganz einer anderen Lage befanden sich die Staaten und Bevölkerungen Südost- und Mitteleuropas, die nicht nur den Osmanen militärisch widerstehen, sondern auch ihren Niederlagen einen Sinn abgewinnen mussten.

Die Vorstellung einer tiefen Bedrohung der europäischen Welt durch die osmanischen Armeen, die »Türkengefahr«, die letztlich eine »Türkenfurcht« war, bildet sich nicht auf einmal heraus: Wie wir bereits gesehen haben, kann man erste Anfänge schon im 14. Jahrhundert finden. Ihren Höhepunkt erreicht die Türkenfurcht aber erst in den Jahrzehnten nach dem Fall Konstantinopels, des »zweiten Roms«. Wenige Monate später erlässt Papst Nikolaus V. die Kreuzzugsbulle *Etsi Ecclesia Christi*, in der der osmanische Sultan Mehmed II. unter anderem als vorweggenommene Verkörperung des Antichristen erscheint:

»Einst lebte schon einmal ein unbarmherziger und grausamer Verfolger der christlichen Kirche: Mahomet, Sohn des Satans, Sohn des Verderbens, Sohn des Todes, der Seelen wie Körper der Christen mit seinem teuflischen Vater verspeisen möchte, den es nach christlichem Blut dürstet, der ein überaus grausamer und blutrünstiger Feind der Erlösung der Seelen durch Christus ist. Nun hat sich in jüngster Zeit ein zweiter Mahomet erhoben, der der Ruchlosigkeit des Ersten nacheifert, der christliches Blut vergießt und die Christen mit großem Feuer vernichtet. Er hat nun kürzlich die Stadt Konstantinopel nach hartem Kampf eingenommen und in sein Reich überführt. Dabei hat er unzählige Christen niedergemetzelt sowie alle Tempel und Heiligtümer geschändet. Dieser ist wahrlich der Vorbote des Antichrist, der vernunftlos und ohne Geist den gesamten Westen unter seine Herrschaft bringen und aus dem gesamten Erdkreis den christlichen Namen auslöschen möchte.«

Wenige Jahre später nur schlägt der Humanist Enea Silvio Piccolomini als Papst Pius II. (1458-1464) einen ganz anderen Weg ein. Pius II. ruft im Herbst 1459 eine Versammlung der christlichen Mächte nach Mantua ein, um die Möglichkeit eines neuen Kreuzzugs zu erörtern. Enttäuscht von den verhaltenen Reaktionen verfasst der Papst 1461 die *»Epistola ad Mahometem«*: Der Sultan könne, falls er sich taufen lasse, der neue Konstantin werden, also das christliche Kaisertum übertragen bekommen. Pius II. mag dieses Angebot ernst gemeint haben; Mehmed II. hat es sicherlich nicht ernsthaft erwogen.

Allen Vorstellungen der Türkengefahr ist gemein, dass die osmanische Bedrohung als moralische Herausforderung beschworen wird: Die christliche Gemeinschaft hat durch ihre Sünden die Türkengefahr hervorgerufen; durch Buße und inneren Friedensschluss kann sie ihrer wieder Herr werden. Beschwörungen der türkischen Gefahr werden in den kommenden Jahrzehnten die Reichsversammlungen, etwa auf dem »Großen Christentag« 1471 in Regensburg, beherrschen. Dass dabei das Christentum nicht überwindbar ist, ja dass der ganze Erdkreis zuletzt christlich sein werde, wird dabei nicht angezweifelt, das heißt, die Gefahr muss als gewaltig, aber doch als überwindbar dargestellt werden.

Um die Bevölkerungen in den christlichen Staaten vom gemeinsamen Anliegen der Türkenabwehr zu überzeugen, bedient man sich aller Mittel der öffentlichen Mobilisierung: Lied und Fastnachtsspiel, höfische Darbietungen, Brief, Türkentraktat, Hof- und Reichtagsrede, Volkspredigt und Ablasskampagnen, monatliche Bittprozessionen, tägliches Glockenläuten am Mittag.

Die propagandistische Wirkung der Türkengefahr konnte sich vor allem dank des neu erfundenen Buchdrucks entfalten, der zu einer tausendfachen Verbreitung von sogenannten »Türkendrucken« führte. An den Adel gerichtete »Absagebriefe«, die aus dem Fehdewesen vertraut waren, enthielten frei erfundene Kriegserklärungen des Sultans an den Kaiser. Eher für die allgemeine Bevölkerung waren Flugschriften gedacht, in denen zum Beispiel – in Übertragung des bethlehemitischen Kindermordes auf »die Türken« – die osmanischen Armeen als ein Kinder tötendes, rohes Kriegsvolk dargestellt wurden.

Neben der Abwehr der Türken ging es um alltägliche Politik. Die Türkengefahr wurde vom Kaiser immer wieder beschworen, um die protestantischen Reichsstände in die Defensive zu drängen und eine einheitliche Reichspolitik zu seinen Gunsten durchzusetzen. Warum müssten denn, so lautete schon damals die Frage, die europäischen Herrscher weiter Kriege unter sich ausfechten, wenn die Türkengefahr angeblich so groß war? Maximilian I., Kaiser in den Jahren 1508-1519, stellte sich daher als williger und frommer Herrscher dar, der von seinen eigennützigen christlichen Gegnern immer wieder angefeindet werde. Daher müsse er erst seine innereuropäischen Kriege führen und alle Hindernisse beseitigen, die ihn von einem großen Feldzug gegen die Türken abhielten.

Schon für die Zeitgenossen lag der Verdacht nahe, dass es nicht nur den Herrschern, sondern auch dem Papst bei seinen Ermahnungen vor der türkischen Gefahr nur um seinen eigenen Vorteil ginge. Luther vermutet in seiner Schrift »Vom Kriege widder die Türcken« aus dem Jahre 1529, der Papst suche nur einen Vorwand, um neue Gelder einzutreiben: »Denn die Bepste hattens nie mit ernst ym synn, das sie widder den Türcken kriegen wolten, sondern brauchten des Türckisschen krieges zum hütlin, darunter sie spieleten und das gelt mit ablas aus deudschen landen raubeten, so offt sie es gelustet, wie das alle welt wol wuste.«

So sehr die Türkengefahr auch von kurzfristigen und eigennützigen Erwägungen bestimmt wurde, so hat sie doch Europa geprägt: Die Vorstellung von Europa als Sitz einer geeinten Christenheit entstand durch die Vorstellung, die türkische Gefahr müsse abgewehrt werden. Oder wie es Almut Höfert treffend formuliert hat: »An der Wiege des neuzeitlichen Europa standen also die Türken Pate – ungeachtet dessen, dass niemand die Osmanen um ihr Einverständnis für diese spirituelle Schirmherrschaft gebeten hatte.«

Der Europa-Begriff wurde auch noch auf eine andere Weise durch die Türken befestigt. Die Osmanen hatten das Byzantinische Reich zerstört und seine Hauptstadt Konstantinopel erobert. Vier der fünf spätantiken Patriarchate, Jerusalem, Alexandria, Antiochia und Konstantinopel, lagen im osmanischen Herrschaftsgebiet. Die Osmanen hatten damit kurzerhand den alten griechisch-lateinischen Gegensatz in der Weise gelöst, dass nur noch Rom (als fünftes Patriarchat) übrig war. Die Begriffe »Christen« und »Europäer« konnten nun in eins fallen und in den folgenden Jahrhunderten zu scheinbar austauschbaren Begriffen werden.

Die Osmanen hatten entscheidenden Einfluss auf die Geschicke der europäischen Geschichte auch in der Weise, dass sie die lutherische Opposition stärkten. Durch die Türkengefahr waren den katholischen Mächten die Hände gebunden und sie konnten sich nicht mit voller Wucht gegen die Reformation wenden. Ohne die osmanische Bedrohung wären die Protestanten vielleicht ebenso gründlich ausgelöscht worden wie die Katharer, eine christliche Glaubensbewegung des 13. und 14. Jahrhunderts.

Den Osmanen war jedenfalls der Protestantismus wegen seines scheinbar strengeren Monotheismus weitaus sympathischer als der katholische Glaube. Evliya Çelebi spöttelt während eines Gesprächs mit Priestern in Wien: »Ach du meine Güte, wie viele Götter Ihr nur habt, vor denen allen Ihr den Hut vom Kopfe ziehen und anbetend das Knie beugen müsst, ehe Ihr weitergehen dürft.« Als der hohe osmanische Würdenträger Ahmed Resmi 1763/64 Berlin besucht, merkt er wohlwollend an: »Die Bevölkerung ist lutheranisch, sie ist frei von jeder Glaubenskonfusion; in ihren Kirchen gibt es keine Götzen und sie rühmt sich, an einen einzigen Gott zu glauben, sie ist dem Katholizismus feindlich gesinnt. Sie erkennt den Propheten Mohammed an und scheut sich nicht, zu bekennen, dass sie den Islam anzunehmen bereit sei.« In den Worten von Ahmed Resmi scheint die fest verankerte Auffassung des Islams durch, dass es den Menschen in natürlicher Weise eingegeben sei, Muslime zu sein – eine Art Urzustand, der bei den Protestanten etwas deutlicher zu sehen sei. Die grünen Uniformen der Brandenburger Regimenter konnte Ahmed Resmi nicht anders deuten, als dass Friedrich der Große damit seine Zuneigung zu den Muslimen zeigen wolle. In den Nachbarstaaten, so berichtet der osmanische Gesandte, werde Friedrich deswegen angegriffen und es heiße, er werde wohl bald Muslim.

Katholische und protestantische Schriften rückten die jeweils andere Seite in die Nähe der türkischen Religion. Wenn man die Sultane und Kalifen nicht als Nachfolger des Propheten Muhammad anerkennen dürfe, dann müsse dies doch – so protestantische Autoren – auch für den Papst gelten. Katholische Streitschriften wollten wiederum den Protestanten ob ihrer Bilderfeindlichkeit eine gefährliche Nähe zum Islam unterstellen. Um vor allem die calvinistische Position zu geißeln, Hilfen für die Türkenkriege nur gegen weitere Zugeständnisse gegenüber der Reformation zu gewähren, prägten zwei englische Theologen am Ende des 16. Jahrhunderts den Begriff des *Calvinoturcismus.* Eine anonyme Erwiderung in Form einer Streitschrift mit dem Konterbegriff des *Turcopapismus* ließ nicht lange auf sich warten.

Luther selbst schwankte zwischen Hochachtung vor dem osmanischen Heer und Staatswesen und einer theologischen Verurteilung der Türken. Beide, Papst und Sultan, seien Tyrannen, von denen jeder auf seine Weise, der eine mit List und falscher Botschaft und der andere mit dem Schwert und Grausamkeit, die Christenheit zerstören wolle. Die grimmigeren, blutdürstigeren, unersättlicheren »türkischsten Türken« seien aber in Rom zu finden.

Bis zur Schlacht von Mohács 1526 und der ersten Belagerung von Wien 1529 hatte Luther gegen das Papsttum gewettert und die katholischen Mächte selbst für ihre Niederlagen verantwortlich gemacht; der Widerstand gegen die Türken solle nur in der geistigen Sphäre durch Gebet und Buße stattfinden. Mit der zunehmend bedrohlichen militärischen Lage gerieten die Protestanten aber in Begründungsnot. Nach wie vor aber war Luther der Auffassung, dass es nicht das Recht des Kaisers sein könne, den Krieg gegen die Osmanen als Glaubenskrieg zu bezeichnen. Der militärische Kampf gegen die Türken, und damit der Schutz der Untertanen, ist – so Luther – eine weltliche Angelegenheit und darum allein Aufgabe des Kaisers. Er darf sich aber nicht als Schutzherr der katholischen Kirche oder Kämpfer gegen die Ungläubigen verstehen. Luthers Haltung mag ein wichtiger Grund gewesen sein, warum sich die mittelalterliche Kreuzzugsidee ab der Mitte des 16. Jahrhunderts verflüchtigte.

Dass der Kampf gegen die Osmanen nicht mehr als Kreuzzug gehandelt wurde, hatte auch etwas mit der Wirklichkeit zu tun: Nach den großen Schlachten der 1520er Jahre sollte in den folgenden Jahrzehnten der habsburgisch-osmanische Gegensatz von kleineren Kriegen und Scharmützeln entlang der Grenze geprägt sein. Es ging nicht mehr um große Feldzüge mehrerer Staaten, die ja schon vorher mehr Anspruch als Wirklichkeit gewesen waren, sondern um einen lang andauernden Abwehrkampf der Anrainerstaaten des Osmanenreiches.

2.5 Militärgrenze

Im 17. und 18. Jahrhundert ist Südosteuropa der Hauptschauplatz osmanischer Kriegsführung. Zugleich war mit dem Untergang und der Aufteilung Ungarns zwischen Osmanen und Habsburgern die Türkengefahr unmittelbar bis an die österreichischen Erblande herangerückt.

Den beiden ersten habsburgisch-osmanischen Kriegen 1526-1555 und 1566-1568 folgt der »Lange Türkenkrieg« von 1593 bis 1606. Mit einer kurzen Unterbrechung in den Jahren 1663-1664 bleibt das 17. Jahrhundert weitgehend ruhig. Die entscheidende Wende im osmanisch-habsburgischen Mächtemessen findet dann im »Großen Türkenkrieg« von 1683 bis 1699 statt.

Dennoch führten nicht immer nur der österreichische und osmanische Staat miteinander Krieg, vielmehr wurden unterschiedliche Abstufungen von Kriegen auf lokaler Ebene geführt. Nur in seltenen Fällen weiteten sich die Kampfhandlungen zu reichsweiten Auseinandersetzungen aus beziehungsweise wurden von Anfang als solche in den Hauptstädten geplant. Erst längere Auseinandersetzungen mit mehreren Zehntausend Kämpfern bedurften zentraler Planung und Finanzierung; Kämpfe, in die einige Tausend Mann verwickelt waren, wurden vom Militär an Ort und Stelle bestritten. In diesen Kleinkriegen entlang der Grenze ließen sich Kriegszustand und unruhiger Friede nur schwer unterscheiden. Kleiner Grenzverkehr und kleine Grenzkriege sollten über Jahrhunderte hinweg die habsburgisch-osmanische Grenze prägen.

Im ungarischen Königreich war bereits ab dem 15. Jahrhundert eine »Militärgrenze« gegen die osmanische Expansion aufgebaut worden. Sie wurde nach dem Untergang Ungarns von den Habsburgern fortgeführt und sollte offiziell bis 1881 Bestand haben. Unter der Militärgrenze darf man sich nicht eine Art chinesische Mauer in Südosteuropa vorstellen. In der Zeit seiner größten Ausdehnung war dies vielmehr ein rund 1500 Kilometer von der Adria bis zum nördlichen Ende der Karpaten reichendes tiefgestaffeltes Verteidigungssystem, das einerseits aus großen befestigten Orten wie der Festung Karlstadt (dem heutigen Karlovac in Kroatien) bestand und andererseits aus kleinen Wehranlagen und Wehrdörfern. Mit dem Großen Türkenkrieg 1683-1699 veränderte sich natürlich der Verlauf der Militärgrenze. Die »Neuerwerbungen« *(neoacquisita)* wurden als Eigentum des Kaisers in die Militärgrenze eingegliedert.

Das Rückgrat der Militärgrenze war eine freie Bauernschaft, die unter Gewährung von besonderen Vergünstigungen in den Grenzgebieten angesiedelt wurde, dafür aber in unablässiger Wehrbereitschaft stehen musste. Die Militärgrenze war einer eigenen Militärverwaltung unterstellt; grundbesitzender Adel und katholische Kirche hatten ursprünglich keine Mitsprache im Grenzgebiet. Hinter dieser Großzügigkeit stand auch die Erfahrung, dass die einfache Bevölkerung die Vorteile eines Lebens unter osmanischer Herrschaft gegenüber einer feudalen Gesellschaftsordnung zu schätzen wusste.

Die osmanische Seite baute ebenfalls ein eigenes Grenzsystem auf. Während die nahezu eintausend Kilometer lange osmanische Grenze zu Iran kaum befestigt war, errichteten die Osmanen entlang ihrer südosteuropäischen Grenze zahlreiche Befestigungswerke. Wie die Österreicher siedelten die Osmanen meist orthodoxgläubige Bevölkerungsgruppen im Grenzgebiet an und verwalteten das Grenzgebiet anders als die rückwärtigen Gebiete: Grenzhauptmannschaften (sogenannte *Kapitanate*) hatten die militärischen und administrativen Befugnisse.

Die auf beiden Seiten der Militärgrenze angesiedelte Bevölkerung sollte den Feind in Schach halten, bildete aber zugleich ein gemeinsames Milieu, das untereinander weitaus mehr Ähnlichkeiten aufwies als mit der Bevölkerung in den von der Grenze weiter entfernten Gebieten. Die Militärgrenzgesellschaft kannte weder Adel noch Großgrundbesitzer; alle Bauern hatten Eigentum an Grund und Boden. Versuche, in die Eigenheiten und Freiheiten der Grenzbevölkerung einzugreifen, beantwortete daher die Grenzbevölkerung gerne mit einem Wechsel auf die andere Seite.

Für die auf der habsburgischen Seite siedelnden Bevölkerungsgruppen orthodoxer Konfession setzte sich allmählich der Namen »Walachen« (»Vlachen«) durch. 1630 wurde für die Grenzbevölkerung ein eigenes Regelwerk, die *Statuta Valachorum,* erlassen, das militärische Belange in den Vordergrund stellte und deswegen der orthodoxen Wehrbevölkerung drei grundlegende Rechte zugestand, nämlich ihre eigenständigen gesellschaftlichen Organisationsformen fortführen zu können, von grundherrschaftlichen Bindungen und Abgaben befreit zu sein sowie den orthodoxen Glauben frei ausüben zu können.

Um 1690 wanderten in die österreichischen Grenzlande Tausende orthodoxgläubige und serbischsprachige Familien, vor allem aus dem Kosovo, ein. Kaiserliche Heere, denen es kurzfristig gelungen war, tief in den Balkan hinein vorzustoßen, hatten die örtlichen Bevölkerungen zum Aufstand gegen die osmanische Herrschaft ermuntert. Von den osmanischen Behörden wegen ihrer Zusammenarbeit nicht mehr als vertrauenswürdig erachtet, suchten große Bevölkerungsteile ihr Heil in der Auswanderung auf österreichisches Gebiet.

Die Osmanen hatten durch ihre Erfahrungen mit dem nomadischen Milieu in Kleinasien ursprünglich mehr Erfahrung und Geschick, solche Grenzräume zu führen. Als sie aber im 16. Jahrhundert versuchten, die Privilegien der Grenzerbevölkerung zu beschneiden und sich für einen Aufstand im Jahr 1595 dadurch rächten, dass sie die Reliquien des serbischen Nationalheiligen Sava zerstörten, wechselten die Grenzer auf die habsburgische Seite.

Je mehr die osmanische Bedrohung zurückging, desto weniger hielt sich die österreichische Seite an ihre ursprünglichen Zusicherungen: Der österreichische Adel konnte sich nun in der Grenzmark tummeln, die serbisch-orthodoxe Grenzerbevölkerung sollte – wenn nötig zwangsweise – zum Katholizismus bekehrt werden. Wieder einmal wichen die Grenzer auf die andere Seite aus oder suchten sich neuen Lebensunterhalt als Räuber.

Die Geschichte der Militärgrenze hat in der jüngsten Vergangenheit ein Nachspiel gehabt. Die *Krajina* (»Grenzmark«), die im heutigen Kroatien von Karlovac bis ins Hinterland von Split entlang der Grenze zu Bosnien-Herzegowina reicht, war über Jahrhunderte Teil der Militärgrenze gewesen, in der Österreich gezielt eine orthodoxgläubige und serbischsprachige Bevölkerung angesiedelt hatte. Während bis zum Ende des 20. Jahrhunderts in der Krajina Kroaten und Serben Tür an Tür lebten, fanden in der ersten Hälfte der 1990er Jahre die heftigsten kroatisch-serbischen Kämpfe – neben Slawonien (der Tiefebene am Unterlauf der Save) – in der Krajina statt. Der weitaus schrecklichere Krieg in Bosnien rückte schließlich diese Kämpfe in den Hintergrund.

2.6 Vermächtnis und Erblast

Während die langsame Zurückdrängung und schließlich Vertreibung der Muslime von der Iberischen Halbinsel als *Reconquista* (»Wiedereroberung«) in die europäische Geschichtsschreibung eingegangen ist, hat sich für die kriegerischen Erfolge der Österreicher und später der Russen in Südosteuropa kein übergeordneter Begriff durchgesetzt. Man kann über die Gründe, warum eine solche zusammenfassende Bezeichnung fehlt, nur Vermutungen anstellen: Die größten militärischen Erfolge von Österreichern und Russen finden im 18. Jahrhundert statt, zu einer Zeit, als die Deutungshoheit der Kirche ins Wanken gerät. Habsburg und Russland sehen sich schon bald gegenseitig als gewichtigere Gegner an als das geschwächte Osmanenreich. Zudem geraten die südosteuropäischen Nationalbewegungen in einen Gegensatz zu Österreich, das im 19. Jahrhundert als einzige europäische Großmacht keine Kolonialpolitik betreibt, dafür aber umso größere Ambitionen in Südosteuropa verfolgt.

Das allmähliche Zurückweichen der Osmanen auf dem Balkan lässt sich in Stationen beschreiben. Der Entsatz von Wien 1683 beflügelt die christlichen Mächte. 1684 wird die antiosmanische Liga unter Jan Sobieski III. und Kaiser Leopold I. (reg. 1658-1705) auf Drängen von Papst Innozenz XI. zu einer »Heiligen Liga« unter der Beteiligung von Venedig ausgebaut. Im Großen Türkenkrieg verlieren die Osmanen ein um die andere Schlacht: 1686 wird ihnen die Festung Buda entrissen. Die Niederlage bei Mohács 1687, just an dem Ort des großen Sieges von 1526, kostet Sultan Mehmed IV. (reg. 1648-1687) seinen Thron. 1691 gewinnt der Markgraf Ludwig Wilhelm von Baden die Schlacht bei Slankamen an der Donau; der Erfolg verschafft ihm den Ehrentitel »Türkenlouis«. 1697 erringt Eugen von Savoyen seinen ersten großen Sieg bei dem Dorf Zenta (heute: Senta) an der Theiß; während des Türkenkriegs 1714-1718 schlägt er 1716 bei Peterwardein (heute Petrovaradin, Ortsteil von Novi Sad) die Osmanen.

Die Osmanen sind in den 1680er und 1690er Jahren in Waffentechnik und Logistik noch nicht unterlegen, können jedoch der europäischen Fertigkeit, unter der Anleitung von geschulten Offizieren große Truppenteile aufeinander abgestimmt sich auf dem Schlachtfeld bewegen zu lassen, wenig entgegensetzen. Sie stehen nun einem besser organisierten, finanzierten und entschlosseneren Gegner gegenüber. Zu Beginn des 18. Jahrhunderts können die Osmanen immer noch europäische Armeen, wenn sie ihnen einzeln gegenübertreten, schlagen, zum Beispiel 1711

Russland beim Fluss Pruth. 1715 erobern sie den Peloponnes von Venedig zurück und in den Jahren 1737-1739 unternehmen sie einen erfolgreichen Feldzug nach Serbien.

Im 17. Jahrhundert standen sich Osmanen und Habsburger als gleichwertige Gegner gegenüber. Bereits im Frieden von Zsitvatorok von 1606 hatte sich eine neue Art der Beziehungen abgezeichnet: Der Vertrag, der nahezu 60 Jahre Bestand haben sollte, ist das Ergebnis von Verhandlungen, die auf gleicher Augenhöhe geführt wurden. Der Kaiser wird von osmanischer Seite in seiner vollen Titulatur anerkannt und auf dieselbe Stufe wie der Sultan gestellt. Eine einmalige Geldzahlung hebt die Notwendigkeit weiterer Tributzahlungen auf, die die Habsburger bis dahin zu leisten hatten.

Der Frieden von Karlowitz (heute: Sremski Karlovci) 1699, mit dem der Große Türkenkrieg abgeschlossen wird, besiegelt das Ende der osmanischen Überlegenheit im Landkrieg gegenüber den Territorialmächten Habsburg, Polen und Russland. Zugleich zeichnen sich erste Umrisse der im 19. Jahrhundert so bedeutenden »Orientalischen Frage« ab: England und die Niederlande, die in einem nicht zu sehr geschwächten Osmanischen Reich ihre eigenen Vorteile besser gewahrt sehen, unterstützen bei den Friedensverhandlungen die osmanische Seite. Sowohl im Friedensschluss von Karlowitz als auch dem von Passarowitz (heute Požarevac) 1718 müssen die Osmanen umfangreiche Gebiete abgeben und werden für immer aus dem nördlichen Südosteuropa verdrängt.

Die osmanische Staatselite war angesichts der schweren Niederlagen in den 1680er und 1690er Jahren tief beunruhigt, aber ihr Selbstbild als letztendlich überlegene Macht stellte sie noch nicht in Frage. Der bedeutende Geschichtsschreiber Na'ima (1655-1716) sieht in den Gebietsverlusten nur eine Episode und deutet den Friedensvertrag von Karlowitz als ein vorübergehendes taktisches Zugeständnis. Auch der Prophet Muhammad sei im Jahre 628 im Vertrag von Hudaybiyya mit den Mekkanern einen für ihn unvermeidlichen, aber doch nur vorläufigen Kompromiss eingegangen. Genauso hätten es die muslimischen Herrscher in ihren Verträgen mit den Kreuzfahrern gehalten.

Erst nach dem für die Osmanen verheerenden Krieg mit Russland in den Jahren von 1768 bis 1774 müssen sich die Osmanen der Einsicht beugen, dass sie den europäischen Großmächten militärisch nicht mehr gewachsen sind. Den Krieg hatten die Osmanen begonnen, weil sie die sich abzeichnende erste polnische Teilung (1772) als schwere Störung des Machtgleichgewichts in Osteuropa begriffen, ohne sich aber eine rechte Vorstellung von der von Russland erreichten militärischen Stärke zu machen. Die Umklammerung durch Russland wird in den folgenden Jahrzehnten für die Osmanen zur prägenden Erfahrung: Russland kann sich als dritte Macht in der Kaukasusregion festsetzen, die bisher nur von dem Vormachtstreben der Osmanen und Irans geprägt war. Russland kann damit das Osmanische Reich von drei Seiten in die Zange nehmen, von Ost- und Südosteuropa über die Nordküste des Schwarzen Meeres bis hin zum Kaukasus.

Im Friedensvertrag von Küçük Kaynarca 1774 muss das Osmanische Reich dem Zarenreich Durchfahrtsrechte durch die Meerengen des Bosporus und der Dardanellen in das Mittelmeer hinein gewähren und den russischen Anspruch anerkennen, als Schutzmacht der griechisch-orthodoxen Bevölkerung unter osmanischer

Herrschaft aufzutreten. Russland war mit diesem Vertrag seinem bis in die Gegenwart verfolgten Ziel, einen sicheren Zugang zum Mittelmeer zu haben oder sogar direkt Hand auf die strategisch so wichtigen Meerengen legen zu können, ein großes Stück näher gekommen. Der osmanischen Staatsführung wiederum wurde spätestens mit diesem Vertrag klar, wie sehr sie in ein Verhältnis der Unterlegenheit gegenüber den europäischen Großmächten geraten war und dass die Gebietsverluste, die das Reich in den letzten Jahrzehnten hinzunehmen hatte, nicht vorübergehender Natur sein würden.

In den großen Schlachten zum Ende des 17. Jahrhunders fiel den christlichen Heeren oft der gesamte osmanische Tross in die Hände. Der Markgraf von Baden konnte in der Schlacht von Slankamen 1691 neben der Standarte des Großwesirs eine große Zahl von Flaggen und Feldzeichen erbeuten. Die heutige »Türkenbeute« im Karlsruher Schloss gibt davon Zeugnis.

Die europäische Kultur des 18. Jahrhunderts nahm bei der osmanischen Kultur, vor allem bei der osmanischen Militärfolklore, zahlreiche Anleihen. So stammt der Kiosk vom *köşk* ab, die das Zelt nachahmende osmanische Architekturform eines Lustpavillons. Wohl mehrere Musikinstrumente, ganz sicher aber der Schellenbaum werden den Militärkapellen der Janitscharen abgeschaut. Sich türkisch zu geben und Türkisches zu zeigen, ist im 18. Jahrhundert Teil einer anspruchsvollen Hofhaltung. Als Friedrich August II. von Sachsen 1719 die österreichische Erzherzogin Maria Josepha heiratet, wird eine Festtruppe von 341 Janitscharen aufgestellt. Mozart greift in seiner Oper *Entführung aus dem Serail* auf die »Türkenopern« der damaligen Zeit mit ihrem festen Bestand an orientalisierenden Themen zurück.

Von Frankreich ausgehend entwickelt sich im 18. Jahrhundert die Mode der Turquerie. Wohl in Anlehnung an die »Chinoiserie«, eine an (vermeintlichen) chinesischen Vorbildern orientierte Richtung der europäischen Kunst, sprach man nun von »Turquerie« und meinte damit weitgehend der eigenen Phantasie folgende Nachschöpfungen »türkischer« Leute und Gegenstände. Die Innenausstattung von Häusern konnte dieser neuen Mode folgen; meist aber handelte es sich um bildliche Darstellungen oder nachgestellte Szenen, die durch Kostüme, aber auch Tabakspfeife oder Harem vermeintliches türkisches Leben zeigen sollten.

Die *alla-turca*-Mode, die die gegenüber den Osmanen erreichte militärische Sicherheit spielerisch auskostet, ist Grundlage für orientalisierende Tradition in der europäischen Kunst, die von der türkischen Moschee in der Sommerresidenz der pfälzischen Kurfürsten in Schwetzingen im 18. Jahrhundert bis zur 1908/09 errichteten Yenidze-Zigarettenfabrik in Dresden in der Gestalt einer arabischen Moschee reicht – ganz zu schweigen von den »Orientalisten« genannten Malern des 19. Jahrhunderts wie Jean-Léon Gérôme.

Orientalisierende Vorlieben haben die Kulturgeschichte Europas bereichert. Für Südosteuropa aber stellt sich die grundsätzliche Frage, in welcher Weise das Vermächtnis der Osmanen diese Länder bis heute geprägt hat.

Das osmanische Erbe in Südosteuropa ist unmittelbar zu erkennen. Die Silhouette vieler Städte wird durch Minarette und Moscheekuppeln geprägt; die Anlage von Straßen und Märkten ist unverkennbar osmanisch. Deutlich sichtbare osmanische Vermächtnisse finden sich auch im Bereich der Alltagskultur und den Sprachen Südosteuropas, in denen sich bis heute zahlreiche türkische Lehnwörter erhalten haben. So leitet sich der Name des unseligen rumänischen Diktators Ceauşescu, der 1989 hingerichtet wurde, von dem türkischen Wort *çavuş* (»Bote, Türwächter«) her.

Haben aber die Osmanen – jenseits der offensichtlichen Spuren – tiefer auf Südosteuropa eingewirkt? Nach Auffassung der Südosteuropahistorikerin Maria Todorova lassen sich drei Eigenheiten der südosteuropäischen Gesellschaften (mit Ausnahme Rumäniens) eindeutig auf die osmanische Zeit zurückführen: Das Fehlen eines feudalen Adels, das Vorhandensein einer relativ freien Bauernschaft und drittens die Unterordnung der Stadt unter den feudalen Staat. Die osmanischen Hinterlassenschaften, so Todorova, seien so prägend gewesen, dass die Osmanen nicht als ein Vermächtnis unter vielen auf dem Balkan zu betrachten seien, sondern vielmehr müsse die Einsicht gelten: Der Balkan ist ein Erbe der Osmanen. Daraus folge, dass man die Osmanen nicht als einen Fremdkörper betrachten dürfe, der auf den christlichen Völkern des Balkans lastete.

Der Berliner Südosteuropahistoriker Holm Sundhaussen hat auf die vielen offensichtlich positiven Aspekte des osmanischen Südosteuropas hingewiesen, in dem die Duldung von Nicht-Muslimen und Nicht-Osmanen ausgeprägt war, Juden, Hugenotten usw. nicht vertrieben wurden, es keinen Dreißigjährigen Krieg und keine Leibeigenschaft gegeben hat. Im kollektiven Gedächtnis der heutigen Gesellschaften Südosteuropas dagegen sind die rund 500 Jahre osmanischer Herrschaft nach wie vor als »osmanisches Joch« lebendig. Die Nachfolgestaaten in Südosteuropa bezogen ihre Daseinsberechtigung aus einer angeblichen moralischen und kulturellen Überlegenheit im Vergleich zur düsteren osmanischen Fremdherrschaft, die sie abgeschüttelt hätten. So begründete die serbische Regierung 1913 in einem an die europäischen Großmächte verschickten Memorandum die Ansprüche Serbiens auf das Kosovo mit dem ehemaligen Sitz des Patriarchats im Kosovo und der früheren serbischen Bevölkerungsmehrheit, und fügte als dritten Grund hinzu, dass Serbien über das »moralische Recht eines zivilisierteren Volkes« verfüge. Die muslimischen Kosovaren werden in diesem Schreiben offensichtlich als Teil einer negativen osmanischen Erblast gesehen.

Diese Bilder sind auch heute noch wirksam. So ergaben Untersuchungen in Bulgarien in den Jahren 1992 und 1994, dass etwa 70 bis 80 Prozent der Befragten die Türken für religiöse Fanatiker hielten. Dass diese Feindbilder nicht unabänderlich sind, zeigt die Entwicklung in Griechenland: Kampagnen im Griechenland der 1970er Jahren riefen dazu auf, den »türkischen Kaffee« nur noch den »griechischen« zu nennen. Bei einer Umfrage 1995 in Griechenland gaben 89 Prozent an, Widerwillen gegen die Türken zu verspüren. Andererseits ergab eine Umfrage zu Beginn dieses Jahrzehnts, dass eine Mehrheit der Griechen sich einen Beitritt der Türkei zur Europäischen Union sehr wohl vorstellen könne.

3 Gegeneinander, Miteinander, Nebeneinander

Das osmanisch-europäische Verhältnis ist, wie wir bereits mehrfach gesehen haben, durch die Gleichzeitigkeit von Nähe und Fremdheit gekennzeichnet. Einem tief empfundenen religiös-ideologischen Gegeneinander stehen viele Beispiele eines funktionierenden Nebeneinanders gegenüber. Ein »Miteinander« gab es im Sinne von politischen Bündnissen: Die türkischen Kleinfürstentümer, unter ihnen die Osmanen, scheuten sich nicht, Bündnisse mit Byzanz, dem byzantinischen Teilstaat Trapezunt an der Schwarzmeerküste oder mit Genua einzugehen. Uzun Hasan, in den Jahren 1453-1478 Führer der (damals in den Gebieten der heutigen Osttürkei, Westirans und des Nordirak beheimateten) Nomadenföderation der »Weißen Hammel« *(Akkoyunlu)* unterhielt über Jahre hinweg enge Beziehungen zu Venedig, das ihn mit Waffen vom neuesten Stand, wie Mörsern, Armbrüsten und Flinten versorgte. Als Venedig von den Osmanen bedrängt wurde, versuchte es, den safavidischen Schah zu gemeinsamen Angriffen gegen das Osmanische Reich zu bewegen.

Das berühmteste dieser »Der-Feind-meines-Feindes-ist-mein-Freund«-Bündnisse ist der zwischen Franz I., König von Frankreich (reg. 1515-1547), und Süleyman dem Prächtigen geschlossene Pakt, der unter anderem wegen der gemeinsamen Feindschaft gegenüber den Habsburgern lange Bestand haben sollte. Franz I. sah sich von habsburgischen Herrschaftsgebieten in Spanien und den Niederlanden (damals unter Einschluss des heutigen Belgiens) umstellt und suchte deswegen ab den 1530er Jahren sein Heil in einer französisch-osmanischen Zusammenarbeit. So verbringt die osmanische Flotte mit 150 Schiffen den Winter 1543/44 in der französischen Hafenstadt Toulon. Um die rund 30 000 Mann zählende Besatzung unterbringen zu können, muss die Bevölkerung für den gesamten Winter die Stadt räumen. Die Beziehungen zwischen Frankreich und dem Osmanenreich erlitten erst mit der Besetzung Ägyptens durch Napoleon 1798 einen tiefen Bruch.

Mit den zahlreichen Emigranten aus Europa holte sich der osmanische Staat wichtiges Fachwissen ins Land: Ab 1729 baut der französische Offizier Comte de Bonneval, der 1730 zum Islam konvertiert und als Humbaracı Ahmet Pascha bekannt wird, eine osmanische Artillerie auf, die in Teilen dem Stand der europäischen Militärtechnologie entspricht. 1769 tritt François Baron de Tott, ein französischer Offizier ungarischer Abstammung, in die Fußstapfen von de Bonneval.

Die meisten Begegnungen zwischen dem Osmanenreich und europäischen Staaten fanden natürlich in den Gebieten statt, in denen diese beiden Welten aneinander stießen. Grenzüberschreitungen waren in dem Sinne möglich, dass man sich für immer auf die andere Seite begab. Eine Rückkehr war dann allerdings schwierig. Spione waren dafür gerüstet, die Grenzen leichthin überschreiten zu können; wir wissen aber naturgemäß sehr wenig über sie. Ein historisch verbürgter Spion des 16. Jahrhunderts im osmanischen Auftrag war ein gewisser Gabriel de Frens, dessen Vater französischer Konsul in Alexandria war. Auf einer Schiffsreise wird de Frens von dalmatinischen Freibeutern gefangen genommen und an die Osmanen verkauft. Nach seiner Bekehrung zum Islam und Osmanentum arbeitet er als Spion im Auftrag des Sultans. Politische und geheimdienstliche Tätigkeit gingen ohnehin

Hand in Hand: Der Dubrovniker Patrizier Jakov Bunić, der 1465 osmanischer Botschafter in Venedig wird, galt zugleich als osmanischer Spion.

Recht selten flüchteten sich Osmanen in die christlichen Staaten. Der bekannteste osmanische »Emigrant« ist Cem (1459-1495), Sohn von Mehmed dem Eroberer und Bruder von Bayezid II. (reg. 1481-1512). Nachdem Cem den Kampf gegen seinen Bruder um die Thronfolge verloren hatte, flüchtete er 1482 zu den Johannitern auf die Insel Rhodos, wurde nach Frankreich gebracht und blieb von 1489 bis zu seinem Tod unter der Obhut beziehungsweise in der Gefangenschaft des Papstes. Bayezid entsandte offensichtlich mehrere Spione nach Europa, um Cem zu überwachen. Ohnehin war der osmanische Prinz während seines vieljährigen Aufenthalts in Europa Gegenstand zahlreicher Intrigen und Machenschaften.

Osman Ağa, Wachtmeister der Festungskavallerie im damals osmanischen Temeschwar (heute Timişoara in Rumänien), wird 1688 von habsburgischen Truppen gefangengenommen und kann 1699 wieder in osmanisches Gebiet fliehen. In seinem bemerkenswerten Erfahrungsbericht, der in deutscher Übersetzung vorliegt, schildert er die ersten unbarmherzigen Jahre in Gefangenschaft. Regeln, die sonst gegenüber Gefangenen christlicher Staaten beachtet werden, gelten nicht. Alles ist dem Ziel untergeordnet, aus den Gefangenen Lösegeld herauszupressen. »Ranzionierungen«, Lösegeld *(rançon)* für Gefangene festzusetzen und die Bedingungen ihrer Freilassung auszuhandeln, sind eine feste Begleiterscheinung der Türkenkriege und ein wichtiges Mittel, die Kosten für den Krieg zu tragen. Osman Ağa widerfährt das Unglück, dass die aus der Gruppe der Gefangenen entsandten Stellvertreter, die für alle anderen das Lösegeld einsammeln sollen, »Ranzionsprellerei« begehen, also nicht mehr zurückkehren.

In den ersten Jahrhunderten der osmanisch-europäischen Beziehungen gelangt die große Mehrheit der Menschen unfreiwillig auf die jeweils andere Seite. Die Zahl der Kriegsgefangenen, Geiseln und in die Sklaverei geführten Menschen auf beiden Seiten wäre, wenn wir sie jemals zählen könnten, in vielen Millionen zu beziffern. Unter den Europäern, die länger im Osmanischen Reich verweilen, finden sich bis in die Mitte des 16. Jahrhunderts fast nur Gefangene. Die ersten Erfahrungsberichte von Europäern über das Osmanische Reich stammen von wieder nach Hause zurückgekehrten Kriegsgefangenen, wie Hans Schiltberger (1394-1427 Gefangener der Osmanen und dann Timurs und seiner Nachfolger), Georg von Ungarn (in Gefangenschaft ca. 1438-1458) oder Bartholomeus Georgiewitz (in Gefangenschaft 1526-1538). Ihre in deutschen Übersetzungen zugänglichen Berichte zeigen eine tiefe Verunsicherung angesichts einer in vielen Belangen überlegenen osmanischen Kultur und Gesellschaft, zeichnen aber zugleich ein düsteres Bild des Türken. So beschreibt Georgiewitz die Türken als wilde, blutrünstige Ungläubige, ungebremst von moralischen Gefühlen.

Neben derselben, aber doch getrennten Erfahrung von Gefangenschaft und Sklaverei, bildeten islamische Welt und Europa auch in anderen Dingen eine Schicksalsgemeinschaft. Die großen Pestepidemien des 14. Jahrhunderts, »der Schwarze Tod«, der vielleicht einem Drittel der damaligen Bevölkerung Europas das Leben kostete, gelangte über das östliche Mittelmeer nach Europa. Während die Pest aber in Europa spätestens nach dem ersten Viertel des 18. Jahrhunderts bezwungen war, trat sie in den osmanischen Gebieten noch ein gutes Jahrhundert länger auf. Im

19. Jahrhundert fürchtete Europa nicht mehr die Janitscharen, sondern die Gefahr eingeschleppter Krankheiten aus dem Orient.

3.1 Im Mittelmeer

Der belgische Historiker Henri Pirenne erregte in den 1930er Jahren Aufsehen mit seiner These, die Einheit Europas mit dem Mittelmeer als Zentrum sei unter dem Ansturm des Islam zerbrochen. Fortan habe das Mittelmeer, zu mehr oder weniger großen Teilen unter islamischer Herrschaft, nicht mehr verbindend gewirkt, sondern vielmehr eine Grenzlinie zwischen der islamischen und europäisch-christlichen Welt dargestellt. Zwischen dem 7. und dem 10. Jahrhundert ließen Handel und Lebensstandard im Mittelmeerraum tatsächlich nach, aber sie erholten sich auch wieder – trotz islamischer Expansion. In der Neuzeit verschränkten sich nirgendwo sonst osmanische und christliche Lebenswelten so sehr wie im Mittelmeer und seinen zahlreichen Häfen. Es ist das Verdienst des französischen Wirtschafts- und Sozialhistorikers Fernand Braudel, als Erster die Teilhabe des Osmanenreichs an einer gemeinsamen europäischen Geschichte des Mittelmeerraums hervorgehoben zu haben.

Das Mittelmeer konnte verbinden, aber auch trennen. Heute, gewöhnt an die Maßstäbe riesiger Landkarten und langer Flugreisen, erscheint uns das Mittelmeer als die Badewanne Europas. Jedoch waren das Ionische Meer im Osten und das von Afrika, Italien, Sardinien, Korsika und Spanien begrenzte Meer im Westen für die Menschen in den Zeiten vor der mechanisierten Schifffahrt regelrechte Meereswüsten, die von den Handelsschiffen gemieden wurden und die man nur bei einem besonderen Anliegen zu durchqueren wagte.

Im 16. Jahrhundert fällt das östliche Mittelmeer in osmanische Hände. Bereits im letzten Viertel des 15. Jahrhunderts hatten die Genuesen all ihre Kolonien im Schwarzen Meer verloren, die es ihnen erlaubt hatten, sich vor den Monopolforderungen der arabischen Handelsplätze im Mittelmeer zu schützen und direkt über Iran die Güter Indiens und des Fernen Ostens zu beziehen. Das Schwarze Meer war zum *mare nostrum* der Osmanen geworden.

Im Mittelmeer nimmt die Auseinandersetzung zwischen Habsburgern und Osmanen noch einmal eine andere Dimension an. Hier prallen die osmanischen Flotten, die immer weiter Richtung Westen ausgreifen, auf die spanische Weltmacht unter Karl V. und Philipp II. 1560 erleiden die Spanier bei der Insel Djerba vor der tunesischen Küste eine vernichtende Niederlage gegen eine osmanische Flotte, die in nur zwanzig Tagen die Strecke von Istanbul nach Djerba zurückgelegt hatte.

Die Osmanen waren alles andere als eine »Seefahrernation«. Die Mannschaften der osmanischen Marine setzten sich meist aus griechischen Seeleuten zusammen; viele unter den Schiffsoffizieren waren zum Islam konvertierte christliche Seefahrer. Während Griechen Lehrer in der Küstenschifffahrt waren, brachten Italiener den Osmanen bei, große Schiffe zu bauen und zu steuern und Schiffsartillerie einzusetzen. Die Fachbegriffe für komplizierte Fragen des Schiffshandels wie zum Beispiel das Versicherungswesen übernahm die osmanische Sprache nahezu gänzlich aus dem Italienischen.

Dennoch schienen die Osmanen seit ihrem Auftreten im Mittelmeer im 15. Jahrhundert wie auf dem Land weitgehend unüberwindbar. Der erste große Sieg gelingt christlichen Flotten unter der Führung von Don Juan d'Austria in der Schlacht von Lepanto im Oktober 1571. 200 osmanische Schiffe werden vernichtet, 30 000 osmanische Seeleute und Soldaten verlieren ihr Leben. Der Grund für diesen ungewöhnlichen Erfolg lag wohl am Einsatz von großen venezianischen Handelsschiffen, deren Kanonen weitaus höher montiert waren als bei Kriegsschiffen. Die Osmanen konnten ihre Verluste zwar rasch wieder ausgleichen, in der Folge gingen aber beide Seiten zu einer neuen Art der Kriegsführung über, die sich auf kleinere Flotteneinheiten und ein staatlich betriebenes Korsarentum stützte.

Nur auf die großen Seeschlachten zu blicken, würde ohnehin eine falsche Vorstellung vom Marinewesen in der frühen Neuzeit geben. Die Kriegsschiffe wurden vornehmlich für den Schutz von Handelsschiffen und für die Unterstützung von Belagerungen und Heereskampagnen eingesetzt. Das für Istanbul so wichtige Getreide musste auf dem Meer herangeschafft werden. Setzte die Getreideversorgung der Hauptstadt aus, drohten Aufstände der Bevölkerung und der in Istanbul stationierten Heereseinheiten. Als 1512 die Kreuzritter von Rhodos 18 osmanische Getreideschiffe abfingen, stieg der Preis des Getreides in Istanbul um mehr als die Hälfte.

Wie an der Militärgrenze in Südosteuropa hatten Matrosen und Seefahrer beider Seiten vieles gemeinsam. Man führte Krieg, ohne aber den eigenen Vorteil aus den Augen zu verlieren. Von Piraten kann man im Mittelmeer kaum sprechen, außer man wollte alle Seefahrer so nennen. Der Krieg war Vorwand für Korsarentum; Korsarentum wiederum war angewandter Krieg. In Kriegszeiten wurden oft wegen des Mangels an Mannschaften Korsaren in die reguläre Marine eingegliedert. In Friedenszeiten wiederum konnten Korsaren auf das Einverständnis von Hafenbeamten vertrauen, denen sie einen Anteil am Beutegut überließen. Im Fall der Ritter von Rhodos fällt es besonders schwer, zwischen Korsaren und regulären Marineeinheiten zu unterscheiden. Hervorgegangen aus dem Kreuzfahrerorden »vom Spital des heiligen Johannes zu Jerusalem« ließen sich die Johanniter zu Beginn des 14. Jahrhunderts in Rhodos nieder. 1522 wurden sie von den Osmanen aus Rhodos vertrieben und nannten sich nun, nach ihrer neuen Zuflucht Malta, »Malteserorden«. In den mehr als zwei Jahrhunderten auf Rhodos zählten die Schiffe der Johanniter zu den gefürchtetsten Korsaren des Mittelmeers.

Im Falle des Mittelmeerraums wäre es noch am ehesten möglich, neben »Gegeneinander« und »Nebeneinander« auch ein »Miteinander« zu stellen. Nirgendwo sonst wie in den großen Hafenstädten des Mittelmeers konnten die Grenzen zwischen Osmanenreich und Europa verwischen. Nirgendwo sonst konnte man erbittert Krieg führen, um sich aber im nächsten Moment wieder den gemeinsamen Geschäften zuzuwenden. Unbestrittener Großmeister dieser Kunst der Gleichzeitigkeit von Koexistenz und Konfrontation war die Republik Venedig.

3.2 Venedig und Dubrovnik

Die besoldeten Geschichtsschreiber Venedigs haben die Geschichte ihrer Stadt auf den Fall Trojas zurückgeführt. In Wirklichkeit war Venedig ein Außenposten des Byzantinischen Reiches, dem es immer mehr gelang, sich von Konstantinopel zu lösen. Als Venedig Byzanz gegen die Normannen zu Hilfe kommt, erhält es 1082 für diese Hilfestellung und das Versprechen, auch in Zukunft die Treue zu halten, zahlreiche Zugeständnisse: Venezianische Kaufleute dürfen fortan im Byzantinischen Reich mit jeder Art von Waren und von allen Abgaben befreit Handel treiben und erhalten das Recht auf eine Niederlassung in Konstantinopel.

Venedigs Rang als bedeutende Seemacht beruhte auf seiner unangefochtenen Herrschaft über die Adria. Allmählich gelang der Republik aber auch der Aufstieg zur bedeutendsten mediterranen Handelsmacht. Venedig war die treibende Kraft bei der Eroberung Konstantinopels durch die Kreuzfahrer 1204. Drei Viertel der Beute ließ es sich als Ersatz für die aufgelaufenen Schulden der Kreuzfahrer auszahlen und pickte sich ansonsten die Rosinen aus dem byzantinischen Kuchen heraus. Auf große Landstriche wie Epirus und den Peloponnes verzichtete Venedig gerne, sicherte sich aber die für seine Schifffahrt wichtigen Inseln. Der venezianischen Politik ging es um Festungen und Handelsstützpunkte, nicht um Landbesitz. Einzige Ausnahme war Kreta, das sich Venedig als Militärkolonie in seine Besitzungen einverleibte.

Den Grundsätzen venezianischer Politik, nämlich unabhängig zu sein von den führenden Mächten in Ost und West, die Vorherrschaft in der Adria zu sichern und die eigenen Handelswege offen zu halten, wurden alle anderen Erwägungen untergeordnet. Weder die Kreuzzüge noch die osmanische Expansion konnten Venedig von seinem äußerst ertragreichen Handel mit den muslimischen Häfen abbringen. Hauptumschlagplatz war Alexandria in Ägypten.

Schon lange bevor die Osmanen im Mittelmeer als ernstzunehmende Macht auftraten, hatte Venedig Erfahrung im Umgang mit muslimischen Mächten sammeln können. Vielleicht zeichnete sich die Markusrepublik deswegen durch einen besonders nüchternen Umgang mit dem Osmanischen Reich aus. Der venezianische Gesandte *(bailo)* in Istanbul, der auch die Handelsinteressen Venedigs im östlichen Mittelmeerraum vertrat, hielt sich in seinen oft täglich nach Venedig gesandten Berichten, den *dispacci,* nicht lange mit »Türkengreueln« oder der Bedrohung der Christenheit auf, sondern berichtete über die neuesten Entwicklungen und den Möglichkeiten beziehungsweise den Gefahren, die Venedig daraus erwachsen könnten. Andrea Gritti, Doge der Republik in den Jahren 1523-1538, hatte vorher lange Jahre in Istanbul sein Domizil gehabt. Vier von seinen fünf Söhnen wurden von einer osmanischen Konkubine geboren und waren in der dortigen Welt verwurzelt.

Dabei hätte Venedig Grund genug gehabt, die Osmanen zu verdammen. Während Habsburg in all den Jahrhunderten der habsburgisch-osmanischen Kriege von seinem österreichischem Territorium nichts preisgeben muss, verliert Venedig innerhalb weniger Jahrzehnte den größten Teil seiner Stützpunkte im östlichen Mittelmeer und wird von den Osmanen von seinem Rang einer führenden Seemacht im Mittelmeerraum zu einer zweitklassigen italienischen Landmacht herabgedrückt. 1470 nehmen die Osmanen den Venezianern Negroponte (heute: Euböa) weg; Modon und Koron, die beiden »Augen« Venedigs an der Südspitze der Peloponnes, mit denen Venedig seit 1204 das östliche Mittelmeer überwachte, gehen

1500 verloren; Zypern wird 1570/71 erobert; 1669 fällt mit Iraklion (Candia/Hanya) der letzte venezianische Stützpunkt auf Kreta.

Wegen seiner militärischen Schwäche entwickelt Venedig ein hochentwickeltes diplomatisches Netzwerk, dessen wichtigster Außenposten Istanbul ist. Ab dem 15. Jahrhundert ist Venedig unter allen europäischen Mächten am besten über die Vorgänge im Osmanischen Reich informiert. Nach ihrer Rückkehr nach Venedig geben die Botschafter vor dem Senat ausführliche Berichte, *Relationen* genannt, in denen sie ihre Erfahrungen zusammenfassen. Dass in Venedig auffallend wenige Bücher über das Osmanische Reich veröffentlicht wurden, erklärt sich wohl aus der hohen Qualität der Botschaftsberichte, denen nicht viel hinzuzufügen war. Die Seerepublik war nicht nur die erste europäische Macht, die eine ständige Gesandtschaft in Istanbul einrichtete, sondern sie erneuerte auch die europäische Diplomatie anhand ihres Berichtswesens zum Osmanischen Reich und wurde damit zum Vorbild für die anderen Staaten Europas.

Der berühmte »Opportunismus« Venedigs, das christlichen Allianzen immer nur sehr widerwillig beitrat, lag nicht nur an der Eigensüchtigkeit der Handelsstadt, sondern auch an seiner besonderen Lage. Militärische Abenteuer konnten für die großen Landmächte in empfindlichen Niederlagen enden, für Venedig war mit jedem größeren Krieg sein Rang als Seemacht und damit sein Dasein selbst gefährdet. Im 16. Jahrhundert wird Venedig, auch wenn sein Handel noch floriert, zugleich durch die neue osmanische Dominanz und die spanisch-habsburgische Seemacht an den Rand gedrängt. Die Venezianer müssen sich nun als eine Art Grenzfürstentum an die Osmanen anlehnen.

Anders als Venedig sucht sich die zweite große Handelsstadt der Adria, Dubrovnik (damals noch eher unter dem Namen Ragusa bekannt), schon im 15. Jahrhundert ihre Nische als eine den Osmanen tributpflichtige, aber doch eigenständige Herrschaft. Die unter dem Schutz des Heiligen Blasius stehende Handelsrepublik konnte sich niemals mit Venedig messen: Im Gegensatz zum Inselreich Venedigs hatte Dubrovnik keine Besitzungen außer einigen kleinen Landgebieten, wie der fruchtbaren Ebene Konavle südlich der Stadt Cavtat, und unmittelbar benachbarten Inseln wie Lastovo. Venedig stand neben seiner Diplomatie eine große Flotte zur Verfügung; Dubrovnik war allein auf sein diplomatisches Geschick angewiesen, in dem es allerdings Venedig nicht nachstand.

Der Blasiusrepublik gelingt es, eine Übereinkunft mit Sultan Murad II. (reg. 1421-1444, 1446-1451) zu erzielen und zugleich sich diese Zusammenarbeit mit den Osmanen auf dem Konzil von Basel 1433 durch ihren Lehensherrn, den ungarischen König, und den Papst absegnen zu lassen. Ein Vertrag im Jahr 1442 bildet die langfristige Grundlage für die ragusanisch-osmanischen Beziehungen. Gegen einen jährlichen Tribut wird der Republik Handlungsfreiheit zugesichert.

Dubrovnik schickte jedes Jahr eine Gesandtschaft nach Istanbul. Während ihres mehrmonatigen Aufenthaltes residierten die ragusanischen Gesandten nicht in Galata, einer gegenüber dem eigentlichen Istanbul auf der anderen Seite des Goldenen Horns gelegenen europäischen Handelskolonie und später auch Sitz der europäischen Gesandten. Vielmehr hatten sie sich im Stadtteil Fener am diesseitigen Ufer des Goldenen Horns einzuquartieren, da sie nach osmanischer Auffassung eben nicht Vertreter einer souveränen Macht waren, sondern eines tributpflichtigen Protektorats.

In Friedenszeiten diente die Seerepublik als Depot und adriatischer Exporthafen der osmanischen Wirtschaft in Südosteuropa. Durch einen zugesicherten niedrigen Zollsatz hatte Dubrovnik gegenüber den anderen christlichen Handelsmächten immer einen kleinen Vorteil. In wirtschaftlicher Hinsicht besaß Dubrovnik die Rechte eines neutralen Staates; so durfte es, wenn die Osmanen Krieg führten, weiterhin mit deren Gegnern Handel treiben. Beide Seiten hatten davon ihre Vorteile: Die Ragusaner besaßen in Kriegszeiten gewissermaßen ein Monopol auf den europäisch-osmanischen Handel. Zwar dauern die Kriege Venedigs mit dem Osmanischen Reich niemals lange genug, als dass Dubrovnik an die Stelle Venedigs treten könnte. Während des langen osmanisch-venezianischen Krieges 1645-1669 aber steigt Dubrovniks Handel um das 25fache, um dann nach Beendigung des Krieges auf immerhin noch das Dreifache des ursprünglichen Betrags zurückzugehen. Der osmanische Staat konnte wiederum trotz Kriegszeiten weiter vom Handel Dubrovniks profitieren und über den Adriahafen Güter aus Staaten einführen, mit denen er sich im Kriegszustand befand. Diese Zusammenspiel von ragusanischen und osmanischen Interessen hat die jahrhundertelange Existenz Dubrovniks erst ermöglicht, das ansonsten schon längst von den Venezianern oder anderen erobert worden wäre.

Das Doppelspiel Dubrovniks, das weiterhin enge Beziehungen zum Heiligen Stuhl und zu anderen europäischen Staaten unterhielt, aber niemals seinen Status gegenüber den Osmanen verlieren wollte, erforderte, die Bälle gleichzeitig in der Luft zu behalten: 1538 erobert die kaiserliche Flotte unter der Führung von Andrea Doria das benachbarte Castelnuovo (am Eingang zur Bucht von Kotor, heute Herceg Novi in Montenegro), neben Valona (heute Vlorë in Albanien) der einzige Kriegshafen der Osmanen in der Adria. Dubrovnik überbringt Andra Doria Glückwünsche und 10 000 Dukaten, nachdem er die Ragusaner hat wissen lassen, er habe den Vorschlag des Gouverneurs von Neapel, Ferdinando Gonzaga, statt Castelnuovo Dubrovnik anzugreifen, nur mit Mühe abwenden können. Als im Juli 1539 der Oberbefehlshaber der osmanischen Mittelmeerflotte, Barbaros Hayreddin Pascha, Castelnuovo zurückerobert, überbringt der Senat von Dubrovnik erneut Glückwünsche und lässt ein Geschenk von 1000 Dukaten überreichen.

Regelmäßig zwangen die Osmanen Venedig bei Friedensschlüssen zur Zusage, dass es seinen erbitterten Konkurrenten Dubrovnik nicht beschädigen dürfe beziehungsweise entstandene Schäden erstatten müsse. Dennoch hatte die osmanische Fürsorglichkeit ihre Grenzen. 1590 eröffnen die Venezianer mit Duldung der Osmanen Split als Konkurrenzhafen zu Dubrovnik. Vergeblich bemüht sich die Blasiusrepublik darum, die Schließung Splits bei der Pforte zu erwirken; erst der venezianisch-osmanische Krieg um Kreta, der 1645 beginnt, hat das von Dubrovnik gewünschte Ergebnis.

Dubrovnik gerät ohnehin ab dem 17. Jahrhundert politisch und wirtschaftlich ins Hintertreffen und wird 1667 durch ein Erdbeben schwer geschädigt. Zum Ende des 18. Jahrhunderts nimmt die Stadt noch einmal einen Aufschwung, hat aber der Neuordnung Europas durch Napoleon nichts entgegenzusetzen und erlischt wie Venedig als eigenständige Republik in den ersten Jahren des 19. Jahrhunderts.

Venedig, Ragusa und das Osmanische Reich teilen das Schicksal, dass die Umleitung der Handelsströme aus dem Mittelmeer in den Atlantik neue Handelsmächte wie Holland und England entstehen und sie selbst ins Hintertreffen geraten lässt. Eine Handelsware aber hat anhaltende Konjunktur im Mittelmeer bis in das 19. Jahrhundert – Menschen. Ihrem Erwerb und Verkauf widmen sich mit besonderem Geschick die Barbareskenstaaten.

3.3 Die Barbareskenstaaten

Mit dem Untergang des islamischen Spaniens retten sich viele Muslime nach Nordafrika und begründen an den Küsten Nordafrikas eigene Herrschaften, die unter dem Namen »Barbareskenstaaten« bekannt geworden sind. Der wichtigste dieser neu entstehenden »Staaten«, die meist aus einer Hafenstadt und dem sie umgebenden Hinterland bestehen, ist Algier. Der Kranz der Barbareskenstaaten reicht aber von Tripolis im Osten bis nach Salé (bei Rabat) an der Atlantikküste. Der Grieche Barbaros Hayreddin Pascha, bekannt als Barbarossa (»Rotbart«), baut mit seinem Bruder Aruç innerhalb kurzer Zeit eine Korsarenflotte im westlichen Mittelmeer auf; 1516 erobert Aruç Algier, stirbt aber zwei Jahre später im Kampf gegen die Spanier. 1519 unterstellt sich Barbarossa dem Sultan und wird 1534 sogar Oberkommandierender der osmanischen Flotte, die im Verein mit den Barbareskenflotten für die nächsten Jahrzehnte im Mittelmeer unangefochten ist. 1533 erobert Barbarossa Tunis, das aber in den Jahren 1535-1574 wieder in spanischen Hände fällt. 1551 wird Tripolis osmanisch. Die gesamte nordafrikanische Küste außer dem heutigen Marokko wird im Verlaufe des 16. Jahrhunderts Teil des osmanischen Herrschaftsgebiets. Algier, Tunis und Tripolis sind jeweils Sitz einer osmanischen Provinz. Schon ein Jahrhundert später aber bleibt den Osmanen an den nordafrikanischen Küsten nur der Anschein von Souveränität.

Die Barbareskenstaaten betreiben einen schwungvollen und gewinnträchtigen Handel mit Sklaven und stellen Lösegeldforderungen für Gefangene, die sie auf ihren zahllosen Raubzügen im Mittelmeer in ihre Gewalt gebracht haben. Die Flotte Algiers bringt zwischen 1672 und 1682 insgesamt 353 Schiffe auf. Zwischen November 1593 und August 1594 entern tunesische Korsaren 28 Schiffe und machen dabei rund 1 700 Gefangene. Bei Streifzügen an den nördlichen Küsten des Mittelmeers fangen die Korsaren planmäßig Menschen ein. Einzelne Vorstöße greifen bis in den Nordatlantik aus: 1627 nehmen Schiffe aus Algier 400 Bewohner Islands als Gefangene mit nach Nordafrika.

In Algier, dem Zentrum des Sklavenhandels, das für seine eigenen landwirtschaftlichen Flächen, für seine Industrie und vor allem für seine Ruderplätze auf den Galeeren eine große Anzahl von Menschen benötigt, leben im 16. und 17. Jahrhundert mehrere Zehntausend Sklaven. Als Algier 1830 von den Franzosen erobert wird, finden sich noch 122 christliche Sklaven in der Stadt. Der Historiker Robert C. Davis hat geschätzt, dass zwischen 1530 und 1780 die Zahl der von den Barbareskenstaaten Gefangenen und Versklavten eine Million Menschen oder mehr betragen haben muss.

Papst Gregor VIII. gründet 1581 ein zum Freikauf von Sklaven gedachtes Hilfswerk *(Opera Pia della Redenzione de'Schiavi)*. Erste vom Hilfswerk finanzierte Freilassungen finden 1583 statt, und eine erste Gesandtschaft zum Loskauf von Gefangenen gelangt 1585 nach Algier. Die in der Zeit der Kreuzzüge gegründeten Orden der Trinitarier und Mercedarier, die sich um dem Loskauf von in muslimische Gefangenschaft geratenen Christen bemühten, widmen sich nun den christlichen Gefangenen in den Barbareskenstaaten. Miguel de Cervantes, der Autor des Don Quijote und Teilnehmer an der Schlacht von Lepanto, wird 1575 von Korsaren gefangen genommen. Nach drei vergeblichen Fluchtversuchen kauft ihn der Trinitarier-Orden frei. Die Trinitarier können in 77 Jahren 72 Auslösungsreisen unternehmen und dabei insgesamt 15 573 Sklaven zurück in die christliche Welt bringen.

Algier, getragen von den ungeheuren Gewinnen aus der Kaperei und dem Gefangenenhandel, steigt im 16. Jahrhundert zu einer reichen und luxuriösen Stadt auf. Das rasante Wachstum der Stadt, gespeist auch aus einer Welle von Immigranten, nimmt die Entwicklung amerikanischer Großstädte um Jahrhunderte vorweg.

Neben der großen Masse von Europäern, die mit Gewalt in die Barbareskenstaaten verschleppt wurden, muss es auch viele Christen gegeben haben, die sich wegen der neuen und unbegrenzten Möglichkeiten freiwillig den Barbareskenstaaten anschlossen. Diese »Renegaten«, wie die vom Christentum abtrünnig Gewordenen abfällig genannt wurden, waren oft die Befehlshaber der Barbareskenschiffe, ja sogar der Barbareskenstaaten selbst. Eine Liste von 35 Galeerenbesitzern aus Algier im Jahre 1581 zeigt, dass nur 10 türkischer Abstammung sind, drei sind Söhne von Renegaten und die restlichen 22 alle Renegaten höchst unterschiedlicher Nationalität. Um dem Galeerendienst und anderen schweren Sklavenarbeiten zu entkommen, wählten auch viele der Gefangenen den Ausweg, zum Islam überzutreten.

Die Barbareskenreiche waren sicherlich die größten Kaperreiche des Mittelmeers, aber einzigartig waren sie nicht. So machten die sogenannten Uskoken, wörtlich »Flüchtlinge«, von ihrem Hafen Zengg (heute Senj an der norddalmatinischen Küste) aus im 16. und 17. Jahrhundert die Gewässer der Adria unsicher und kaperten ohne Unterschied osmanische, venezianische und ragusanische Schiffe. Als die Duldung der Uskoken durch die Habsburger, die in den Uskoken eine Art »Seegrenzer« sahen, allzu offensichtlich wurde, führte Venedig einen Krieg gegen die Habsburger und erzwang 1617 die Umsiedlung der Uskoken von der Küste in das Landesinnere.

3.4 Handel und Wandel

In der Welt des Handels hat man sich am ehesten über religiöse Vorbehalte hinweggesetzt. Im dritten Laterankonzil von 1179 war das Verbot erlassen worden, Christen als Sklaven zu verkaufen. Christliche Kaufleute hatten aber auch in den folgenden Jahrhunderten keine Bedenken, Sklaven ihrer eigenen Religion in muslimische Länder zu verkaufen. Einer der Hauptumschlagsplätze war Venedig, das Eunuchen in großer Zahl an Byzanz und in die islamische Welt lieferte und dessen Handel mit germanischen und slawischen Sklaven bereits für das 8. Jahrhundert belegt ist. Auch die Ausfuhr von Waffen in islamische Länder erregte den Zorn der Kirche und der christlichen Herrscher. Papst Clemens VII. erließ im Jahr 1527 eine Bulle, in der die Ausfuhr von allen Materialien, die dem osmanischen Kriegshandwerk dienlich sein könnten, bei Strafe der Exkommunizierung verboten wurde. Dass die Androhung ein Jahrhundert später durch eine Bulle von Urban VIII. wiederholt wurde, sagt etwas über den Erfolg solcher Bannflüche. Man setzte sich nicht nur über religiöse Verbote hinweg, man arbeitete auch eng zusammen: Muslimische Kaufleute ließen wegen der Gefahr christlicher Freibeuter ihre Waren auf christlichen Schiffen befördern.

Im Juni 1453, nur wenige Wochen nach dem Fall der byzantinischen Hauptstadt, gewähren die osmanischen Eroberer den Genuesen, die seit langem eine Kolonie im jenseits des Goldenen Horns gelegenen Galata besitzen, umfangreiche Begünstigungen: Die Bewohner der genuesischen Kolonie haben freie Verfügung über ihr Erbe, sie unterstehen in Streitsachen mit eigenen Landsleuten nicht den osmanischen Gerichten und ihre Häuser dürfen osmanische Behörden nicht betreten. Als Gegenleistung gibt die katholische Bevölkerung in Galata ihre Waffen heraus, legt ihre Kirchenglocken still, durchbricht die Stadtmauer an einigen Punkten und zahlt von nun an die den Nicht-Muslimen auferlegte Kopfsteuer. Die Venezianer erreichen im folgenden Jahr 1454 vergleichbare Bedingungen für ihre Handelsniederlassung.

Umfangreiche Begünstigungen, »Kapitulationen« genannt, gewähren die Osmanen auch anderen Nationen, als erstes Frankreich im Jahr 1535, gefolgt von England und den Niederlanden. Diese Kapitulationen haben nichts mit der heutigen Wortbedeutung des Sich-Ergebens oder eines Übergabevertrages zu tun, sondern leiten sich vermutlich von der Bezeichnung der einzelnen Kapitel in der Urkunde ab. Obwohl im Osmanischen der Begriff für die Kapitulationen, *ahitname,* wörtlich »Vertrag, Pakt« bedeutet, war für die Osmanen die Unterordnung des Anderen selbstverständlich – für die Verträge mit ihren Vasallenstaaten verwendeten sie dasselbe Wort.

Die osmanischen Handelsnetzwerke reichen zum Teil in das christliche Europa hinein, getragen vor allem von Untertanen nicht-muslimischen Bekenntnisses wie Armeniern, Juden und Griechen – aber auch Muslimen: Als wegen des Kriegsausbruchs 1570 zwischen Venedig und dem Osmanenreich auf beiden Seiten alle Kaufleute festgenommen werden, befinden sich 172 osmanische Kaufleute in Venedig, 97 jüdischer und 75 muslimischer Konfession. Man kann immer wieder lesen, dass die Muslime aus ideologischen und religiösen Gründen nicht selbst Handel treiben wollten. Für solche Verallgemeinerungen reichen die Belege nicht aus. Osmanische Rechts- und Religionsgelehrte jedenfalls beurteilten den Handel nicht anders als ihre Kollegen der ersten islamischen Jahrhunderte, als die muslimische Welt von höchster ökonomischer Dynamik geprägt war.

Die einzige bedeutende osmanische Handelsniederlassung auf europäischen Gebiet war in Venedig und umfasste in Friedenszeiten mehrere Hundert Personen. Mit dem Friedensvertrag von 1573 beginnt eine Zeit enger osmanisch-venezianischer Wirtschaftsbeziehungen. Nach dem Vorbild der Handelshöfe für europäische Nationen, wie dem spätestens seit dem 13. Jahrhundert für die deutschen Kaufleute bestehenden *Fondaco dei Tedeschi,* wurde ein *Fondaco dei Turchi* eingerichtet. 1575 ergeht ein Beschluss des venezianischen Senats zur offiziellen Einrichtung des *fondaco*; erst 1621 wird jedoch ein größeres Gebäude eingerichtet, in dem alle osmanischen Kaufleute unterkommen. Trotz der zu dieser Zeit sehr engen Handelsbeziehungen zum Osmanischen Reich gab es innerhalb Venedigs Widerstand gegen diese Einrichtung; so ist eine anonyme Petition aus dem Jahr 1602 überliefert, die sich gegen diese Einrichtung aus sicherheitspolitischen und religiösen Gründen ausspricht.

Ab dem Ende des 17. Jahrhunderts erlebt die osmanische Handelskolonie in Venedig einen Niedergang, zeitgleich mit dem Nachlassen der Wirtschaftskraft Venedigs und des Osmanischen Reiches. Der osmanische Handel leidet daran, dass durch den Aufstieg der großen atlantischen Handelsmächte das Mittelmeer seine Bedeutung als Drehscheibe für den europäisch-asiatischen Handel verliert. Darüber hinaus kehren sich die Handelsströme zwischen islamischer und europäischer Welt zu Ungunsten der Osmanen um: Wird ursprünglich Kaffee aus der unter osmanischer Kontrolle stehenden Region des Rotes Meeres nach Europa exportiert, so kann man bereits 1739 westindischen Kaffee im ostanatolischen Erzurum erwerben.

Die Gründe für das Zurückfallen des Osmanischen Reiches gegenüber den europäischen Staaten, auch auf wirtschaftlichem Gebiet, lassen sich nicht bei »verweichlichten Sultanen« oder »intriganten Haremsdamen« finden, sondern sind weitaus verwickelter. Einleuchtend ist die »Welt-System-Theorie« des US-amerikanischen Sozialwissenschaftlers Immanuel Wallerstein, nach der im Lauf des 16. Jahrhunderts in Nordwesteuropa durch die Anhäufung von Kapital ein wirtschaftliches Zentrum entstand, von dem aus die nun entstehende Weltwirtschaft – unterstützt durch vielfältige politische Umstände – sich immer mehr Teile der Erde zu ihren Bedingungen einverleibte.

Als verhängnisvoll erwies sich die osmanische Wirtschaftphilosophie des »Fiskalismus« und »Provisionismus«. In einem fiskalistischen System versucht der Staat, möglichst viel Edelmetall im eigenen Wirtschaftskreislauf zu halten. Der Provisionismus sieht das vorrangige Ziel darin, die Versorgung des Staates und der Bevölkerung zu sichern, so dass der osmanische Staat, entgegen heutigen Vorstellungen wirtschaftlicher Vernunft, Einfuhren mit einem geringeren Zoll belegte als Ausfuhren. Wegen dieser auf Bewahrung und Versorgungssicherheit gerichteten Wirtschaftspolitik zwang der Staat in Kriegszeiten das Handwerk, seine Waren unter Marktwert zu verkaufen. Damit wurden die Untertanen nicht nur davon abgehalten, die Produktion auszuweiten oder sich an neue Produkte zu wagen; man zwang die osmanische Wirtschaft – nachdem sie in den europäischen Staaten einen immer härteren Gegner hatte – in die Knie.

3.5 Christen, Juden und Muslime

Die größte Kluft in der osmanischen Gesellschaft war die zwischen der osmanischen Staatselite und den Untertanen. Osmane konnte – zumindest bis ins 19. Jahrhundert – nur der sein, der Muslim war oder geworden war. Die Untertanen dagegen, die *reaya* (wörtlich »Herde«), die kein Anrecht auf politische Teilhabe hatten, aber sehr wohl auf Schutz, setzten sich aus Muslimen und Nicht-Muslimen zusammen.

Nicht-Muslime und Muslime waren dennoch als Untertanen des Staates nicht ohne Unterschied: Als »Ungläubige« waren die Nicht-Muslime eindeutig benachteiligt: Sie hatten durch die Zahlung der Kopfsteuer eine höhere Steuerlast zu tragen; sie mussten Kleidervorschriften einhalten; im öffentlichen Raum hatten sie immer Zurückhaltung zu üben. Gotteshäuser neu zu bauen, war im Grundsatz verboten.

Die Grenze zwischen osmanischer Elite und den Untertanen beruhte nicht auf Erblichkeit, vielmehr wurde ein großer Teil der osmanischen Elite auf dem Weg der »Knabenlese« *(devşirme)* gewonnen. Bis ins 17. Jahrhundert wurden bei regelmäßigen Aushebungen christliche Knaben in Südosteuropa ihren Eltern weggenommen, zum Islam bekehrt und fern ihrer Heimat einer langen Ausbildung unterworfen, die sie für eine Laufbahn als Janitscharen, als Offiziere oder hohe Beamte vorbereitete. Ein großer Teil der osmanischen Großwesire des 15. und 16. Jahrhunderts entstammt der Knabenlese. Sie wurden zwar zu bedingungslosen Osmanen umgeformt, mussten dabei aber nicht ihre Heimat vergessen. So ließ ein langjähriger Großwesir des 16. Jahrhunderts, Sokollu Mehmed Pascha, in der seinem Geburtsort nahegelegenen Stadt Višegrad eine Brücke bauen, die der jugoslawische Schriftsteller Ivo Andrić in seinem Roman »Die Brücke über die Drina« verewigt hat. Die Knabenlese, heute in Südosteuropa als »Blutzoll« in düsterer Erinnerung, scheint – zumindest in späteren Zeiten – nicht so grausam gewesen zu sein: Muslimische Familien versuchten ihre Kinder in die Knabenlese zu geben und ihnen damit den Weg zu einer vielversprechenden Laufbahn zu ebnen.

Die große Zahl von Christen im Osmanischen Reich verdankt sich der Einverleibung der alten christlichen Gemeinden des islamischen Nahen Ostens, vor allem aber dem osmanischen Ausgreifen in das vormals rein christliche Südosteuropa. Angesichts der großen christlichen und jüdischen Bevölkerungsgruppen, die im Osmanischen Reich bis kurz vor dem Ersten Weltkrieg die Mehrheit der Bevölkerung stellten, lässt sich von einer nicht-muslimischen »Minderheit« nur in politischer Hinsicht sprechen. Saloniki, bevorzugter Zufluchtsort der Juden aus Spanien, ist ab dem 16. Jahrhundert zu großen Teilen eine jüdische Stadt. In Südosteuropa sind etwa vier Fünftel der Bevölkerung christlich. Vornehmlich von Türken und/oder Muslimen bewohnt sind anfangs nur Städte wie Sarajewo, Skopje oder Sofia.

Um mit den großen nicht-muslimischen Bevölkerungsgruppen zurechtzukommen, gestand der osmanische Staat den nicht-muslimischen Gemeinden Selbstverwaltung in Gestalt des sogenannten *millet*-Systems zu. Schon 1453 wurde in Istanbul ein Patriarch als Vorstand der griechisch-orthodoxen Gemeinde eingesetzt, 1458 folgte die Gründung des armenischen Patriarchats. Das griechisch-orthodoxe Patriarchat, mit seinem weitreichenden Anspruch der Seelsorge über die orthodoxen Christen im gesamten Osmanischen Reich, ist daher nicht nur eine christliche, sondern zugleich eine zutiefst osmanische Institution gewesen.

Mit der nachhaltigen europäischen Expansion ab dem 18. Jahrhundert geraten größere Gruppen von osmanischen Muslimen unter die Herrschaft von christlichen Staaten, vor allem Russlands. Direkte Vergleiche zwischen christlicher Herrschaft über Muslime und muslimischer Herrschaft über Christen sind nicht leicht möglich – und wenn, dann fallen sie für die christliche Seite, wie etwa in Spanien, nicht gerade schmeichelhaft aus.

Unmittelbar gegenüberstellen lässt sich das Schicksal der Juden im christlichen Europa und in der islamischen Welt. Auch hier fällt – zumindest bis zum 18. Jahrhundert – der Befund eindeutig zugunsten der islamischen Welt aus. Der Orientalist

Bernhard Lewis hat das enge kulturelle Zusammenleben von Juden und Muslimen in den ersten islamischen Jahrhunderten mit dem der Juden in den USA und im Westeuropa des 20. Jahrhunderts verglichen.

Für die allermeisten Phasen der osmanischen Geschichte lässt sich von einem religiösen Pragmatismus, ja geradezu einer Politik des religiösen *laissez-faire* sprechen. Dieses Gewährenlassen sollte aber nicht als Toleranz im heutigen Sinne verstanden werden, sondern eher als das Nebeneinanderleben in einer hierarchischen Ordnung, gespeist aus einer traditionell ausgeprägten Selbstsicherheit der Muslime hinsichtlich des Vorranges ihrer Religion. Erst im 19. Jahrhundert macht bei den Osmanen diese Selbstgewissheit einer inneren Verunsicherung Platz.

Die Gründe für dieses Gewährenlassen liegen in der Entstehungsgeschichte und Selbstdeutung des Islams. Herrschte im Christentum die Vorstellung von Ausschluss und moralischer Unterordnung der Juden vor, ging es dem Islam vor allem um Abgrenzung und Hierarchie. Der deutlich höhere Grad an Verfolgung und Unterdrückung der Juden im christlichen Europa ist auch durch theologische Unterschiede in der Betrachtung des Judentums begründet. Muslime konnten Juden mit Verachtung behandeln, hatten aber keine Beziehung der Hassliebe zu ihnen. Während sich das Christentum als der neue Spross am Baum des Glaubens, als das »neue Israel« sah, leiteten die Muslime ihre Herkunft von Ismael, dem Sohn Abrahams ab.

Vor dem Aufstieg der Osmanen existieren drei große jüdische Gruppen im Mittelmeerraum: die spanischsprachigen iberischen Juden; die arabischsprachigen Juden und die griechischsprachigen byzantinischen Juden. Die byzantinischen und arabischen Juden wurden als Teil der osmanischen Eroberungen Untertanen des Reiches; einen großen Teil der spanischen Gemeinden nahm jedoch der osmanische Staat als Flüchtlinge auf. Die aus Spanien kommenden Juden waren in osmanischen Augen ein großer Gewinn, da sie Kenntnisse in Handwerk, Wissenschaft und Handel mit sich brachten, über sich in ganz Europa erstreckende Netzwerke verfügten und man von ihnen keine Untreue und Komplizenschaft mit den europäischen Staaten befürchten musste. So waren im 16. Jahrhundert, der Glanzzeit des Judentums im Osmanischen Reich, Juden die Leibärzte der Sultane und der hohen Würdenträger. Ab dem 17. Jahrhundert war die jüdische Gemeinde zunehmend von den neuesten Entwicklungen, auch auf dem Gebiet der Medizin, abgeschnitten und wurde von in Italien ausgebildeten Griechen verdrängt.

Der Niedergang der jüdischen Gemeinden im Osmanischen Reich lag auch an der Haltung der europäischen Staaten, die die christlichen Gemeinden im Osmanischen Reich gezielt förderten. Die Zerschlagung der ehemals berühmten, aber nun zu einem Hemmschuh gewordenen Infanterietruppe der Janitscharen im Jahre 1826, mit denen die jüdischen Kaufleute eng verbunden waren, begünstigte den weiteren Aufstieg armenischer und griechisch-orthodoxer Kaufleute.

Wir wissen heute, dass in den Kernregionen der islamischen Welt, wie etwa dem Irak, Ägypten und Iran, noch viele Jahrzehnte nach der Eroberung im 7. Jahrhundert ein Großteil der Bevölkerung nicht muslimisch geworden war. Erst ab dem 9. Jahrhundert lässt sich die Mehrheit der Bevölkerung zur Konversion, das heißt zum Übertritt zum Islam, bewegen, und wiederum zwei Jahrhunderte später sind die Konversionsbewegungen abgeschlossen.

Auch in Südosteuropa erreichen die Übertritte zum Islam erst lange nach der osmanischen Eroberung, nämlich im 17. und 18. Jahrhundert, ihren Höhepunkt. Neben der Einwanderung von Türken aus Kleinasien (so ist heute knapp ein Zehntel der bulgarischen Bevölkerung türkischer Abstammung) ist es aber vor allem Konversion, die zur Entstehung der heute noch existierenden muslimischen Bevölkerungsgruppen in Südosteuropa beigetragen hat. Die größten Gruppen der Muslime sind heute die Bosnier, die mehrheitlich muslimischen Albaner und – weniger bekannt – die Pomaken (islamisierte Bulgaren).

Die sehr einfache Form der Glaubensannahme erleichtert im Islam die Konversion: Es genügt, in der Gegenwart von muslimischen Zeugen die Bekenntnisformel auszusprechen. Dass diese Form der Glaubensannahme wirklich so gehandhabt wurde, zeigen Protokolle der Inquisition, die Christen, die als Gefangene oder Sklaven zum Islam konvertiert waren und denen später die Rückkehr in christliche Länder glückte, befragte. Es reichte das Aufsagen des muslimischen Glaubensbekenntnisses in der Gegenwart von muslimischen Zeugen, begleitet von einem Heben des Zeigefingers der rechten Hand – bei freiwilliger Konversion oft gefolgt von feierlichem Umzug, Beschneidung und Neueinkleidung.

In unserer heutigen Vorstellung bedeutet »Konversion« den lang überlegten, dann aber mit Entschiedenheit umgesetzten Übertritt einer einzelnen Person zu einer anderen Religion. In vormoderner Zeit waren die Verhältnisse aber weitaus weniger klar: Man trat sehr oft als Gruppe zu einem anderen Glauben über. Im einfachen Volk waren die Grenzen zwischen den Religionen verwaschen; man teilte sich zahlreiche Glaubensinhalte und -bräuche. So betteten zum Islam übergetretene Christen in ihren neuen Glaubensalltag ihre alten christlichen Auffassungen und Handlungsmuster ein.

Der Islam in Südosteuropa zeichnet sich durch einen besonders ausgeprägten »Synkretismus« aus, das heißt, das Verschmelzen unterschiedlicher Glaubenselemente und eine gewisse Ferne von der Orthodoxie, der wahren »Rechtgläubigkeit«, wie sie die gelehrten Theologen vertreten. Ein besonders bekanntes Beispiel für das Vermengen von Glaubenselementen sind die albanischen Bevölkerungsgebiete. In vorosmanischer Zeit lag hier das Übergangsgebiet zwischen dem katholischen Rom und dem griechisch-orthodoxen Byzanz. Die dortigen Herrscher und wohl auch die örtliche Bevölkerung hatten schon in vorosmanischer (und damit vorislamischer) Zeit ihr orthodoxes und katholisches Bekenntnis je nach Interessenlage und Stand der Dinge gewechselt. Lady Mary Wortley Montagu, die Ehegattin des britischen Gesandten in Istanbul, begegnete auf ihrer Reise im Jahr 1717 über den Balkan nach Istanbul Albanern und äußerte sich mit wohlwollendem Erstaunen über ihre Unentschiedenheit in Glaubensfragen: »Von allen Religionen, die ich gesehen habe, scheinen mir die Arnauten die bemerkenswertesten zu sein. Diese Leute, die zwischen Christen und Mohammedanern leben und nicht für religiöse Kontroversen geschult sind, sagen, dass es ihnen gänzlich unmöglich sei, zu beurteilen, welche Religion denn nun die beste sei. Um ganz sicher zu sein, dass man die wahre Religion nicht zurückstoße, befolgen sie sinnigerweise beide, und gehen in die Moschee am Freitag und in die Kirche am Sonntag. Zu ihrer Rechtfertigung führen sie an, dass sie sich auf diese Weise am Tag des Jüngsten Gerichts des Beistands des wahren Propheten sicher sein könnten, aber welcher dies nun sei, könnten sie auf dieser Welt nicht bestimmen.«

Auch in den folgenden Jahrzehnten haben die besten Kenner der christlichen Untertanen in den entlegenen Gebieten Südosteuropas, nämlich die Beauftragten der 1622 vom Papst gegründeten *Sacra Congregatio de Propaganda Fide* (»Heilige Kongregation zur Verkündigung des Glaubens«), eingerichtet zur Verbreitung des Glaubens in nicht-katholischen Ländern, immer wieder von dieser tiefen religiösen Zwiespältigkeit berichtet. Unter zahlreichen christlichen Bevölkerungen entwickelte sich in osmanischer Zeit, bedingt durch isolierte Lage und das Fehlen priesterlicher Seelsorge, eine ausgeprägte »kryptochristliche« Kultur. Kryptochristen waren Leute, die an der Oberfläche Muslime geworden waren, aber jenseits des öffentlichen Raumes ihre christliche Lebensweise fortführten. Sie trugen doppelte Namen, christliche im häuslichen Kreis, muslimische in der Öffentlichkeit; sie besuchten sowohl die Kirche (meist in ihrem Dorf) als auch die Moschee (bei Besuchen in der Stadt); sie ließen ihre Kinder taufen und firmen, aber auch beschneiden; sie heirateten nach dem christlichen und muslimischen Ritus; sie hielten die christlichen Fastengebote, gingen aber auch während des muslimischen Fastenmonats Ramadan in die Moschee; sie ließen sich die Letzte Ölung erteilen, aber auf einem muslimischen Friedhof bestatten. In einzelnen Dörfern trafen die osmanischen Steuereintreiber nur Muslime an (da diese geringere Steuerlasten als Christen zu tragen hatten); eine staatliche Kommission wiederum, die wenig später Rekruten für die osmanische Armee ausheben sollte, fand im selben Dorf nur Christen vor (da diese nicht in der osmanischen Armee dienen mussten). Die Religionszugehörigkeit konnte sich je nach Höhenlage verändern. Während der Wintermonate waren die Menschen in den Tälern und Ebenen Muslime; im Sommer auf den Hochweiden, jenseits staatlichen Zugriffes, waren sie Christen.

Von den Menschen selbst haben wir nur sehr wenige Selbstzeugnisse über ihre Erfahrungen mit dieser Art des religiösen Grenzgängertums; die Berichte stammen meistens von außenstehenden Beobachtern wie den Vertretern der *Propaganda Fide* oder Reiseschriftstellern.

Eine erzwungene Bekehrung zum jeweils anderen Glauben haben die meisten Menschen als Bedrohung ihrer Identität erlebt. Osman Ağa aus Temeschvar zeigt sich in seinen Erinnerungen als unerschütterliche Persönlichkeit. Allein die Aussicht, unter Umständen zur Annahme des christlichen Glaubens gezwungen zu werden, ruft in Osman das erste Mal Mordpläne gegenüber seinem Herrn hervor. 1629 erreicht ein Brief eines gewissen Hinrich von Hagen seine Angehörigen in Lübeck mit der Bitte um die Beschaffung der Ranzionierungssumme. Von Hagen lebt als Sklave bei einem muslimischen Herrn, der ihn – nach seinem Bericht – schlägt und zum Glaubenswechsel drängt. Von Hagen ist sich sicher: »Und doch schall de Hundt my dar nicht tho kriegen.«

In den Kriegen nach 1683 treten zahlreiche gefangengenommene Muslime und Musliminnen in Form von festlich begangenen »Türkentaufen« zum Christentum über. Als sich jedoch die Kunde vom Friedensschluss von Karlowitz im Jahr 1699 verbreitet, so berichtet Osman Ağa, setzen die allermeisten alles daran, wieder in ihre muslimische Heimat zurückkehren zu können.

3.6 Phanarioten, Dragomane, Levantiner

Im Osmanischen Reich waren die Nicht-Muslime, wie wir bereits gesehen haben, den Muslimen untergeordnet. Nicht-Muslime konnten keine Stellen ersten Ranges in der Zentralverwaltung oder in den Provinzen einnehmen. Dennoch gab es Nicht-Muslime, die dem Staat weitaus näher standen als andere; ein berühmtes Beispiel hierfür sind die »Phanarioten«, benannt nach dem Stadtteil *Fener* (deutsch: »Leuchtturm«) in Istanbul am Ufer des Goldenen Horns, wo bis zum 20. Jahrhundert die bedeutendsten griechischen Familien lebten und sich bis heute das griechisch-orthodoxe Patriarchat von Konstantinopel befindet.

Wegen ihrer Sprachkenntnisse und ihrer guten Verbindungen nach Europa wurden die Phanarioten immer mehr mit Aufgaben der osmanischen Außenpolitik betraut. Als 1711 der Gelehrte Dimitri Kantemir, *Hospodar* (in etwa: »Fürst«) der Moldau, auf die russische Seite überläuft, wird an seiner Stelle der Phanariot Nikolaos Skarlatos Maurokordatos ernannt. Bis zum Beginn des griechischen Unabhängigkeitskriegs im Jahr 1821, als die Griechen in Ungnade fallen, werden diese Hospodar-Stellen mit Griechen, unter ihnen meist Phanarioten, besetzt.

Die Phanarioten besetzten lange Zeit die Positionen der am großherrlichen Diwan tätigen »Dragomanen« (eine Verballhornung des osmanischen Wortes arabischen Ursprungs für »Übersetzer, Dolmetscher«, *tercüman).* Dragomanen wurden auch von den Botschaften der europäischen Staaten in Istanbul eingesetzt, da die Gesandten und ihre Sekretäre sich in der Regel nicht in der Landessprache verständigen konnten. Die an den Botschaften tätigen Dragomanen waren aber meist »Lateiner«, also Katholiken europäischer Herkunft, die eigene Dragomanen-Dynastien, wie die Pisani oder Testa, hervorgebracht haben.

Die Dragomanen waren nicht nur Übersetzer, sondern zugleich kulturelle Mittler zwischen der Hohen Pforte und den europäischen Botschaften. Weil alle Seiten auf die Sprachenfertigkeit und die Vermittlung der Dragomanen angewiesen und ihnen damit auch ausgeliefert waren, ging unter der christlichen Bevölkerung Istanbuls der Spruch um, es gebe drei Plagen: Pest, Feuer und Dragomanen.

Venedig und Dubrovnik erkennen als erste im 16. Jahrhundert die Notwendigkeit, dass man eigene Fachleute für den diplomatischen Dienst im Osmanischen Reich ausbilden müsse. 1669 folgt Frankreich mit seiner *École des Jeunes de langue* (ab 1795 *École speciale des Langues orientales*). 1754 wird unter Maria Theresia die *Kaiserlich-königliche Akademie für Orientalische Sprachen* in Wien gegründet. Einer der dort ausgebildeten Schüler war Joseph Freiherr Hammer von Purgstall (1774-1856), der als Übersetzer orientalischer Literatur berühmt geworden ist und auch als der Begründer der Osmanistik gelten darf. Die erste deutsche Schule für eine angewandte Ausbildung in diesem Bereich war das *Seminar für Orientalische Sprachen* in Berlin. Das Gründungsjahr des Seminars, 1887, gibt einen Hinweis darauf, ab welchem Zeitpunkt Deutschland nachdrücklich eigene politische Interessen im Osmanischen Reich zu vertreten begann.

Aus dem älteren Bestand der Lateiner, den in der byzantinischen Welt lebenden römischen Katholiken, entwickeln sich allmählich die »Levantiner«. Ursprünglich bezeichnet Levantiner die genuesisch-venezianischen Bewohner der unter islamischer Herrschaft stehenden ostmittelmeerischen Hafenstädte. Sie waren in den

Augen italienischer Kaufleute »Ostler«, also *levantini*. Die Reihen der Levantiner wurden immer wieder durch Zuwanderer aufgefüllt, im 18. Jahrhundert etwa durch französische Übersetzer und Händler und in der ersten Hälfte des 19. Jahrhunderts durch griechischsprachige Katholiken, die von den Ägäisinseln in die großen Hafenstädte auswanderten.

Der Levantiner ist eine osmanische Erscheinung, nicht allein deswegen, weil man darunter ursprünglich einen Katholiken verstand, dessen Leben sich nach der Rechtsordnung dieses islamischen Staates richtete, sondern vielmehr, weil erst das Osmanische Reich mit seiner Vielfalt an Religionen und Bevölkerungen und seiner Offenheit gegenüber Einwanderern die Bedingungen für eine solche Gruppe schuf.

In Istanbul lebten die Levantiner gemeinsam mit anderen Christen und Europäern in den beiden Vierteln Galata und Pera. Galata, unmittelbar am Goldenen Horn gelegen, war über die Jahrhunderte hinweg das Viertel der Seeleute, Hafenarbeiter, kleinen Handwerker und Ladenbesitzer geworden, während die Wohlhabenden, also Kaufleute, Makler und Gesandtschaftsbedienstete, vermehrt in das oberhalb von Galata liegende Stadtviertel von Pera zogen. In Smyrna dagegen, dem heutigen İzmir, hatten die Levantiner ihr eigenes Viertel. Smyrna, das im 17. Jahrhundert noch eine muslimisch-türkische Kleinstadt gewesen war, entwickelte sich zu einem kosmopolitischen Handelszentrum mit einem besonders hohen Anteil an Levantinern. Ähnlich wie Beirut sah sich Smyrna als *Le petit Paris* im Osmanischen Reich. Weitere nennenswerte Levantinergemeinschaften bildeten sich im 19. Jahrhundert in Alexandria, Saloniki, Odessa und Beirut heraus.

Die Levantiner einte zwar ihr römisch-katholisches Bekenntnis, ansonsten waren sie eine national höchst gemischte Gruppe. Gegen sie wird von den heutigen nationalistischen Geschichtsschreibungen in den einzelnen Nachfolgestaaten – wohl zu Unrecht – der Vorwurf vorgebracht, sie seien eine »Kompradorenbourgeoisie« gewesen, also auf den eigenen Vorteil bedachte Handlanger der europäischen Handelsmächte. Schon damals wurden sie von europäischen Beobachtern als vaterlandslose und moralisch fragwürdige Personen geschildert. Während man dem »echten Orientalen« noch manches Bewundernswerte abgewinnen konnte, stießen die Levantiner mit ihrer chamäleonhaften Identität als »Halborientalen« auf kein Verständnis.

4 Das Osmanische Reich im Kreise der europäischen Mächte

Ab der Mitte des 18. Jahrhunderts ändert sich der Stand der Osmanen gegenüber den europäischen Mächten nachhaltig: Waren die Osmanen meist erfolgreich darin gewesen, das Kriegsgeschehen auf das Gebiet ihres jeweiligen Gegners zu tragen, so wird der Krieg von 1768 bis 1774 in osmanischen Provinzgebieten wie Bulgarien ausgetragen und belastet das Ansehen des Staates bei der eigenen Bevölkerung. Das bisherige Modell osmanischer Herrschaft, dass die steuerzahlenden Untertanen keine politischen Rechte hatten, aber sehr wohl Schutz durch einen militärisch starken Staat erwarten konnten, gerät damit ins Wanken. Jetzt sind es nicht mehr allein feindliche Staaten, die den Staat bedrängen, sondern auch die eigene Bevölkerung.

Beim serbischen Aufstand von 1806 wendet sich die dem osmanischen Staat gegenüber ursprünglich treu gesinnte Bevölkerung mitsamt den Fürsten *(knez)* gegen die örtlichen Janitschareneinheiten, die in einem Aufruhr von Istanbul abgefallen sind. Erst als sich die Bevölkerung vom eigenen Staat allein gelassen sieht, sucht sie Hilfe bei Russland, dem aber angesichts der napoleonischen Bedrohung die Hände gebunden sind. Bei einem erneuten Aufstand unter der Führung von Miloš Obrenović im Jahr 1815 greift Russland zugunsten der Serben ein. 1817 erhält Serbien das Recht zur Selbstverwaltung, bleibt aber bis zum Berliner Kongress gegenüber Istanbul tributpflichtig.

Wenige Jahre später, 1821, folgt der griechische Aufstand auf der Peloponnes. Auch hier war der Anlass eher eine soziale Revolte als eine nationale Erhebung. Als 1825 die zerstrittene griechische Führung gegen ein von Istanbul entsandtes osmanisch-ägyptisches Heer keine Gegenwehr leisten kann, ist der Aufstand eigentlich niedergeschlagen. Die europäischen Staatsführungen, noch unter dem Eindruck des Wiener Kongresses und seiner Anerkennung des monarchischen Staatensystems – bekräftigt zudem durch die »Heilige Allianz« von Österreich, Preußen und Russland –, stehen vor einem Dilemma. Ihrer Auffassung, dass die osmanische Herrschaft über die griechische Halbinsel legitim ist, steht eine zunehmend pro-hellenische öffentliche Stimmung in Europa gegenüber, die durch die Teilnahme des Dichters Lord Byron (1788-1824) am griechischen Unabhängigkeitskampf seit 1823 und seinen Tod dort befeuert wird.

Die europäischen Kabinettspolitiker finden schließlich den Ausweg, die griechische Revolte nicht als nationalrevolutionäre Bewegung zu deuten, von der man ein Überspringen des nationalistischen Bazillus auf die eigenen Völker befürchten müsste, sondern vielmehr als die Befreiung vom türkischen Joch und die Wiederherstellung jahrhundertelang entrissener Rechte. Mit dieser Wende hat der griechische Freiheitskampf wesentlich dazu beigetragen, das Bild eines barbarischen und auf keinen Fall zu Europa gehörenden Osmanenreiches zu begründen. Englische, französische und russische Schiffe zerstören im Oktober 1827 die ägyptisch-osmanische Flotte vor Navarino (heute Pylos, an der Westküste des Peloponnes). 1830 erlangen die Griechen einen unabhängigen Staat, allerdings ohne den heutigen nördlichen Teil, den Griechenland im Wesentlichen erst während des Balkankriegs 1912 erobern kann. Der Wittelsbacher Otto wird 1832 von den europäischen

Großmächten als König von Griechenland eingesetzt, verliert aber 1862 durch einen griechischen Aufstand seinen Thron.

Der Krimkrieg in den Jahren 1853-1856 fand überwiegend auf der Krim statt, wurde aber auch an der Donau und im Kaukasus ausgefochten. In seinen Kriegen gegen Russland kämpfte das Osmanische Reich oft an mehreren Schauplätzen; einzigartig am Krimkrieg war, dass auf Seiten der Osmanen ein französisch-englisches Heer in den Krieg eintrat. Der Anlass für den Krimkrieg war die Forderung Russlands, seine Schutzansprüche über die griechisch-orthodoxe Bevölkerung auszuweiten – ein Anspruch, den Frankreich und Großbritannien als russischen Versuch verdeckter Besitzergreifung osmanischer Gebiete nicht hinnehmen wollten. Auf dem Pariser Kongress, der 1856 den für Russland verlorenen Krimkrieg beendet, versicherten Österreich, Frankreich, Preußen, Russland und Sardinien, das Osmanische Reich nehme ab sofort an den »Vorteilen des europäischen Konzerts« teil und keine auswärtige Macht dürfe sich in die inneren Angelegenheiten des Osmanischen Reiches einmischen.

Die europäischen Zusicherungen hatten aber keinen Bestand: Auf dem Berliner Kongress von 1878 weist Bismarck als Gastgeber der Konferenz den osmanischen Vertretern die demütigende Rolle eines Hintersassen der europäischen Politik zu. Serbien, Montenegro, Bulgarien (allerdings nicht in der heutigen Ausdehnung) und Rumänien werden endgültig vom Osmanischen Reich abgetrennt und als souveräne Staaten anerkannt; Bosnien und Herzegowina werden Österreich unterstellt. Zudem fordern die europäischen Großmächte für die so genannten »sechs Provinzen« mit einem starken armenischen Bevölkerungsanteil in Ostanatolien »Reformmaßnahmen«, also erweiterte Schutzrechte für die dortige christliche Bevölkerung, und sichern sich selbst das Recht auf Intervention in Makedonien und den sechs Provinzen zu.

Anlass des Berliner Kongresses war der Krieg von 1877 bis 1878, in dem Russland die osmanischen Armeen vernichtend schlug. 1878 stehen die Russen vor Istanbul; der Sultan muss im Vertrag von San Stefano (heute Yeşilköy beim internationalen Flughafen von Istanbul) einen Friedensvertrag unterzeichnen, der die Schaffung eines Großbulgariens vorsieht, das im Süden bis an die Ägäis reicht. Weil sich Russland damit einen Zugang zum Mittelmeer verschafft hätte, erzwingen die anderen europäischen Großmächte eine Neuverhandlung des Vertrages in Berlin.

Die Osmanen hatten auch eine moralische Niederlage erlitten: Nachdem sich die bulgarische Bevölkerung im Frühjahr 1876 zu einem Aufstand erhoben hatte, setzte der osmanische Staat, der über wenig militärische Reserven in Bulgarien verfügte, die aus dem Kaukasus umgesiedelten Tscherkessen als irreguläre Truppen ein, die besonders brutal agierten. Der englische Politiker William Ewart Gladstone prägte das Wort vom *terrible Turk* und konnte mit der öffentlichen Meinung Großbritanniens im Rücken die Parlamentswahlen von 1880 gewinnen.

Bis heute ist das »Massaker von Batak« (einer Stadt im Rhodopengebirge) im April/Mai 1876, bei dem mehrere Tausend Bewohner ermordet wurden, von großer Bedeutung für das kollektive Gedächtnis und Selbstbild Bulgariens. Als die Historiker Martina Baleva und Ulf Brunnbauer im Herbst 2007 in Sofia eine Ausstellung zum Thema »Feindbild Islam – Geschichte und Gegenwart antiislamischer Stereotype in Bulgarien am Beispiel des Mythos von Batak« zeigen wollten und dabei unter anderem die Frage stellten, ob Darstellungen des Massakers in Gemälden des 19. Jahrhunderts die historische Wirklichkeit wiedergeben würden, wurde dies von der bulgarischen Öffentlichkeit und Regierung als ein Angriff auf die nationale Ehre betrachtet.

Kurz vor dem Ersten Weltkrieg verlieren die Osmanen in den Balkankriegen auch noch ihre letzten europäischen Besitzungen, die Gebiete des heutigen Albaniens, Kosovos, Makedoniens und Nordgriechenlands. Der Erste Balkankrieg beginnt im Oktober 1912 mit einer Kriegserklärung Montenegros, der sich Bulgarien, Griechenland und Serbien anschließen. Innerhalb von zwei Monaten geht dem Osmanischen Reich das gesamte europäische Territorium mit Ausnahme des unmittelbaren Umlandes von Istanbul verloren; die belagerten Städte Ioannina, Skutari (Shkodra, in Nordalbanien) und Edirne fallen im Frühjahr 1913. Im zweiten Balkankrieg im Juni und Juli 1913 verliert wiederum Bulgarien in der Auseinandersetzung mit seinen ehemaligen Verbündeten Griechenland und Serbien sowie Rumänien nahezu alle seine neu gewonnenen Besitzungen aus dem Ersten Balkenkrieg. Die Osmanen können Edirne wieder für sich sichern.

Ab 1912 bestand das Osmanische Reich nur noch aus dem Gebiet der heutigen Türkei sowie seinen arabischen Provinzen (heutiges Syrien, Palästina, Israel, Libanon und Irak), die aber für die Osmanen nicht dieselbe Bedeutung hatten wie ihre europäischen Besitzungen. Ab 1912 werden »die Osmanen« wieder zu dem, was sie ganz zu Beginn der osmanischen Geschichte gewesen waren, nämlich die Familie Osman und ihr engerer Hofstaat. Statt vom »Osmanischen Reich« muss man ab dem Jahr 1912 von der »Türkei« sprechen. Das Staatsvolk dieser neuen Türkei sind die muslimischen Türken.

4.1 Gesandtschaften und Botschaften

Gegen Ende des 16. Jahrhunderts folgen Frankreich, England und Österreich dem Vorbild Venedigs, richten feste Vertretungen in Istanbul ein und übernehmen dabei das vorbildliche venezianische Berichtssystem. Andere europäische Staaten behelfen sich zuerst mit der Entsendung von Gesandtschaften, eröffnen aber im 17. und 18. Jahrhundert ebenfalls Botschaften. Um 1850 sind alle wichtigen europäischen Länder mit eigenen Botschaftern vertreten. Die Botschafter der Großmächte, besonders Frankreichs und Großbritanniens, haben zu diesem Zeitpunkt bereits das Ansehen und die Macht von Vizekönigen. Das Osmanische Reich gründet seine erste ständige Botschaft 1793 in London, der in kurzem Abstand Botschaften in Paris, Wien und Berlin folgen.

Das Osmanische Reich hatte keinen Platz in der völkerrechtlichen Ordnung, die nach dem Westfälischen Frieden von 1648 entstand. Die für die innereuropäischen Beziehungen üblichen Anlässe für Gesandtschaften, wie die Anbahnung oder der Abschluss dynastischer Ehebündnisse, entfielen. Trotzdem gab es einen geordneten diplomatischen Verkehr zwischen Istanbul und den europäischen Hauptstädten. Handelsfragen sowie machtpolitische und militärische Anliegen wurden verhandelt.

Gelegentlich wurden auch Gesandtschaften ausgetauscht. 1775 und 1776 treffen sich in Chotyn (in der heutigen Südukraine) der russische und osmanische

Botschafter auf dem Hin- und Rückweg. Die osmanische Delegation erreicht auf ihrem Rückweg aus St. Petersburg bereits Ende März 1776 die polnische Grenze, muss aber bis Ende Juni auf die russische Gesandtschaft warten, um den Gesandtenaustausch abzuschließen. Nicht nur in diesem Fall kam es zu verwickelten protokollarischen Geplänkeln, welche Regeln beim Austausch der Gesandtschaften gelten sollten. So befürchtete man, dass derjenige, der als Erster an der Grenze ankomme, insgeheim seinen niedrigeren Rang eingestehe.

Osmanische Berichte über Gesandtschaftsreisen vor der Mitte des 17. Jahrhunderts, für die nur unbedeutende Personen abgestellt wurden, existieren heute nicht mehr. Viel würde man wohl aus ihnen nicht erfahren können. Die späteren osmanischen Gesandtschaftsberichte, von denen rund 40 erhalten sind, beschreiben, vermutlich für militärisch-geheimdienstliche Zwecke, sehr ausführlich die einzelnen Reiseetappen. Ansonsten sind sie äußerst spröde: Eine innere Anteilnahme ist nicht zu erkennen, zumindest wird sie nicht gezeigt. Auch der bereits erwähnte Gesandtschaftsbericht von Kara Mehmed aus dem Jahr 1665 weist diese Eigenschaften auf: Obwohl Kara Mehmed neun Monate in Wien bleibt, sagt er kein Wort zu Essen, Religion, Speisen und Sitten der Wiener, sondern äußert sich nur zu Fragen des Protokolls und des Ranges.

Wie sehr sich das Bild Europas bei den Osmanen mit der Wende vom 17. zum 18. Jahrhundert wandelt, zeigt die Mission von Yirmisekiz Çelebi Mehmed Efendi nach Paris in den Jahren 1720-1721. Sein anschaulicher Bericht ist Zeichen dafür, dass die Sultane nun an realistischen und umfassenden Informationen interessiert sind. Mehmed Efendi hat den Auftrag, Frankreich, der Schutzmacht der katholischen Christen im Orient seit dem 16. Jahrhundert, die Nachricht zu überbringen, dass Frankreich dringende Reparaturarbeiten an der Grabeskirche in Jerusalem ausführen könne. Zugleich soll er die französischen Einrichtungen im Hinblick auf ihre Eignung im Osmanischen Reich genau in Augenschein nehmen.

Während Kara Mehmed noch den stolzen Blick des Eroberers hat, ist Mehmed Efendi zurückhaltend, ja sogar defensiv gesinnt. Lässt Kara Mehmed noch seine österreichische Umgebung kalt, kann sich Mehmed Efendi für Bühnenbilder in der Oper und die königlichen Paläste begeistern. Allerdings war Kara Mehmed aus einer militärischen Laufbahn hervorgegangen, während die osmanischen Gesandten des 18. Jahrhunderts wie Mehmed Efendi der Europa gegenüber offener gesinnten hohen Bürokratie angehörten.

Rund zehn Jahre später, in den Jahren 1732-1733, führt Yirmisekiz Çelebizade Mehmed Said Efendi, der Sohn von Mehmed Efendi, eine Gesandtschaft nach Stockholm. Der osmanische Geschichtsschreiber Raşid hält den Auftrag des Gesandten fest: Festungen und Fabriken besuchen, eine gründliche Untersuchung der Institutionen der europäischen Zivilisation und des dortigen Erziehungswesens vornehmen und über diejenigen Einrichtungen berichten, deren Übernahme geeignet erscheint. Mehmed Said, der 1741-1742 eine weitere osmanische Gesandtschaft nach Paris leitet und für kurze Zeit sogar Großwesir wird, könnte auch der erste osmanische Staatsmann gewesen sein, der Französisch gelernt hat.

Die osmanischen Gesandtschaften hinterlassen in der französischen Literatur ihre Spuren: Die türkischen Szenen am Schluss von Molières Komödie *Bourgeois Gentilhomme* (»Der Bürger als Edelmann«, Uraufführung 1670) werden auf Wunsch von

Ludwig XIV. eingefügt, der sich von dem von Süleyman Müteferrika zur Schau getragenen Desinteresse während seines Gesandtschaftsbesuches in Paris 1669 hatte kränken lassen. Die Gesandtschaft von Mehmed Said nimmt Voltaire zum Anlass seiner religionskritischen Verstragödie *Le fanatisme, ou Mahomet le prophète* (»Mahomet, der Prophet«, Uraufführung 1741).

Der osmanische Gesandte Ebubekir Ratib Efendi trägt während seines Aufenthalts in Wien 1791/92 innerhalb kurzer Zeit umfangreiches Material zu militärischen und militärwirtschaftlichen Belangen zusammen, das er teilweise aus europäischsprachigen Werken übersetzen lässt. Ratib Efendi kommt in seinem der osmanischen Regierung vorgelegten Abschlussbericht zu einer deutlichen Einschätzung, warum die europäischen Staaten seit einigen Jahrzehnten überlegen seien: Nicht die Osmanen seien stark zurückgefallen, vielmehr hätten die Europäer enorme Fortschritte gemacht.

Nicht alle osmanischen Würdenträger möchten sich einer solchen Selbstkritik anschließen: Halet Efendi, ein hochgebildeter Bürokrat und einflussreicher Politiker, zeigt sich während seines Aufenthalts von 1800 bis 1806 als Botschafter in Paris von der französischen Kultur unbeeindruckt und bleibt seiner Überzeugung treu, dass Europa letztlich unterlegen sei.

Deutliche Unterschiede zeigt die Aufnahme von Gesandtschaften an den europäischen Höfen und im osmanischen Serail. Europäische Gesandte wurden am osmanischen Hof von einer kleinen Gruppe von Hofbeamten empfangen, die eine strenge Haltung bewahrten. Nicht alle Gesandten wurden zur Audienz beim Sultan zugelassen, der sich während der Zeremonie nicht erhob und kein Wort sprach. Nach dem Eintritt in den Audienzsaal wurden die Gesandten von Kammerdienern nicht nur ins Geleit genommen, sondern auch an den Armen festgehalten. Bei den Festessen im Serail wurden die Speisen in rascher Abfolge serviert, in großer Hast und schweigend gegessen. Um seine Überlegenheit zu bekunden, zeigt sich der osmanische Hof verschlossen und gravitätisch, ohne jedes Zeichen von Gefühlen zu verraten.

Dagegen wurden die osmanischen Gesandtschaften in den europäischen Hauptstädten als exotisches Ereignis gefeiert. Beim Besuch von Yirmisekiz Çelebi Mehmed Efendi in Paris war nahezu der gesamte Adel am Hof versammelt, darunter auch mehrere Hundert Frauen. Mehmed Efendi selbst berichtet von der überwältigenden Neugierde an seiner Person und großen Volksaufläufen. Auch der Hofstaat, selbst der König, konnte kaum seine Augen vom osmanischen Gesandten abwenden. Handelt es sich hier um die Bewunderung für die Vertreter eines zwar fernen Reiches, das aber dennoch dem eigenen vergleichbar ist, oder haben wir hier schon Beispiele eines europäischen «Exotismus" vor uns – nämlich den Glauben, dass das Osmanische Reich Teil des fremden und geheimnisvollen Asiens sei?

4.2 Das Osmanische Reich: Europäisch oder asiatisch?

Das frühe 18. Jahrhundert ist für das Verhältnis zwischen Europa und dem Osmanenreich eine Zeit des Übergangs, in der das Bedrohungsgefühl auf europäischer Seite endgültig gewichen ist, das Gefühl gänzlicher Überlegenheit, das ab 1750 für die europäische Politik gegenüber dem Osmanischen Reich so bestimmend werden soll, sich aber noch nicht eingestellt hat. Beide Seiten empfanden füreinander bei aller Fremdheit eine gewisse Achtung und vor allem Neugierde. Die Jahre von 1718 bis 1730, die »Tulpenzeit« unter dem Großwesir Nevşehirli İbrahim Pascha und Sultan Ahmed III. (reg. 1703-1730), stehen für eine Zeit der Gelassenheit und Öffnung gegenüber Europa. Die Tulpe war vom kaiserlichen Gesandten Ogier Ghislain de Busbecq in Istanbul im 16. Jahrhundert nach Europa gebracht und von holländischen Botanikern zu einer Zierpflanze weitergezüchtet worden. Anfang des 17. Jahrhunderts brachte wiederum ein habsburgischer Botschafter diese verfeinerte Tulpenart zurück nach Istanbul, wo bis 1730 geradezu eine »Tulpenmanie« herrschte.

Auch in der Architektur hinterließ Europa seine Spuren. An der Nuruosmaniye-Moschee in Istanbul in der Nähe des Großen Basars, die 1755 fertiggestellt wurde, waren keine europäischen Architekten beteiligt, aber dennoch erinnert ihre Gestalt jeden Betrachter unmittelbar an die Architektur des Barock.

Bis in die Mitte des 18. Jahrhunderts zeigen Osmanen und Europäer noch weitgehend vergleichbare Lebensbedingungen; erst dann – mit den Reformen von Maria Theresia und Joseph II. im Habsburgerreich, der frühen industriellen Revolution in Großbritannien und der politischen Liberalisierung in Frankreich – beginnen sie, sich sichtbar auseinanderzuentwickeln, wenn auch die Gründe für diese wachsende Kluft schon in früheren Zeiten liegen mögen.

Mit dem offensichtlichen Auseinanderklaffen der militärischen Leistungsfähigkeit wird für die Osmanen die Beschäftigung mit Europa zu einer Überlebensfrage. Auf dem von nüchternen Erwägungen bestimmten Feld des Krieges ist es am ehesten möglich, die Überlegenheit der europäischen Staaten anzuerkennen. Schon 1731 ist İbrahim Müteferrika, der als Kind in Ungarn in die Hände der Osmanen fällt, später in wichtige Ämter aufsteigt und als Begründer des Druckwesens im Osmanischen Reich gilt, bereit einzuräumen, dass die europäischen Armeen leistungsfähiger seien.

Es gehört zum festen Bestand des europäischen Osmanenbildes, von »Aufstieg« (zum Beispiel mit der ersten Belagerung von Wien als Schlusspunkt) und »Niedergang« (zum Beispiel mit der zweiten Belagerung von Wien als Ausgangspunkt) des Osmanenreiches zu sprechen. Wenn auch die Geschichtswissenschaft diese Sicht der Dinge heute in Frage stellt und zum Beispiel gute Gründe dafür gefunden hat, das osmanische 18. Jahrhundert, das lange als die größte Schwächeperiode des Staates betrachtet wurde, in weitaus weniger düsteren Farben zu malen, so lässt sich doch diese Vorstellung von Aufstieg und Niedergang nicht einfach beiseite wischen – sie ist einfach zu anschaulich. Einsichtig war die Gegenüberstellung von Aufstieg und Niedergang schon für die Osmanen im frühen 17. Jahrhundert: Der osmanische Beamte Koçi Bey spricht in einer Denkschrift von einem »goldenen Zeitalter« unter Süleyman dem Prächtigen im 16. Jahrhundert, zu dem man unbedingt zurückkehren müsse.

Deutlich ist jedenfalls die Überlegenheit des Osmanischen Reiches über Europa im 15. und 16. Jahrhundert und seine – im Verhältnis zu seiner früheren Überlegenheit – weitaus größere Unterlegenheit im 18. und besonders 19. Jahrhundert. Die osmanische Geschichte hat, so könnte man sagen, im Verhältnis zu Europa eine antizyklische Entwicklung genommen.

Das westliche Kleinasien und der Balkan waren das osmanische Kerngebiet, in dem, auch in eigener Sicht, die osmanischen Institutionen tief verankert waren. Der osmanische imperiale Staat ist also, zumindest geographisch gesehen, vor allem eine europäische Macht gewesen. Andererseits weist das Osmanische Reich Eigenschaften auf, die es aus dem Kreise der anderen europäischen Großmächte herausheben: Im Gegensatz zum europäischen Feudalismus herrschte im osmanischen Staatswesen ein Pfründenwesen, das heißt, Landgüter wurden (zumindest ursprünglich) nur für eine befristete Zeit und als Entgelt für eine bestimmte Aufgabe verliehen. Einen erblichen Adel hat daher das Osmanenreich nicht wirklich gekannt.

Die Osmanen führten das schon im antiken Rom und in den frühislamischen Reichen bekannte und von der Dynastie der Mamluken in Äypten (1250-1517) zur Perfektion gebrachte System der Militärsklaven fort. Während sich die Mamluken ihren Sklavennachwuchs immer aus Gebieten außerhalb des islamischen Herrschaftsbereiches, vor allem dem Kaukasus, bringen ließen, änderten die Osmanen das Militärsklaventum in der Weise ab, dass sie ihre Sklaven in Form der Knabenlese *(devşirme)* unter den eigenen christlichen Untertanen aushoben. Auch nachdem die Knabenlese als Institution weitgehend zum Erliegen gekommen war, galten die obersten Befehlshaber und Beamten des Staates eigentlich als Sklaven *(kul)* muslimischen Glaubens, deren Schicksal in der Hand des Sultans lag. Beide Einrichtungen, das Pfründenwesen und das Militärsklaventum, dienten dazu, eine Schicht von dem Sultan gänzlich unterworfenen Offizieren und Staatsdienern zu schaffen. Schon Niccolò Macchiavelli schreibt in seinem Buch *Il Principe* (»Der Fürst«) von 1513: »Die gesamte türkische Monarchie wird von einem Herrn allein regiert; die anderen sind seine Diener.«

Das Osmanische Reich lässt sich, nicht nur wegen seiner räumlichen Nähe, gut mit dem Zarenreich und der Donaumonarchie vergleichen.

Wie Österreich unter dem Hause Habsburg konnte das Osmanische Reich seine Stellung im 19. Jahrhundert weniger dank seiner eigenen Fähigkeiten und Möglichkeiten als aufgrund einer Pattsituation unter den damaligen europäischen Großmächten behaupten. Ähnlich zum österreichisch-ungarischen Ausgleich von 1867 wurden auf osmanischer Seite Pläne zu einem türkisch-bulgarischen und auch türkisch-arabischen Ausgleich erwogen, der allerdings wie im Falle der Habsburgermonarchie daran gekrankt hätte, dass zahlreiche andere Nationalitäten, zum Beispiel die Albaner und Kurden, benachteiligt worden wären. Wie die Habsburger zwischen 1859 und 1870 aus der italienischen und deutschen Politik ausgestoßen wurden und somit von ihren drei Einflussfeldern (Italien, Deutschland, Südosteuropa) nur noch das südosteuropäische behielten, so wurde das Osmanische Reich in den Balkankriegen 1912-1913 endgültig aus Europa verdrängt und verlor dadurch das alte Gleichgewicht zwischen seinen europäischen und arabischen Provinzen.

Mit Russland teilte das Osmanische Reich die Eigenschaft, die zahlreichen Randgebiete des Reiches nicht wirklich fest in der Hand zu haben. Aus diesem Grund wurden zivile und militärische Aufgaben meist im Amt des Generalgouverneurs vereint. Andererseits blieb die einfache Bevölkerung auch außerhalb der Kerngebiete des Reiches – neben der Anhänglichkeit an ihre jeweilige regionale Sprache, Religion und Kultur – bis in den Ersten Weltkrieg hinein dem Zaren beziehungsweise Sultan verbunden. Wie Russland ist das Osmanische Reich Teil der europäischen Weltgeschichte gewesen, jedoch bis zuletzt in der Position des Außenseiters.

Neben der in der europäischen Öffentlichkeit vorherrschenden Türkenfurcht können manche Europäer zwischen dem 15. und 18. Jahrhundert am Osmanischen Reich viel Gutes finden. Günstige Einschätzungen und Lob sind vor allem von denen zu hören, die sich als Gesandte im Osmanischen Reich aufhielten.

Ein bekanntes Beispiel sind die »Vier Briefe aus der Türkei« von Ogier Ghislain de Busbecq, in denen er über seine Jahre (1555-1562) als kaiserlicher Botschafter berichtet. Busbecq lobt die militärischen und administrativen Fähigkeiten der Osmanen, ihr tolerantes Regierungssystem, die schnell arbeitende und wenig korrupte Justiz, die soziale Ordnung und die angenehmen Charaktereigenschaften der Menschen. Im Fehlen der Aristokratie und in der Einrichtung der Knabenlese, die er als ein Auswahlverfahren der Besten beschreibt, sieht Busbecq die Leistungsfähigkeit des Reiches begründet. Besonders beeindruckt ist Busbecq immer wieder von der Disziplin des osmanischen Hofstaates und Heeres. Nach einem Besuch bei dem vom Sultan selbst geführten Heerlager in Anatolien, hält er fest: »Zuerst bemerkte ich die hervorragende Ordnung, in der die Soldaten jeder Truppe überall verteilt waren. Was man kaum glauben wird, wenn man die Gewohnheit unseres Kriegsvolkes kennt – überall herrschte vollständige Stille, tiefste Ruhe, es gab keinen Streit, keinerlei übermütige Tat; man hörte kein Wort, keinen Fluch des Mutwillens oder der Trunkenheit.«

Furcht vor den Türken und zugleich zurückhaltende Anerkennung beginnen in der zweiten Hälfte des 18. Jahrhunderts europäischer Überheblichkeit Platz zu machen; in den Berichten der venezianischen Botschafter setzt der Wechsel von Bewunderung hin zu Verachtung schon um 1600 ein. Eine – in den Worten des Historikers Jürgen Osterhammel – bisher vorherrschende »inklusive Europazentrik«, die sehr wohl Europa als Zentrum der Welt sah, aber dennoch nicht-europäischen Gebieten und Kulturen Ebenbürtigkeit zugestand, wird nun durch eine »exklusive«, also ausschließende Weltsicht abgelöst. Während die Aufklärung das Osmanische Reich noch weitgehend als Teil Europas sieht, erheben europäische Gelehrte zunehmend Einspruch: Das Osmanische Reich habe andere religiös-zivilisatorische Grundlagen als Europa und könne daher nicht dem europäischen Staatensystem angehören, das eine Wertegemeinschaft mit einzigartigen historischen Wurzeln sei. Johann Gottfried Herder urteilt in seinen *Ideen zur Philosophie der Geschichte der Menschheit,* das Osmanische Reich sei »ein großes Gefängnis für alle Europäer, die darin leben; es wird untergehen, wenn seine Zeit kommt. Denn was sollen Fremdlinge, die noch nach Jahrtausenden asiatische Barbaren sein wollen, was sollen sie in Europa?«

Das Osmanische Reich wird nicht nur aus Europa ausgeschlossen; es wird auch von europäischen Beobachtern des 19. Jahrhunderts zunehmend für den Niedergang der islamischen Welt, insbesondere der arabischen Länder, verantwortlich gemacht – eine These, die die arabische Öffentlichkeit und Geschichtswissenschaft des 20. Jahrhunderts liebend gerne übernommen hat. So heißt es zu Beginn des 20. Jahrhunderts, schon auf dem festen Fundament dieser Tradition bauend, beim deutschen Islamwissenschaftler und Orientalisten Martin Hartmann in seinem Handbuch *Der Islam*: »Bei den Türken tritt an die Stelle des Islams ein Nichts. Kopf und Herz sind leer. Nur ein hohler Weltmachtdünkel, ein Traum von In-Blut-Waten und groben sinnlichen Genüssen füllt diese Hirne. Das genügt nicht. Die Osmanlis sind keine Stütze des Islams, den sie äußerlich vertreten, denn sie entbehren selbst der Stütze.«

Zwar finden sich im 19. Jahrhundert durchaus noch positive Stimmen zum Osmanischen Reich, so etwa die des englischen Politikers John Henry Palmerston, der 1839 keinen Hinderungsgrund erkennen kann, warum das Osmanische Reich nicht in naher Zukunft eine respektable Macht werden könnte. Solche Gedanken gehen aber von einer eindeutigen Überlegenheit Europas aus: Das Osmanische Reich ist zum »Sozialfall« geworden.

4.3 Die orientalische Frage

Das für das Osmanische Reich schwierigste Jahrhundert beginnt 1774 und endet mit den Balkankriegen 1912-1913. In diesem langen 19. Jahrhundert gilt die zunehmend unangefochtene europäische Vorherrschaft nicht nur gegenüber den Osmanen, sondern sie ist spätestens ab Mitte des 19. Jahrhunderts Teil eines die ganze Welt umfassenden Phänomens – des europäischen Imperialismus und Kolonialismus in seiner Hochblüte.

Imperialismus und Kolonialismus stehen heute für Übermacht und Überheblichkeit, für Missachtung und Ausbeutung anderer Gesellschaften und Kulturen. Verfechter einer Herrschaft über den Rest der Welt glaubten aber sehr wohl an eine zivilisatorische Sendung Europas; berühmt geworden ist Rudyard Kiplings Wort von »the white man's burden«. Die selbstgerechte Vermengung von Macht und Moral ist ein besonders abstoßender Zug der europäischen Großmächtepolitik des 19. Jahrhunderts.

Die europäischen Mächte nahmen gegenüber den Osmanen unterschiedliche Haltungen ein – kühle Teilungspläne wechselten sich mit treuherzigen Versicherungen zur Bewahrung des Reiches ab –, in ihrem Gefühl der Überlegenheit aber blieben sie sich treu: Anlässlich der Verhandlungen, die zum Friedensvertrag von Küçük Kaynarca 1774 führen, erwägen österreichische Diplomaten, das Osmanische Reich in das europäische Mächtegleichgewicht aufzunehmen. Andererseits sind schon für das 18. Jahrhundert gemeinsame Teilungspläne Österreichs und Russlands überliefert. 1799 wird wiederum in einem von osmanischer, englischer und russischer Seite geschlossenen Vertrag die territoriale Unversehrtheit des Osmanischen Reiches bestätigt. Der Vorschlag des britischen Vertreters auf dem Wiener Kongress, Viscount Castlereagh, das Osmanische Reich offiziell in das europäische Mächtegleichgewicht aufzunehmen, wird von Russland zurückgewiesen. Die Aufnahme der Osmanen in das »Konzert der Mächte« im Jahr 1856 hat die europäischen Großmächte nicht davon abgehalten, auf dem Berliner Kongress 1878 große Gebiete vom Osmanischen Reich abzutrennen und sich ein Recht auf Intervention in seine inneren Angelegenheiten vorzubehalten.

Seit der zweiten Hälfte des 18. Jahrhunderts war das Osmanische Reich als eine Art Eckstein in das internationale Mächtegleichgewicht eingemauert worden: Keine europäische Macht wollte einer anderen die Herrschaft über die osmanische Kernlande zugestehen. Für den Wunsch Russlands, freien Durchgang vom

Schwarzen Meer in das Mittelmeer zu haben oder sogar unmittelbar in den Besitz Istanbuls und der Meerengen zu gelangen, konnten sich die anderen europäischen Großmächte nicht erwärmen. Russland wiederum stellte sich – wenn es schon den ureigenen Wunsch der Kontrolle der Meerengen nicht erfüllen konnte – gegen jede andere Art der Aufteilung. Großbritannien sah zudem über Jahrzehnte hinweg im Erhalt des Osmanenstaates am besten seine Interessen in der Region gesichert. Während der Kernbestand also den Osmanen überlassen bleiben sollte, gab es nichts daran auszusetzen, die Außenmauern Stein für Stein abzutragen: Russland drängt das Osmanische Reich auf einer Front von Osteuropa bis zum Kaukasus ständig zurück; Frankreich besetzt Algier im Jahr 1830 und Tunis 1881; Großbritannien fordert von den Osmanen die Überlassung von Zypern als Gegenleistung für seine Unterstützung auf dem Berliner Kongress, 1882 setzt es sich zudem in Ägypten fest. Die italienische Besetzung der osmanischen Provinzen Tripolitanien und Cyrenaika (beide heute Bestandteil des nördlichen Libyens) in den Jahren 1911/1912 wird von den anderen europäischen Mächten stillschweigend geduldet.

Das Osmanische Reich war im 19. Jahrhundert nicht nur hilflos, es wurde auch hilflos gemacht. Der Rechtsgelehrte, Hofgeschichtsschreiber und Beamte Ahmed Cevdet Pascha (1823-1895) berichtet, nachdem ihn 1861 eine Inspektionsreise nach Skutari geführt hat, erbost über die einseitige diplomatische Hilfestellung der europäischen Mächte für das militärisch den Osmanen nicht gewachsene, aber im 19. Jahrhundert schon *de facto* unabhängige Montenegro: »Wenn man mir Bosnien gäbe und mich mit den gleichen Rechten ausstattete wie die Montenegriner, dann würde ich ganz Europa erobern. Die Montenegriner können zuschlagen, wo sie wollen, und sich bei drohender Gegenwehr sofort hinter ihre Grenzen zurückziehen. Wir können unmöglich die Montenegriner rundum mit Militär abschotten. In der jetzigen Lage ist gegen Montenegro nicht anzukommen.«

Die »Orientalische Frage«, die Frage also, wieviel vom Osmanischen Reich erhalten bleiben musste, um den europäischen Interessenausgleich nicht zu gefährden, beschäftigte die europäischen Kanzleien mehr als jede andere Frage. Aus dem osmanischen Sorgenfall speiste sich die Rede vom »Kranken Mann am Bosporus« – ein Begriff, der durch einen Ausspruch von Zar Nikolaus I. 1852 berühmt wurde, aber wohl auf eine Denkschrift des Phanarioten Maurokordatos aus dem Jahr 1820 zurückgeht, in der er das Osmanische Reich einem kranken Mann gleichsetzt, welcher der Amputation eines brandigen Gliedes den langsamen und qualvollen Tod vorziehe. Kurzum, das Bild eines greisen und siechen Osmanischen Reiches, das mühsam am Leben erhalten werden muss, prägt im 19. Jahrhundert die europäische öffentliche Meinung. Europa war aber keineswegs nur von selbstlosen Gefühlen beseelt: Die um das osmanische Krankenbett versammelten Großmächte wollten nämlich behandelnde Ärzte, Testamentsverwalter, Totengräber und Erben in einem sein.

Ohnehin wäre es falsch, das Osmanische Reich im 19. Jahrhundert allein als Sorgenkind und Störenfried des europäischen Mächtegleichgewichts zu beschreiben; vielmehr diente es den europäischen Großmächten als eine Art Überdruckausgleichsgefäss, mit Hilfe dessen sie ihre Auseinandersetzungen, ohne sich selbst zu beschädigen, regeln konnten. Der britische Historiker Malcolm Yapp hat vom Osmanischen Reich das Bild einer Bank gezeichnet, an der jede europäische Macht durch die Einverleibung von Gebieten, zumindest aber durch erhebliche Einflussnahme Anteile gezeichnet hatte. Man kann durchaus die folgende Vermutung anstellen: Erst als diese »Bank« mit den Balkankriegen in den Ruin getrieben worden war, trat Österreich-Ungarn in den Part des Kranken Mannes ein und das System des internationalen Interessenausgleichs brach zusammen. Der Erste Weltkrieg war die natürliche Folge.

In den Kerngebieten des Osmanischen Reiches, die unter den Bedingungen des europäischen Mächtegleichgewichts unter einem vorläufigen Bestandsschutz standen, herrschte ein »informeller Imperialismus«. Darunter versteht man die Politik, durch die Gewährung von umfangreichen Anleihen oder durch große Erschließungsvorhaben wie dem Eisenbahnbau ein anderes Land in den Zustand einer nahezu vollständigen Abhängigkeit zu bringen. Neben Ländern wie China oder Iran war vor allem das Osmanische Reich das Zielgebiet eines informellen Imperialismus.

Die von den Osmanen im Rahmen der Kapitulationen gewährten Handelsprivilegien verwandelten sich im 19. Jahrhundert im Gefolge der europäischen Übermacht in quasi-kolonialistische Institutionen, die den europäischen Kaufleuten große Handlungsfreiheit und sogar Immunität gegenüber den osmanischen Behörden garantierten. Handelsverträge münzten die osmanische Tradition des Provisionismus und Fiskalismus in Werkzeuge europäischer wirtschaftlicher Übermacht um. Im Vertrag von Balta Limanı (am westlichen Ufer des Bosporus gelegen und damals noch ein Vorort von Istanbul) von 1838 gewährte das in die Enge getriebene Osmanische Reich Großbritannien weitgehende Handelszusagen: Die Einfuhrzölle für britische Waren lagen nun bei drei Prozent, die Ausfuhrzölle für osmanische Produkte dagegen bei zwölf Prozent.

Als die osmanischen Finanzpolitiker auf das schon seit Jahrhunderten gebräuchliche Mittel der Münzverschlechterung wegen seiner lähmenden Wirkung auf die Wirtschaft nicht mehr zurückgreifen wollten und statt dessen begannen, Staatsanleihen im Ausland aufzunehmen, trieben sie den Teufel mit dem Beelzebub aus. Überrollt von den Zinszahlungen für die Auslandsanleihen musste der osmanische Staat seine Schuldenzahlungen einstellen und 1875 den Staatsbankrott erklären. Die sieben wichtigsten europäischen Gläubiger des Reiches (außer Russland) errichteten daraufhin 1881 die *Administration de la Dette Publique Ottomane* (türkisch: *düyun-ı umumiye*). Diese gänzlich unter europäischer Kontrolle stehende »Öffentliche Osmanische Schuldenverwaltung« übernahm die alleinige Verwaltung von sechs wichtigen Steuerquellen des Staates, um aus diesen Einnahmen die Schulden allmählich abzubezahlen. Die Hauptverwaltung der *Dette Publique* erhielt ein eigenes gewaltiges Gebäude, das bis heute auf das Goldene Horn blickend aus der Silhouette Istanbuls herausragt. Seit einigen Jahrzehnten beherbergt dieses Gebäude das *İstanbul Lisesi*, ein staatliches deutschsprachiges Gymnasium.

Die europäischen Großmächte sahen sich aufgrund ihrer Machtfülle dazu berechtigt und durch ihre vermeintliche zivilisatorische Überlegenheit zugleich dazu verpflichtet, wiederholt der christlichen Bevölkerung im Osmanischen Reich zu Hilfe zu kommen. Neben den bereits erwähnten Beispielen des griechischen und bulgarischen Aufstandes intervenierten die europäischen Mächte 1860 nach den Massakern in Damaskus und dem Bürgerkrieg im Libanongebirge sowie 1866 nach dem griechischen Aufstand auf Kreta, und erneut 1875 in Bosnien und 1887 in Makedonien.

Die europäische Schutzpolitik für die christlichen Minderheiten im Osmanischen Reich war vom klassischen europäischen Völkerrecht als »humanitäre Intervention« sehr wohl anerkannt. Durch die unablässige Verquickung von moralischen Anliegen mit politischen Interessen aber wurde die humanitäre Intervention moralisch entwertet und führte zu ihrer Ablehnung als Instrument des Völkerrechts im 20. Jahrhundert – um unter anderem in der Intervention der NATO im Kosovo-Krieg 1999 wiederbelebt zu werden. Noch heute ist das Verhältnis zwischen der Türkei und Europa von den Erfahrungen der europäischen Hilfs- beziehungsweise Einmischungpolitik geprägt: Europäer begreifen Interventionen als humanitär begründet, Türken führen sie auf egoistische Interessen zurück – und beide haben Recht, denn geradezu unvermeidlich werden humanitäre Anliegen von politischen Interessen immer wieder »kannibalisiert«.

Neben die humanitären Interventionen traten andere Formen der Vereinnahmung. Die europäischen Großmächte versuchten, sich als Schutzmacht von bestimmten christlichen Bevölkerungsgruppen namhaft zu machen. Die orthodoxen Christen waren bereits an Russland, die Katholiken an Frankreich »vergeben«. Großbritannien engagierte sich so zum Beispiel für die Drusen im Libanongebirge. Österreich-Ungarn trat mit dem Anspruch eines sogenannten »Kultusprotektorats« über die Katholiken in Südosteuropa auf. Im gegenseitigen Verdrängungswettbewerb kannte man kein Pardon. So meinten zu Beginn des 20. Jahrhunderts Propagandisten österreichischer Ansprüche den alten französischen Vorrang bei den Katholiken im Osmanischen Reich mit der Behauptung bestreiten zu können, dass die freimaurerische Regierung Frankreichs mit dem schismatischen Russland zusammenarbeite und deswegen keine Berechtigung mehr habe, die Schutzherrschaft über die Christen des Orients auszuüben.

Die Christen im Osmanischen Reich zögerten nicht, die für sie winkenden Vorteile zu erkennen. In großer Zahl begaben sie sich in den Schutz von Botschaftern und Konsuln ausländischer Mächte. Dank eines schwunghaften Handels mit Schutzpatenten *(berat)* waren zu Beginn des 19. Jahrhunderts bereits mehr als 100 000 orthodoxe Griechen russische Schutzbefohlene und hatten sich damit dem Zugriff des osmanischen Staates weitestgehend entzogen. Die sich unter den Schutz von fremden Staaten Flüchtenden blieben zwar osmanische Staatsbürger, erhielten aber zugleich die Rechte der Vollbürger des Schutz erteilenden Staates. Angesichts der Auswüchse des *berat*-Wesens verschärfte der osmanische Staat ab der Mitte des 19. Jahrhunderts die Bestimmungen und fand darin die Zustimmung der europäischen Mächte, denen die Schutzpatente über die Kopf gewachsen waren.

Wie fand sich das Osmanische Reich, das sich selbst als Gegner definiert hatte und darin von den europäischen Mächten mehr als bestärkt, aber doch bis zum 18. Jahrhundert im Ringen der großen Mächte Europas als ebenbürtig anerkannt worden war, nun in diesem neuen Zwiespalt zurecht: Einerseits nach eigenem Bewusstsein am »Konzert der Mächte« teilzuhaben, andererseits aber nahezu kolonialen Bedingungen unterworfen zu sein?

Das Osmanen selbst verstanden sich im 19. Jahrhundert, in einer verwirrenden Mischung aus Nachahmung, Abwehr und Anverwandlung, als Teil der zivilisierten

Welt, also Europas. Sie erhoben den Anspruch, in ihre eigenen unterentwickelten Regionen »das Licht der Zivilisation« zu bringen. Der im 17. Jahrhundert entglittene Jemen konnte dank des 1869 eröffneten Suezkanals und der nun weitaus einfacheren Transportbedingungen wieder unter osmanische Kontrolle gebracht werden. Unter dem Eindruck der französischen und britischen Kolonialpolitik entwickelten osmanische Regierungsbeamte sogar Pläne, den Jemen aus der regulären Provinzialverwaltung auszugliedern und als Kolonie zu verwalten.

Die von Sultan Abdülhamid II. (regiert 1876–1909) verfolgte Option des Panislamismus war in erster Linie nicht von religiös-idealistischen Zielsetzungen gespeist, sondern der Appell an die Solidarität der Muslime innerhalb und außerhalb des Osmanischen Reiches sollte vor allem dazu dienen, gegnerische Staaten abzuschrecken. Der Anspruch des osmanischen Sultans, nicht nur für die Muslime in seinem Machtbereich zu sprechen, sondern als Kalif das spirituelle Oberhaupt aller Muslime in der Welt zu sein, lässt sich bis in das Jahr 1774 zurückverfolgen, dem Jahr des Vertragsabschlusses von Küçük Kaynarca. Im dritten Artikel des Vertrages wurden Russland gewisse Fürspracherechte zugunsten der griechisch-orthodoxen Kirche im Osmanischen Reich eingeräumt, und im Gegenzug wurde der Sultan als der »souveräne Kalif der mohammedanischen Religion« bezeichnet. Ein offensichtlicher Erfolg der panislamischen Politik war die Hedschasbahn, die in den Jahren 1900-1908 ohne jedes westliche Kapital und allein mit Spenden von Muslimen gebaut wurde und muslimischen Pilgern die Reise von Damaskus nach Medina erleichterte.

Ohne Übertreibung aber läßt sich sagen, dass die zwiespältige Lage, als gleichberechtigtes Mitglied der europäischen Staatengemeinschaft bezeichnet zu werden und zugleich zu einem randständigen und als minderwertig geltenden Staat herabgesunken zu sein, bis in die Türkische Republik des 20. und 21. Jahrhunderts traumatische Wirkungen entfaltet hat.

4.4 Europa im Osmanischen Reich

Lange Zeit hat man in der Landung Napoleons 1798 in Ägypten den Beginn der »Moderne« im Nahen Osten erkennen wollen. Schon 1801 räumte aber das französische Militär, nach Niederlagen gegen Großbritannien, wieder das Land. Die französische Expedition hatte vor allem in der Weise langfristige Folgen, dass Frankreich in seiner Rolle als bis dahin wichtigster europäischer Verbündeter der Osmanen von Großbritannien und später von Deutschland abgelöst wurde. Frankreich blieb aber weiterhin kulturelles Vorbild und Französisch war – wie überall in der Welt – die Sprache der Weltläufigkeit und Diplomatie. Gute Französisch-Kenntnisse wurden zur Voraussetzung einer Karriere im osmanischen Staatsdienst und eröffneten osmanischen Intellektuellen die geistige Welt Europas.

Europa kam im 19. Jahrhundert aber selbst nach Istanbul; das »Tor der Glückseligkeit« wurde eine weithin europäische Stadt. Die von Europäern und Christen bewohnten Vororte jenseits des Goldenen Horns, Galata und Pera, waren noch in der ersten Hälfte des 19. Jahrhunderts alles andere als europäisch. Es gab noch keine Straßennamen, Hausnummern, Ladenaufschriften, Plakate an den Wänden, öffentliche Plätze oder Buchhandlungen. Erst mit dem Krimkrieg bekommen Galata und Pera allmählich ein europäisches Aussehen. 1855 werden die Hauptwege gepflastert;

1856 wird eine Gasbeleuchtung auf der *Grande rue de Péra* (der heutigen *İstiklal Caddesi*) in Betrieb genommen; 1875 wird die erste Standseilbahn der Welt, der sogenannte *Tünel*, in Betrieb genommen, der unterirdisch den steilen Anstieg von Galata nach Pera überwindet.

Der Einfluss der europäischen Lebensart machte sich auch jenseits der europäischen Stadtviertel bemerkbar. 1856 zieht der osmanische Hof vom verschwiegenen Topkapı-Serail an der Landspitze der Altstadt aus und lässt sich in dem von armenischen Architekten gebauten Dolmabahçe-Serail nieder, der für alle gut einsehbar direkt am Meeresufer liegt. Im selben Jahr nimmt Sultan Abdülmecid (reg. 1839-1861) zum ersten Mal am Ball eines ausländischen Botschafters teil. 1867 bricht der erste osmanische Sultan, Abdülaziz (reg. 1861-1876), zu einer Europareise auf. Gekrönte Häupter Europas kommen wiederum ins Osmanische Reich: Die französische Kaiserin Eugénie nimmt 1869 an der Eröffnung des (anfangs unter französischer, später britischer Kontrolle stehenden) Suez-Kanals teil und verbindet die Reise mit einem Aufenthalt in Istanbul.

Auf Reisende aus Europa hatte der Nahe Osten schon immer eine besondere Anziehungskraft. Durch all die Jahrhunderte kamen Pilger in das Heilige Land. Mit dem Beginn der Neuzeit aber treten gänzlich neue Formen des Reisens auf: Humanisten des 16. Jahrhunderts entwickeln die Idee der *Grand Tour* beziehungsweise der Kavaliersreise, die zwei längst bekannte Traditionen miteinander verschmilzt: Die Abenteuerfahrt, die jeder Ritter nach Beendigung seiner Ausbildung absolvieren musste, und zweitens die Gesellen- und Wanderjahre der fahrenden Studenten. Im späten 18. Jahrhundert wird Istanbul zum östlichen Endpunkt der aristokratischen Kavalierstour. Jenseits von Istanbul beginnt jedoch ein Abenteuer, das viel Mühen und Zeit verschlingt: François-René de Chateaubriand, Alphonse de Lamartine oder Gérard de Nerval, die ihre Erfahrungen in berühmte Reiseberichte gießen, wenden im frühen 19. Jahrhundert noch ein Jahr oder mehr für eine Reise in den Nahen Osten auf.

Im Laufe des 19. Jahrhunderts wird der philosophisch gestimmte Reisende von einem Typus verdrängt, der dem heutigen Touristen schon recht ähnlich ist. Ab den 1830er Jahren bestehen regelmäßige Verbindungen mit Dampfschiffen, zum Teil auch über die Donau und das Schwarze Meer, nach Istanbul. 1874 wird die Eisenbahnlinie zwischen Sofia und Istanbul eröffnet; die direkte Eisenbahnverbindung zwischen Europa und Istanbul, bekannt als Orient-Express, geht 1888 in Betrieb. Die allermeisten Reisenden meiden das noch kaum erschlossene Inner- und Ostanatolien und besuchen außer Istanbul höchstens noch die in der Nähe liegenden Städte Bursa und Çanakkale (mit Troja). Smyrna ist weniger Reiseziel als Etappe auf dem Weg zu den Ruinenstätten von Ephesus und Pergamon.

1895 beträgt die Reisedauer zwischen Wien und Istanbul bereits weniger als 40 Stunden. Schiffsreisen von europäischen Mittelmeerhäfen wie Genua und Marseille nach Istanbul nehmen acht bis neun Tage in Anspruch; die Expresslinie des Österreichischen Lloyd von Triest braucht sieben Tage. Damit war um 1900, dank der Verkehrsmittel Dampfschiff und Eisenbahn, das Reisen mühelos geworden – und das Reiseziel Istanbul banal. Der Baedeker von 1914, *Konstantinopel und das Westliche Kleinasien*, führt aus: »Wer wenig Zeit für Konstantinopel übrig hat, kann die hauptsächlichen Sehenswürdigkeiten in vier Tagen kurz besuchen.« Mit einem

Reisebericht zu Istanbul konnte man sich jetzt keinen Namen mehr machen. Für solche Taten musste man nun, wie Richard Francis Burton, Gertrude Bell oder Max Freiherr von Oppenheim – deren Reiseabenteuer sich mit wissenschaftlichen, geheimdienstlichen und politischen Anliegen mischten –, in die Tiefen Arabiens reisen. 1908 schreiben *Meyers Reisehandbücher (Türkei, Rumänien, Serbien, Bulgarien)* gleich zu Beginn: »Reisende, die sich ungern von der gewohnten Bequemlichkeit trennen, mögen deshalb Konstantinopel, Athen, Smyrna, Beirut, Jerusalem und Kairo (auf der Rückreise auch Bukarest, bzw. Sofia und Belgrad) besuchen, aber von tieferm Eindringen in den Orient abstehen.«

Wenn schon im 18. Jahrhundert manchen europäischen Reisenden Istanbul als allzu bekannt, ja als nahezu abgedroschen galt, so konnte im 19. Jahrhundert bei denen, die in Istanbul den wahren Orient finden wollten, die Enttäuschung nicht ausbleiben. Istanbul sei nicht mehr richtig orientalisch, so hieß es, aber zugleich noch längst nicht europäisch geworden. Was hatten Straßenbahnen in der Hauptstadt des Orients zu suchen? Die Geschäftigkeit Istanbuls sollte nicht die einer modernen Großstadt sein, sondern ein fortwährendes und ungerichtetes Getümmel. Auf der 1845 fertiggestellten Galata-Brücke, die auch heute noch über das Goldene Horn hinweg die Istanbuler Altstadt mit Galata und Pera verbindet, ließ sich das ewige Treiben des Orients, so versprachen (und versprechen es bis heute) die Reiseführer, am besten beobachten.

Die Galata-Brücke ist auch in anderer Hinsicht ein Symbol für das Verhältnis zu Europa. Die ursprünglich errichtete Holzbrücke wird im Jahr 1875 von einer Stahlkonstruktion abgelöst, die eine britische Firma herstellt. 1912 folgt eine zweistöckige Pontonbrücke – errichtet von deutschen Ingenieuren.

4.5 Deutschland und die Türkei

In den Jahrzehnten vor dem Ersten Weltkrieg steigt Deutschland zum wichtigsten Verbündeten des Osmanischen Reiches auf. Die Zusammenarbeit findet auf verschiedensten Gebieten statt: Im Jahr 1915 werden 20 deutsche Professoren an die damalige Istanbuler Universität *Dar ül-Fünun* berufen (der in den 1930er Jahren die großzügige Aufnahme von aus dem nationalsozialistischen Deutschland fliehenden Gelehrten folgen sollte). Im selben Jahr ruft der deutsche Publizist Ernst Jäckh die deutsch-türkische »Waffenbrüderschaft« aus und zieht eine Linie deutsch-türkischer Freundschaft von Helgoland über Istanbul bis nach Bagdad. An dem deutsch-türkischen Waffenbündnis im Ersten Weltkrieg nährten sich in den folgenden Jahrzehnten deutsch-türkische Freundschaftsgefühle, bis sie von Migrantenfrage und Beitrittsdebatte an die Seite geschoben wurden.

Preußen und Osmanen erschienen sich schon im 18. Jahrhundert gegenseitig als geeignete Verbündete. Preußen, und später das Deutsche Reich, hatte nicht, wie etwa Österreich, das Bestreben, sich auf Kosten der Osmanen auszudehnen, noch konnte es wie die kolonialen Staaten Frankreich oder Großbritannien, oder gar Russland mit seinem Streben nach dem Besitz der Meerengen, dem Bestand des osmanischen Staates gefährlich werden.

Erste Verhandlungen zwischen Preußen unter Friedrich II., »dem Großen« (reg. 1740-1786), und den Osmanen in den 1740er Jahren bleiben ohne jedes Ergebnis.

1755 schickt Friedrich II. seinen Flügeladjutanten Gottfried Fabian Haude unter dem Decknamen Karl Adolf von Rexin nach Istanbul, um ein gegen die Habsburger gerichtetes Bündnis mit den Osmanen zustande zu bringen. Nach mehreren Anläufen ist das erste Ergebnis im Jahr 1761 ein Freundschafts- und Handelsvertrag. Um darüber hinausgehend ein militärisches Bündnis zu schmieden, hält sich eine osmanische Gesandtschaft unter Führung des bereits erwähnten Ahmed Resmi vom November 1763 bis zum Mai 1764 in Berlin auf.

Unter dem Eindruck der großen osmanischen Gesandtschaften nach Paris und Versailles 1720-1721 und 1741-1742 sowie nach Wien 1754, deren Gefolge mehrere Hundert Personen umfasst hatte, macht sich im Herbst 1763 *tout* Berlin auf ein prächtiges Ereignis gefasst. Die ersten Nachrichten, die in Berlin über die Gesandtschaft auf ihrem Weg eintreffen, sind jedoch enttäuschend: Der osmanische Gesandte und sein Gefolge seien schäbig und »insolente Creaturen«. Zwar ist die Neugierde der Berliner so groß wie die der Pariser bei Yirmisekiz Mehmeds Besuch in Paris 1720-1721; die politische Elite aber rümpft die Nase über die osmanischen Gäste, unter ihnen besonders Friedrich II.: Der König spricht von Ahmed Resmi nur als »Mamamouchi«, ein frei erfundener Titel eines orientalischen Würdenträgers, den er Molières *Bourgeois gentilhomme* entnommen hat. Im November 1763 schreibt Friedrich an seinen Bruder, Prinz Heinrich, Datteln essen gehöre derzeit zum guten Ton in Berlin und die Gecken pflanzten sich einen Turban aufs Haupt. Wer reich genug sei, lege sich einen Harem zu, und die Frauen wollten »à toute force être turquisées«. Seine eigenen, dem osmanischen Gesandten unterbreiteten Bündnisvorschläge macht Friedrich II. zunichte, indem er kurze Zeit später einen Vertrag mit Russland schließt, dessen Inhalt für die osmanische Seite nicht hinnehmbar ist.

Ein 1790 geschlossenes osmanisch-preußisches Bündnis hat keine weiterreichenden Folgen. Die Abordnung von Helmuth von Moltke, dem späteren Generalstabschef der preußischen Armee, ins osmanische Heer in den Jahren 1835-1839, die 1837 durch drei weitere preußische Offiziere ergänzt wurde, war eher eine »Eintagsfliege«. Eine bleibende Wirkung haben Moltkes Jahre in der Türkei am ehesten in seinen vorzüglich zu lesenden »Briefen über Zustände und Begebenheiten in der Türkei" gefunden. Insgesamt bedeuteten die frühen preußisch-osmanischen Annäherungen für beide Seiten nicht mehr als kurze, unverbindliche Tastversuche nach neuen Bündnisoptionen.

Nach der Gründung des Deutschen Reiches war es Bismarcks erstes Ziel, die Stellung Deutschlands im europäischen Machtgefüge zu sichern. Die orientalische Frage war für ihn daher nur Hilfsmittel seiner europäischen Politik. Seine berühmte Äußerung vom 2. November 1878, es wäre ein »Triumph unserer Staatskunst, wenn es uns gelänge, das orientalische Geschwür offen zu halten und dadurch die Einigkeit der andern Großmächte zu vereiteln und unsern eigenen Frieden zu sichern«, ist kein Einzelfall. In einem von seinem Landgut in Varzin aus diktierten Schreiben vom 20. Oktober 1876 denkt Bismarck darüber nach, »ob der so wertvolle Friede zwischen den europäischen Mächten nicht dadurch erhalten werden kann, dass die ohnehin unhaltbare Einrichtung der heutigen Türkei die Kosten dafür hergibt«.

Nach dem Rücktritt Bismarcks 1890 aber trägt sich Deutschland unter Wilhelm II. (reg. 1888-1918) mit Weltmachtambitionen. Das Deutsche Reich engagiert sich nunmehr wirtschaftlich und politisch im Osmanischen Reich, vor allem in Kleinasien, das noch nicht Einflussbereich einer anderen europäischen Großmacht ist.

Wilhelm II. unternimmt drei Reisen in den Orient, 1889 und 1898, jeweils mit Besuchen bei Sultan Abdülhamid II., gefolgt von einer letzten Reise während des Krieges 1917. Sein zweiter Besuch 1898 führt ihn bis nach Jerusalem; offizieller Anlass der Reise ist die Einweihung der deutschen evangelischen Erlöserkirche in Jerusalem. Am 8. November 1898 gibt der Kaiser in einer – wie es für ihn bezeichnend war – nicht nur berühmten, sondern auch berüchtigten Rede in Damaskus seiner Hoffnung Ausdruck, die Muslime weltweit gegen die großen Kolonialmächte Großbritannien und Frankreich mobilisieren und so für die deutsche Politik gewinnen zu können: »Möge seine Majestät der Sultan und mögen die 300 Millionen Mohammedaner, welche auf der Erde zerstreut lebend in ihm ihren Kalifen verehren, dessen versichert sein, dass zu allen Zeiten der Deutsche Kaiser ihr Freund sein wird.« Was Wilhelm II. mit diesen übertrieben feierlichen Worten eigentlich meinte, bringt er am 30. Juli 1914, unmittelbar zu Kriegsbeginn, in einer internen Notiz offen zum Ausdruck: England müsse »öffentlich die Maske christlicher Friedfertigkeit abgerissen werden. Unsere Konsuln in der Türkei und Indien, Agenten usw. müssen die ganze mohammedanische Welt gegen dieses verhasste, verlogene, gewissenlose Krämervolk zum wilden Aufstande entflammen; denn wenn wir uns verbluten sollen, dann soll England wenigstens Indien verlieren.« Der schon vor dem Krieg gewälzte Plan, die muslimische Welt zu einem Aufstand gegen die Entente-Mächte zu bewegen und damit dem deutschen Weltmachtstreben aufzuhelfen, erwies sich jedoch als eine – vielleicht auch von der panislamischen Politik Abdülhamids II. geblendete – trügerische Hoffnung.

Das Deutsche Reich schlägt nicht nur Bündnisangebote Großbritanniens 1898 und Russlands 1899 aus; seine immer größere Betriebsamkeit im Nahen Osten stößt die anderen Mächte vor den Kopf und führt zu der von der deutschen Politik niemals für möglich gehaltenen Einigung Russlands und Großbritanniens im Jahr 1907 über die zwischen den beiden Mächten umstrittenen Interessengebiete, die vom Nahen Osten über den Iran bis nach Mittelasien reichen.

Die europäischen Mächte hatten durchaus Grund, Deutschland zu misstrauen. Zu sehr wandelte sich der von Deutschland betriebene Bau der Bagdadbahn von einer anfangs wirtschaftlichen Unternehmung zu einem politischen Prestigeprojekt. Die Bagdadbahn sollte die bereits bis Konya bestehende Bahnverbindung von dort aus um weitere 1600 Kilometer bis Bagdad verlängern. Deutsche Bankiers, unter ihnen der langjährige Direktor der Deutschen Bank, Georg von Siemens, waren von der Wirtschaftlichkeit der Bahn nicht überzeugt. Wilhelm II. aber sicherte Deutschland 1898 die Konzession und machte die Bahnlinie, die nach dem Ersten Weltkrieg erst vollständig befahrbar sein sollte, zu einem wichtigen Träger seiner Großmachtpolitik. Dass die Bagdadbahn durch die Schiffbarmachung der Flüsse Tigris und Euphrat von Bagdad bis zum Persischen Golf als Schifffahrtslinie weitergeführt werden sollte, konnte Großbritannien nur als Bedrohung seiner strategischen Interessen auffassen. Die deutsche Propaganda scheint bei dem Projekt ihren eigenen Hypnoseversuchen erlegen zu sein. Kleinasien, so schwärmt Ernst Jäckh 1915, sei als Absatzmarkt und Rohstoffgebiet ein paradiesisches Land »mit unbegrenzten Entwicklungsmöglichkeiten« und die Bagdadbahn die beste Möglichkeit, »dem türkischen Körper das Rückgrat einzufügen, das ihn wirtschaftlich, politisch und militärisch stützen und stärken kann.«

Ab den 1880er Jahren entsandte Deutschland regelmäßig Militärmissionen in das Osmanische Reich. Deutsche Offiziere sollten als Instrukteure an der Kriegsschule arbeiten, türkische Stabsoffiziere ausbilden und auch nicht vergessen, für deutsche Kriegsmaterialien und Waffenproduktion zu werben. Anfangs waren damit keine allzu großen Ambitionen verbunden: Für Bismarck stand die 1882 entsandte erste Militärmission, die von General Otto Kähler geleitet wurde, unter dem Vorbehalt seiner europäischen Gleichgewichtspolitik. Abdülhamid II. wiederum schätzte die politischen Vorteile einer deutsch-osmanischen Zusammenarbeit, befürchtete aber, mit tiefgreifenden und erfolgreichen Heeresreformen nur putschwilligen Offizieren in die Hände zu spielen. Bald verstanden die in osmanische Dienste getretenen deutschen Offiziere, dass sie mit ihren Reformempfehlungen nicht durchdringen würden, sie blieben aber, auch wegen der hohen Gehälter und anderer Zuwendungen. Colmar Freiherr von der Goltz (1843-1916) war in den Jahren 1883-1895, 1909-1910 und 1914-1916 in verschiedensten Funktionen im osmanischen Heer tätig. Trotz der Wertschätzung, die ihm viele osmanische Offiziere entgegenbrachten, und trotz seiner offensichtlichen Erfolge – während seines ersten Aufenthalts schrieb er militärische Lehr- und Handbücher im Umfang von mehr als 4000 Druckseiten, die ins Osmanische übertragen wurden – war er doch immer wieder vom Kampf gegen die osmanische Bürokratie und das Misstrauen des Sultans ermattet. Während seines ersten Aufenthalts schreibt er mit bitterem Humor an einen Freund: »Wenn Efendimis [Sultan Abülhamid II.] sich langweilt, so wird eins der zahllosen Armeereformprojekte hervorgeholt und mit den deutschen Reformern in Kommissionssitzungen beraten. Das amüsiert eine Zeitlang. Dann wird es wieder beiseite gelegt. Im Grund sind wir also nicht anderes als ‚Seiner Majestät militärische Hofnarren'. Mein ernsthaftester Konkurrent hier ist ein Zwerg bei Hofe, der bauchreden, auf den Händen gehen und Kobolz schießen kann – und das alles kann ich nicht.« Louis von Kamphoevener Pascha, der bis zum Rang eines osmanischen Marschalls aufrückte und 27 Jahre lange in osmanischen Diensten stand, scheint nicht viel mehr als ein »Frühstücksinstruktor« gewesen zu sein.

Weitaus erfolgreicher waren die Bemühungen der Militärinstrukteure, der deutschen Rüstungsindustrie Aufträge zu beschaffen. Die verstärkten Befestigungsanlagen im Bosporus und an den Dardanellen wurden mit deutschen Geschützen, vor allem der Firma Krupp, bestückt.

Mit der Jahrhundertwende gibt Deutschland auch im militärischen Bereich seine Zurückhaltung auf. Nach dem für die Türkei so katastrophalen Ausgang des Balkankriegs werden in die Führung der Armee deutsche Offiziere eingebunden. Otto Liman von Sanders (1855-1929) wird 1913 nicht nur Leiter der deutschen Militärmission, sondern zugleich zum Kommandeur über das I. Armeekorps in Istanbul ernannt. Nach heftigen Protesten Russlands, das in der Ernennung von Sanders' deutsche Absichten zur Kontrolle der Meerengen erkennt, wird er in die weniger verfängliche Position eines Generalinspekteurs für die osmanische Armee umgesetzt.

Die Türkei hatte sich damit aber noch längst nicht Deutschland ausgeliefert: Großbritannien war nach wie vor für die Ausbildung der Flotte verantwortlich, Frankreich für die der Gendarmerie. Warum entschied sich dann die türkische Regierung bei Ausbruch des Ersten Weltkriegs nach nur kurzem Zögern für den Kriegseintritt auf der Seite Deutschlands? Die Entscheidung, im Großen Krieg von vornherein auf eine neutrale Position zu verzichten, war von der Erfahrung der Balkankriege gespeist, in denen die Türkei sich gänzlich auf sich allein gestellt sah. Versprechungen der Entente-Mächte, bei Neutralität die Türkei in ihrem Bestand nicht anzutasten, konnte die türkische Führung aufgrund der bisherigen Erfahrungen nicht ernst nehmen. Die britische Regierung beging zudem den Fehler, die für den 30. Juli 1914 vorgesehene Übergabe zweier in englischen Werften gebauter Kriegsschiffe zu verweigern.

Das aus Enver Pascha, Cemal Pascha und dem Bürokraten Talat Pascha bestehende jungtürkische Triumvirat (über das im Folgenden noch mehr zu sagen sein wird) entschied sich für das Bündnis mit Deutschland und Österreich-Ungarn, weil es an einen schnellen Sieg der Mittelmächte über ihre Gegner glaubte. Enver hatte in den Jahren 1910/1911 als Militärattaché in Berlin gedient; zudem mag eine große Zahl von türkischen Offizieren, die eine Ausbildung in Deutschland erhalten hatten, von der militärischen Leistungsfähigkeit des Deutschen Reiches zutiefst überzeugt gewesen sein. Deutschland war bereit, zumindest dem Anschein nach auf gleicher Augenhöhe mit seinem türkischen Partner zu verhandeln, und sicherte umfangreiche Waffenlieferungen und Finanzhilfen zu. Der türkischen Seite war zudem nicht bekannt, dass Deutschland die Absicht hatte, die Neutralität Belgiens zu verletzen und so den Kriegseintritt Großbritanniens in Kauf zu nehmen. Am 2. August 1914 schloss die Türkei einen geheimen Allianzvertrag mit Deutschland. Das Bündnis der Mittelmächte mit der Türkei wurde ein Jahr später, im September 1915, durch den Beitritt Bulgariens ergänzt.

Ende Oktober 1914 beschossen – ohne jede Vorwarnung – die türkischen Kreuzer Yavuz Sultan Selim und Midilli, bei denen es sich um nichts anderes als die deutschen Kriegsschiffe Goeben und Breslau mitsamt ihrer deutschen Besatzung handelte, die russischen Schwarzmeerhäfen Sewastopol und Odessa. Die Entente-Mächte erklärten daraufhin der Türkei den Krieg.

Deutschland hatte wenig Vertrauen in die militärischen Fähigkeiten seines Verbündeten. Wilhelm II. stellte im April 1914 fest, die Lage der türkischen Armee sei »vollkommen trostlos – eigentlich so zu sagen – fast unrettbar und fast hoffnungslos«. Bei ihrer wichtigsten Aufgabe bewährte sich jedoch die Türkei: Unter dem Oberbefehl von Liman von Sanders schlug die 5. osmanische Armee vom April 1915 bis zum Januar 1916 in der Schlacht von Gallipoli, auch bekannt als Dardanellenschlacht, die Landungstruppen der Entente-Mächte, unter ihnen die australisch-neuseeländischen Truppen (ANZAC), zurück. Erstes Ziel der Entente-Mächte auf dem nahöstlichen Kriegsschauplatz musste sein, die Meerengen in die Hand zu bekommen und zugleich die Türkei mit der Besetzung Istanbuls zu »enthaupten«. Mustafa Kemal Atatürks bleibender Ruhm in der Türkei als militärisches Genie beruht unter anderem auf seiner Beteiligung als hoher Offizier an der Abwehrschlacht auf der Halbinsel von Gallipoli. Im gleichen Zeitraum wurde ein britisches Expeditionskorps bei Kut al-Amara in Mesopotamien eingekesselt und zur Kapitulation gezwungen.

Nicht erst mit den Niederlagen an den Fronten in Mesopotamien und in Palästina ab dem Jahr 1917 gestaltete sich die deutsch-türkische Zusammenarbeit schwierig. Vor dem Krieg waren rund 70 deutsche Offiziere in der Türkei tätig; Anfang 1916 stieg ihre Zahl auf 200 und gegen Ende des Krieges auf 800. Mit der Zahl der in der Türkei gänzlich unerfahrenen Offiziere wuchsen auch die Anlässe für Missverständnisse und Konflikte. Ortskundige Deutsche wiesen immer wieder daraufhin, die deutschen Offiziere müssten durch kameradschaftliches Auftreten türkische Sympathien für sich gewinnen. Die deutschen Offiziere erwiesen sich jedoch oft als arrogant oder einfach ungeschickt: Erich von Falkenhayn, für einige Zeit Befehlshaber der »Ilderim«-Armee in Mesopotamien, ließ deutsche Befehle wortwörtlich ins Türkische übertragen. Die deutsche Befehlssprache wirkte aber, direkt übertragen, für Türken beleidigend. Als im Dezember 1917 Jerusalem an die Briten fiel, war das Verhältnis schon so zerrüttet, dass die deutschen Offiziere verdächtigt wurden, die Stadt absichtlich einer christlichen Armee in die Hände gespielt zu haben.

Nur der verlorene Krieg hat den Mythos einer deutsch-türkischen Waffenbrüderschaft retten können. Deutschland verfolgte zwar für die Türkei keine Teilungspläne, aber wollte sie in der Nachkriegszeit nicht als gleichberechtigten Verbündeten behandeln. Die deutsche Reichsleitung plante, mit einer militärischen starken Türkei zusammenzuarbeiten, seinen Verbündeten aber in wirtschaftlicher Hinsicht vollständig zu beherrschen und dessen Rohstoffe, insbesondere die Erdölquellen in Mesopotamien, für eigene Zwecke auszubeuten.

Auch in ihren langfristigen imperialen Projekten wären sich Deutschland und die Türkei ins Gehege gekommen. Nachdem sich das revolutionäre Russland um nahezu jeden Preis, auch um den der sehr harten Bedingungen des Friedens von Brest-Litowsk vom März 1918, vom Krieg zurückzog, glaubte die deutsche Seite, Gebiete wie die Krim und den Kaukasus unter ihre Kontrolle bringen und sogar eine Brücke bis nach Mittelasien schlagen zu können. Deutschland wäre hier unweigerlich mit pantürkischen Bestrebungen, wie sie vor allem von Enver Pascha vorangetrieben wurden, nämlich ein großtürkisches Reich von der Krim bis nach Mittelasien oder sogar Zentralasien unter der Führung der Türkei zu schaffen, zusammengeprallt. Enver gab diese Pläne nach dem Ersten Weltkrieg nicht auf und fiel bei Kämpfen gegen russische Truppen 1922 bei Duschanbe (der heutigen Hauptstadt Tadschikistans). Ansonsten hätte ihn wohl das Schicksal von Talat und Cemal ereilt, die 1921 beziehungsweise 1922 von armenischen Attentätern erschossen wurden.

5 Im nationalen Zeitalter

Das osmanische 19. Jahrhundert steht unter dem Vorzeichen von Reformen, die den Abstand zu den europäischen Staaten verringern sollten. Mit einem Reformedikt aus dem Jahre 1839, das nachdrücklich die Achtung des Lebens, Besitzes und der Ehre für alle osmanische Untertanen zusichert, beginnen die Reformjahrzehnte der *Tanzimat* (wörtlich: »Anordnungen«). Ein 1856 erneut erlassenes Edikt bekräftigt diese Zusicherungen. Das Ziel der *Tanzimat* war, das Heeres- und Erziehungswesen auf einen zeitgemäßen Stand zu bringen, die wirtschaftliche Leistungsfähigkeit zu steigern und in allen Provinzen ein einheitliches Verwaltungssystem durchzusetzen. Die Tanzimat gipfeln 1876 in der Ausrufung einer osmanischen Verfassung und im Abschluss der *mecelle,* einem Gesetzeswerk, das in den vorangegangenen Jahren Regelungen des islamischen religiösen Rechts der Scharia, in verbindlicher Form zusammenfasst hatte. Auch unter dem bis heute oft als Despoten gehandelten Sultan Abdülhamid II. geht die Annäherung an Europa weiter. Die hohen Bürokraten, die die Tanzimat-Reformen in Gang brachten, Sultan Abdülhamid und die »Jungtürken« (1908-1918) waren – bei aller Unterschiedlichkeit – durch das Anliegen, den Erhalt des Reiches zu sichern, miteinander verbunden; ja man kann sogar einen Bogen bis zu Mustafa Kemal Atatürk und seiner tiefgehenden Umgestaltung der Türkei in den 1920er und 1930er Jahren schlagen.

Ein Vorbild für die Osmanen war das Japan der Meiji-Ära von 1868 bis 1912, das unter Bewahrung seiner gesellschaftlichen Ordnung und traditionellen Kultur sich gegenüber Europa auf wirtschaftlichem und militärischem Gebiet behaupten konnte. Japans Sieg über Russland im Jahr 1905 löste in der islamischen Welt eine Welle der Begeisterung aus, weil man darin die Möglichkeit einer Modernisierung bewiesen sah, die nicht in allem europäischen Vorgaben folgte musste.

Im Gegensatz zu Japan war Europa zugleich Vorbild und Bedrohung. Der militärische, wirtschaftliche und technologische Vorsprung der europäischen Staaten war offensichtlich und man wollte gerne alles tun, um von diesen Vorbildern zu lernen, ohne dabei aber die eigene so vertraute und geschätzte Lebensweise zu beschädigen. Schon rasch mussten jedoch die Osmanen erkennen: Die moderne europäische Zivilisation war wie eine Krake, deren Tentakeln auch dorthin gelangten, wo man sich, etwa im Bereich der Familie, vor fremdem Einfluss sicher gewähnt hatte.

Bis weit ins 19. Jahrhundert hinein waren alle Reformen, die den Vorsprung der Europäer aufholen wollten, im militärischen Bereich angesiedelt. Der osmanische Staat wurde daher, neben seinen Schuldenzahlungen, von der Last seiner Militärausgaben erdrückt: In der Zeit von Abdülhamid, also nach dem Staatsbankrott von 1875, floss rund ein Drittel des Staatshaushalts in den Schuldendienst, aber noch mehr wurde für das Militär aufgewendet. Die zentrale Stellung des Militärs im Osmanischen Reich lässt sich nicht nur am Umfang seines Anteils am Staatshaushalt ermessen: Bis weit ins 20. Jahrhundert hinein waren es vor allem Offiziere, die auf Reformen über den militärischen Bereich hinaus drängten; und bis heute ist im türkischen Militär die Überzeugung tief verankert, dass die Armee Speerspitze – und zugleich Bewahrer – von Aufklärung und Fortschritt sei.

Die Ausweitung der Reformpolitik weit über den militärischen Bereich hinaus verdankte sich einem Dominoeffekt: Rasch sah man, dass ein leistungsfähiges Offizierskorps eine Ausbildung in Gebieten wie Ballistik oder Strategie erhalten müsse; bald wurde deutlich, dass diese Offizierslehrgänge nur sinnvoll waren, wenn die Teilnehmer zuvor eine Ausbildung in zumindest einer europäischen Sprache und in Mathematik erhielten. Es dauerte nicht lange, um zu verstehen, dass eine auf das Militär beschränkte Ausbildung für den Erhalt des Staates nicht ausreiche. So zogen die Reformen immer weitere Kreise.

Dabei übernahmen die Osmanen in zahlreichen, wenig aufeinander abgestimmten Anläufen und mit dem Wunsch, sich nicht von einem europäischen Staat allzu abhängig zu machen, Vieles bis Allerlei aus Europa. Es entstand, in den Worten von Helmuth von Moltke, zwar ein Heer nach europäischem Muster, aber «mit russischen Jacken, französischem Reglement, belgischen Gewehren, türkischen Mützen, ungarischen Sätteln, englischen Säbeln und Instrukteurs aus allen Nationen.«

Die osmanischen Untertanen waren mit den neuen Zusicherungen der Reformpolitik, aber auch mit den daraus erwachsenden Ansprüchen, wie vermehrter Besteuerung, Einzug aller Waffen im privaten Besitz und einer immer lückenloseren Rekrutierung junger Muslime für die Armee, keineswegs so zufrieden, wie es die osmanische Regierung erwartet hatte: Von den weitgehend eingeebneten Unterschieden zwischen Muslimen und Nicht-Muslimen und der formalen Gleichstellung der Masse der Untertanen mit der Herrschaftsklasse der Osmanen hätten besonders die Christen erfreut sein sollen. Das Reformedikt von 1856 stieß aber auch unter Nicht-Muslimen auf Ablehnung: Mit der Vorherrschaft der Muslime, erregten sich Angehörige der griechisch-orthodoxen Konfession, habe man sich abgefunden, warum aber stelle nun der osmanische Staat sie, die Griechen, die traditionell die angesehenste Konfessionsgemeinschaft unter den Nicht-Muslimen seien, auf dieselbe Stufe wie die Juden?

Auch die islamischen Rechtsgelehrten, die *Ulema*, waren vom Gang der Dinge befremdet. Von Moltke berichtet, wie ein Molla in Birecik (am Euphrat in der heutigen südöstlichen Türkei) den Niedergang des osmanischen Selbstbewusstseins und damit des Reiches beklagt: Auch heute noch könnten zehntausend osmanische Soldaten, wenn ihr Glaube an Allah nur stark und ihre Schwerter nur scharf genug wären, in einem Satz nach Moskau reiten. »Warum nicht«, versetzt darauf ein in Europa ausgebildeter osmanischer Offizier, »wenn ihre Pässe von der russischen Gesandtschaft visiert sind, immerhin!« Eine solch kühne Antwort konnte sich der Offizier nur erlauben, weil er die Antwort in französischer Sprache gab und damit für alle Umstehenden – außer Moltke – unverständlich war.

5.1 Nationale Wiedergeburten

Uns selbstverständlich erscheinende Begriffe wie »Nation« und »Nationalismus« waren vor dem 19. Jahrhundert auch in Europa in ihrem heutigen Sinne noch nicht recht verständlich. Erst die Vordenker des Nationalismus haben uns glauben gemacht, dass das schlummernde Nationalbewusstsein wie Dornröschen wachzuküssen sei.

Für das Zeitalter des Nationalismus waren die Osmanen denkbar schlecht gerüstet. Wie jedes andere Reich konnten die Osmanen den Begriff des Nationalismus nicht mit den Eigenheiten ihres imperialen Staates in Übereinklang bringen. Sie deuteten die nationalen Erhebungen zuerst als eine ihnen schon seit Jahrhunderten vertraute Erscheinung, mit der sie schon umzugehen wüssten: Als örtliche Revolten, die man unterdrücken müsse; zugleich aber sei der Bevölkerung die versöhnliche Hand des gütigen Staates entgegenzustrecken.

Von der Losung der französischen Revolution, *liberté, égalité, fraternité* (»Freiheit, Gleichheit, Brüderlichkeit«), die manche osmanische Untertanen gerne aufgriffen, konnten sich die Osmanen nur mit dem letzteren Begriff auf Anhieb einverstanden erklären. Zu einer Proklamation von Napoleon Bonaparte, mit der er nach seiner Landung in Ägypten 1798 die dortige Bevölkerung für sich zu gewinnen suchte, wusste Sultan Selim III. (reg. 1789-1807) nur zu bemerken: Der französische Usurpator sei nicht nur gottlos und zerstöre Kirchen, er wage sogar die unerhörte Behauptung, dass alle Menschen gleich seien!

Um sich gegen die Auflösungserscheinungen zu stemmen, aber wohl auch aus dem ernst gemeinten Bemühen, aus den Untertanen nun Staatsbürger mit mehr Rechten, aber auch Pflichten zu machen, wurde von oben herab ein Staatspatriotismus, der Osmanismus, verordnet, der die religiösen, ethnischen und regionalen Trennungslinien überwinden helfen und die Loyalität gegenüber dem Staat befestigen sollte. 1869 wurde dieser Gedanke in ein Gesetz zur osmanischen Staatsbürgerschaft gegossen. Gegen die alles überrollende Ideologie des Nationalismus hatte der Osmanismus aber keine Chance. Die christlichen Bevölkerungsgruppen auf dem Balkan brachen durch die Bildung von Nationalstaaten weg; es kam aber auch eine Art innerer Emigration hinzu, indem sich die nicht-muslimischen und später auch die muslimischen Eliten aus dem gemeinsamen osmanischen Haus immer mehr zurückzogen.

Dem verlockenden Ruf des Nationalismus folgen ab dem späten 19. Jahrhundert nicht mehr nur die Bevölkerungen Südosteuropas; das Zeitalter der »nationalen Wiedergeburten« erfasst Kurden, Armenier, Juden, Araber – und Türken. Gleichzeitig aber steht das 19. Jahrhundert, im Widerspruch zum Selbstbild der nationalen Bewegungen, für eine zunehmende soziale und konfessionelle Vielfalt und Vermischung. In den großen Hafenstädten der Levante, Saloniki, Istanbul, Smyrna, Beirut und Alexandria, leben nun mehr Nationen und Konfessionen als jemals zuvor. 1885 besitzt in Istanbul unter den knapp 900 000 Einwohnern ungefähr jeder sechste eine ausländische Staatsbürgerschaft. Der levantinische und europäische Bevölkerungsanteil der Stadt hat sich innerhalb weniger Jahrzehnte verzehnfacht.

Deutschland gilt im westeuropäischen Vergleich als verspäteter Nationalstaat. Ähnliches ließe sich für die Republik Türkei sagen, wenn man sie den südosteuropäischen Nationalstaaten wie Griechenland, Bulgarien oder Rumänien gegenüberstellen wollte. Im Vergleich zu seinen nahöstlichen Nachbarn wie Syrien oder Irak wiederum nimmt die Türkei eher eine Vorreiterrolle ein, weil sie mit Gründung der Republik 1923 zugleich die volle Souveränität erringt. Weitaus einleuchtender ist es aber, die Türkei als einen Nationalstaat zu betrachten, der – vergleichbar zu Österreich – aus dem führenden Volk eines multinationalen Reiches hervorgeht.

Die Osmanen standen jedenfalls mit ihren Problemen nicht alleine. In allen drei Reichen, dem Habsburger-, Osmanen- und Zarenreich, scheiterten im 19. und frühen 20. Jahrhundert Versuche, als »Gegengift« gegen die ethnischen Nationalismen eine Art imperiales Nationalbewusstsein zu schaffen. Die Untertanen sollten dazu bewogen werden, durch eine freiwillige und aus positiven Gefühlen genährte Anhänglichkeit gegenüber dem Reichsverband ihre jeweiligen Nationalismen hintanzustellen. Dieses Vorhaben musste scheitern: Die Muslime im Osmanischen Reich etwa mochten im Sultanat/Kalifat und im übernationalen Charakter des Militärs einen gemeinsamen Bezugspunkt finden, aber dies galt nicht für die nicht-muslimischen Untertanen. Ab dem frühen 20. Jahrhundert setzt sich bei den, in den drei Reichen jeweils (vor)herrschenden Ethnien, den Deutsch-Österreichern, Türken und Russen, ein ethnisch bestimmter Nationalismus durch, der mit dem früheren Reichsgedanken kaum mehr vereinbar ist. Alle drei Reiche hätten wohl selbst bei einer sehr geschickten Ausgleichspolitik den Zerfall kaum verhindern können – spätestens seit den durch den Ersten Weltkrieg angestoßenen Entwicklungen. Sie zerbrachen in eine Vielzahl von Staaten, die jeweils von einem »Staatsvolk« dominiert wurden. Nur Russland gelang es, die Gebiete des alten Reiches relativ rasch wiederzuerlangen und sich von einem in der Vormoderne wurzelnden Reich hin zu einer Weltmacht des 20. Jahrhunderts zu verwandeln.

Serbien, Griechenland und Bulgarien wenden sich unmittelbar nach der Begründung eines unabhängigen Nationalstaates der Idee zu, alle noch nicht in ihrem Staat lebenden Volksgenossen zu »befreien«. Alle diese neu entstandenen Staaten können zudem in der Geschichte auf untergegangene Reiche zurückblicken, die weit über die jetzigen Grenzen hinausreichten und angeblich zu neuer Größe berechtigen. Nur 800 000 Griechen leben im neuen Königreich Griechenland, dagegen sind noch rund zwei Millionen Untertanen der Pforte. Griechenland wird bis ins 20. Jahrhundert seine Politik der *Enosis*, der »Vereinigung« aller von Griechen bewohnten Länder, verfolgen.

Die nationalen Unabhängigkeitsbewegungen brachten daher in den Augen der Osmanen nicht nur die Gefahr der Amputation mit sich, sondern auch des bösartigen Tumors. Die Serben lebten in einem umgrenzten Gebiet am Rand des Osmanischen Reiches und damit war der Verlust Serbiens zu verkraften. Die Griechen (damit sind hier die griechischsprachigen und griechisch-orthodoxen Bewohner des Osmanischen Reiches gemeint) hingegen waren nicht nur in Griechenland, sondern in vielen anderen osmanischen Gebieten anzutreffen, in den Donaufürstentümern, auf zahlreichen Mittelmeerinseln und in Kleinasien. Zu Anfang des 16. Jahrhunderts war der christliche Bevölkerungsanteil in Kleinasien auf unter ein Zehntel gesunken; er stieg aber wieder bis zum 19. Jahrhundert auf ein Fünftel der Bevölkerung an – durch die Ansiedlung von vor allem orthodoxen Christen aus Südosteuropa und die Rückwanderung von den griechischen Inseln auf das Festland.

Dementsprechend erbittert fällt die osmanische Antwort aus, als der griechische Aufstand losbricht. Der Patriarch Gregorios V. wird in der Osternacht des Jahres 1821 am Tor des Istanbuler Patriarchats erhängt. Auf Zypern wird im ersten Kriegsjahr die gesamte orthodoxe Kirchenführung einschließlich des Erzbischofs Kyprianos gehängt. Im April 1822 werden auf der Ägäis-Insel Chios bei einer Vergeltungsaktion Tausende unter der einheimischen Bevölkerung getötet und verschleppt. Eugène Delacroix hat mit seinem Bild »Massacre de Scio« von 1824 dem Leiden Ausdruck gegeben.

Von ihrem tiefen Misstrauen gegenüber der griechischen Bevölkerung ließ die muslimische Elite über die Jahre hinweg wieder ab. So war der Erste Bevollmächtigte des Osmanischen Reiches auf dem Berliner Kongress 1878 der Grieche Alexander Karathéodori Pascha (1833-1906). In den osmanischen Botschaften in London, Sankt Petersburg und Wien ließ sich das Osmanische Reich durch Diplomaten orthodoxen Glaubens vertreten. Dennoch hatte der griechische Unabhängigkeitskrieg einen tiefen Riss verursacht. Wenn es auch viele Griechen im Osmanischen Reich gab, die bis zuletzt dem osmanischen Staat gegenüber loyal gesinnt waren, so konnte und wollte die muslimisch-türkische Führungsschicht des Staates sich nicht unbedingt mehr darauf verlassen – und die Griechen konnten nicht mehr darauf vertrauen, dass ihre Loyalität vom eigenen Staat ernstgenommen würde.

Auch unter Muslimen und Türken entwickelte sich eine national gestimmte Opposition. Die »Jungosmanen«, eine großteils im europäischen Exil lebende Gruppe, und später die radikaleren »Jungtürken« stellten sich gegen Sultan Abdülhamid II., weil sie ihm nicht den Erhalt des Reiches zutrauten. Die Anhänger der jungtürkischen Bewegung waren sich darin einig, dass sie eine »junge Türkei« erschaffen wollten. Zu ihrer eigenen Überraschung gelang es im Jahr 1908 Heeresteilen, die die Jungtürken unterstützten, durch einen Marsch nach Istanbul den Sultan zur Wiedereinsetzung der Verfassung zu verpflichten. Ein Jahr später, nach einer erfolglosen Konterrevolution zugunsten des Sultans, setzen die Jungtürken den Sultan ab. Die Art und Weise, wie in den folgenden Jahren eine radikale Gruppierung, nämlich das Triumvirat von Cemal, Enver und Talat, die Macht an sich riss, hat den Begriff der »Jungtürken« für eine Fraktion von Nachwuchskräften sprichwörtlich werden lassen, die mit allen Mitteln an die Fleischtöpfe der Macht streben. Zwar löste die »Revolution« von 1908 kurzfristig eine Euphorie unter allen osmanischen Bevölkerungsteilen aus, brachte aber letztlich den jeweiligen Nationalbewegungen noch mehr Zulauf: All diejenigen, die in die jungtürkische Revolution ihre eigenen Hoffnungen hineingedeutet hatten, mussten zwangsläufig enttäuscht werden und sich um so mehr eigenen Nationalstaatsplänen (arabischen, armenischen, kurdischen, türkischen usw.) zuwenden.

Durch die großen Gebietsverluste während der Balkankriege 1912-1913 erhält der Turkismus, die Idee einer nur von Türken gebildeten Nation, großen Auftrieb. Während unter Abdülhamid II. das Reich in seinem Bestand im Wesentlichen erhalten geblieben waren, gingen den Jungtürken die gesamten europäischen Besitzungen verloren. Innerhalb kürzester Zeit hatte sich für die Türken im Osmanischen Reich die Geschäftsgrundlage völlig geändert: Es ging nun nicht mehr um den Erhalt des Reiches, sondern um das Bestehen der türkischen Nation.

5.2 Der lange Krieg 1912-1922

Die Türken haben bei ihrem Gang durch die Weltgeschichte mehrere Schwellen überschritten: Sie traten in die islamische Welt ein, sie ließen sich in Kleinasien nieder, sie griffen in die arabische Welt und nach Südosteuropa aus. Im 20. Jahrhundert machen die Türken einen weiteren bedeutenden Schritt: Sie verlieren ihre arabischen und südosteuropäischen Besitzungen, zugleich aber gründen sie einen türkischen Nationalstaat. In den langen Kriegsjahren von 1912 bis 1922 verschränken sich die beiden Erfahrungen des Verlustes und des Erfolges.

Der lange Krieg beginnt mit den Balkankriegen, setzt sich nach kurzer Pause mit dem Ersten Weltkrieg fort und geht in den »Unabhängigkeitskrieg« von 1919 bis 1922 über. Es gelingt unter der Führung von Mustafa Kemal, mit den in Inneranatolien verbliebenen Teilen der demobilisierten türkischen Armee die griechischen Truppen, die 1919 an der Ägäisküste anlanden, aber auch alle anderen ausländischen Streitkräfte aus Kleinasien hinauszudrängen.

Während der Kriegsjahre 1914-1918 wälzten die Entente-Mächte zahlreiche, zum Teil sich widersprechende Pläne zur Neuordnung des Nahen Ostens; alle Pläne gehen aber von der festen Annahme aus, dass die Türkei ihre Besitzungen in der arabischen Welt verlieren muss. Der britische Hochkommissar in Ägypten, Sir Henry McMahon, verspricht dem Scharifen von Mekka, Hussein ibn Ali, weitreichende Herrschaftsrechte im Gebiet des Fruchtbaren Halbmonds, falls es ihm gelänge, einen arabischen Aufstand gegen die Osmanen zu entfachen. Thomas Edward Lawrence, bekannt als Lawrence von Arabien, führt ab 1916 den »arabischen Aufstand« an, der eigentlich ein Guerillakrieg gegen die türkischen Truppen ist. Am 16. Mai 1916 unterzeichnen ein Vertreter Großbritanniens, Mark Sykes, und der französische Diplomat François Georges-Picot das geheime »Sykes-Picot-Abkommen«, das die osmanischen Gebiete in der arabischen Welt unter diesen beiden Staaten aufteilt; Palästina soll unter internationale Verwaltung gestellt werden. Am 2. November 1917 sichert der britische Außenminister Arthur James Balfour in einem als »Balfour-Deklaration« bekannt gewordenen Brief zu, dass die britische Regierung mit Wohlwollen der Errichtung einer »jüdischen Heimstätte« in Palästina gegenüberstünde.

Die Entente-Mächte denken auch an eine Aufteilung Kleinasiens. Großbritannien und Frankreich sichern bereits 1915 Russland im Falle eines gemeinsamen Sieges den Besitz Istanbuls und die Kontrolle der Meerengen zu. Ähnliche Pläne verfolgen Großbritannien und Frankreich nach dem Erstem Weltkrieg – diesmal ohne Beteiligung Russlands, das nach der Revolution von 1917 das Bündnis der Entente-Mächte verlassen hat. Bei den Friedensverhandlungen nach dem Ersten Weltkrieg wird nicht nur der Vertrag von Versailles geschlossen, sondern eine Reihe von weiteren Pariser »Vorortverträgen« ausgehandelt, darunter auch der Vertrag von Sèvres, den die noch in Istanbul residierende osmanische Regierung im Jahr 1920 unterzeichnet. Die türkische Nationalbewegung in Kleinasien leistet nicht nur Widerstand gegen die im Lande stationierten Entente-Truppen, sondern auch gegen die osmanische Regierung in Istanbul und ihre Zustimmung zu Sèvres, und kann so verhindern, dass die Bestimmungen des Vertrages jemals umgesetzt werden. Die Türkei ist damit das einzige Land, dem es gelingt, einen der Pariser Vorortverträge zurückzuweisen. Der Vertrag von Sèvres bestimmte, dass das Osmanische Reich all seine arabischen Besitzungen verlieren solle; zudem war der größte Teil Kleinasiens für ein unabhängiges Armenien, ein autonomes Kurdistan, griechische Besitzungen an der Ägäisküste und für Kontrollgebiete der Entente-Mächte vorgesehen. Den Türken sollte nur ein Gebiet in Mittelanatolien und entlang des Schwarzen Meeres bleiben.

Der Vertrag von Sèvres führt die europäische Großmächtepolitik des 19. Jahrhunderts in ihrem Nebeneinander von moralischem Anliegen und kruder Suche nach dem eigenen Vorteil fort: Das Vorhaben, die Tatverdächtigen der Armeniermassaker der Jahre 1915/16 rechtlich verfolgen zu wollen und einen internationalen Strafgerichtshof einzurichten, war angemessen. Dass für die Kurden eine autonome Zone und, den Türken zur Strafe und den Armeniern zur Entschädigung, ein armenischer Staat geschaffen werden sollte, stand im Einklang mit dem zwölften Punkt der »14 Punkte« des US-amerikanischen Präsidenten Woodrow Wilson, der die »zuverlässige Sicherheit des Lebens und völlig ungestörte Gelegenheit zur selbständigen Entwicklung« der ehemals unter türkischer Herrschaft stehenden Völker vorsah. Istanbul und die Meerengen unter internationale Kontrolle stellen zu wollen, war angesichts ihrer großen strategischen Bedeutung verständlich. Das Herausschneiden von großen Stücken aus dem osmanisch-türkischen Kuchen für Frankreich, Großbritannien und Italien waren aber imperiale Pläne zum eigenen Nutzen und Selbstgefallen.

Es ist deutlich geworden, wie sehr die Pläne der europäischen Großmächte das Fortbestehen einer Kerntürkei in Kleinasien gefährdeten. Die türkische Nationalbewegung stand ab 1919 einer größeren Zahl von Gegnern gegenüber. Ein Erfolg war ihr alles andere als sicher. Ein möglicher Gegner des türkischen Nationalstaates wurde aber bereits in den Jahren 1915-1916 »ausgeschaltet« – die armenische Nationalbewegung und die Armenier.

5.3 Die Türkei und die Armenier

Nach dem Verlust Südosteuropas verblieben im Osmanischen Reich noch drei größere christliche Gruppen: Die orthodoxen Griechen, die christlichen Araber und die Armenier. In den vorangehenden Jahrhunderten waren viele Armenier aus ihren Siedlungsgebieten im Osten Kleinasiens nach Istanbul und in andere Handelszentren des Reiches gezogen, um dort ihr Glück zu machen. Die meisten Armenier aber lebten nach wie vor in Ostanatolien, vor allem in den Provinzen von Adana, Aleppo, Bitlis, Diyarbakır, Erzurum, Harput, Sıvas und Van. Insgesamt stellten die Armenier ein Zehntel der Bevölkerung Anatoliens, ohne aber in einer Gegend die Bevölkerungsmehrheit zu bilden (zusammengenommen stellten aber Kurden und Armenier in Ostanatolien sehr wohl die Mehrheit). In der armenischen Provinz des Zarenreichs dagegen stellten die Armenier, die sich dort auf engerem Raum versammelten, die Mehrheit. Auf russischem Staatsgebiet lebten vor dem Ersten Weltkrieg ebenso viele Armenier wie auf osmanischer Seite.

Im Friedensvertrag von Berlin 1878 war in Artikel 61 die Hohe Pforte dazu verpflichtet worden, »Verbesserungen und Reformen ins Leben zu rufen, welche die örtlichen Bedürfnisse in den von den Armeniern bewohnten Provinzen erfordern und für die Sicherheit derselben gegen die Tscherkessen und Kurden einzustehen«. Die europäischen Mächte wurden zugleich dazu ermächtigt, die Ausführung dieser Reformen zu überwachen. Die «armenische Frage" war entstanden.

In den Jahren nach dem Berliner Kongress entwickelt sich eine armenische Nationalbewegung, die sich ihrer Wirkung in der europäischen Öffentlichkeit bewusst ist. Armenische Organisationen verfolgen unter anderem das Ziel, durch Aufstände ein Einschreiten der Großmächte zu erzwingen; diese wiederum warten auf Gelegenheiten zu weiteren Interventionen. Dass beide Seiten, Armenier und Großmächte, ihre jeweils eigenen und dabei durchaus widersprechenden Ziele verfolgen, wird im Verhältnis zu Russland deutlich, dem scheinbar engsten Verbündeten der armenischen Nationalbewegung: Russland sieht in den Armeniern einen Hebel, um weiter in Richtung Kleinasien expandieren zu können. Die Armenier im östlichen Kleinasien wollen aber nicht die osmanische Herrschaft durch die eines anderen ersetzen; sie hoffen vielmehr auf eine »bulgarische Lösung«: Russland solle, wie 1878 in Bulgarien geschehen, dem von den Osmanen bedrängten Volk helfen, sich dann aber wieder rasch zurückziehen.

1895 werden armenische Proteste beziehungsweise Aufstände in Istanbul und anderen Städten niedergeschlagen. In der ersten Aprilhälfte des Jahres 1909 kommt es in Kilikien (der Tiefebene rund um die heutige türkische Großstadt Adana) zu einem Massaker mit rund 25 000 Toten. Kriegsschiffe sieben europäischer Mächte liegen vor dem Hafen von Mersin, ohne einzugreifen.

Im Dezember 1914 wird, durch den falschen Ehrgeiz von Enver Pascha verschuldet, bei einem Feldzug gegen russische Stellungen mehr als die Hälfte der 3. türkischen Armee bei Sarıkamış in Nordostanatolien aufgerieben. Das Ziel von Enver war die Wiedereroberung an Russland verlorener Gebiete und zudem – als Fernziel – der Durchbruch zu den türkischen Bevölkerungsgebieten in Mittelasien. Den russischen Truppen hatte nun das türkische Heer an der Kaukasusfront nur noch wenig entgegenzusetzen.

Im April 1915 erhebt sich die armenische Bevölkerung von Van in Erwartung des russischen Vormarschs. Am 24. April entscheidet die osmanische Regierung, Intellektuelle, Politiker, Kleriker und andere wichtige Persönlichkeiten der armenischen Gemeinde in Istanbul und den Provinzen zu verhaften und zu deportieren. Am 1. Juni 1915 wird im osmanischen Regierungsanzeiger *Takvim-i Vekayi* das »Provisorische Gesetz über die vom Militär zu befolgenden Maßnahmen gegen Personen, die in Kriegszeiten den Maßnahmen der Regierung zuwiderhandeln« veröffentlicht. Damit ist der Weg frei für die kollektive Deportation der Armenier aus den westlichen anatolischen Provinzen, vor allem aber aus den frontnahen Gebieten im Osten. An deren Ende wird es die armenischen Siedlungsgebiete im östlichen Kleinasien nicht mehr geben.

Bis zu diesem Punkt zeigen historische Darstellungen zur Frage des Schicksals der Armenier zwar große Abweichungen, zum Beispiel in der Deutung der Massaker vor dem Ersten Weltkrieg. Ab dem April 1915 aber beginnen sie so sehr voneinander abzuweichen, dass es nahezu unmöglich ist, Grundlinien der Entwicklung zu beschreiben, denen alle Historiker zustimmen würden. Es geht nicht um Detailfragen, es geht um eine grundsätzlich andere Deutung:

Nach Yusuf Halaçoğlu, der als seit 1993 amtierender Präsident der »Türkischen Geschichtsgesellschaft« *(Türk Tarih Kurumu)* mit besonderer Autorität spricht, liegt die Verantwortung für die türkisch-armenische Auseinandersetzung in den Kriegsjahren auf Seiten der nationalistischen armenischen Organisationen, die von den Großmächten zusätzlich angestachelt werden. Angesichts der Zusammenarbeit zwischen armenischen Nationalisten und russischer Armee und der von Armeniern während des Kriegs an der muslimischen Bevölkerung begangenen Massaker gibt es für die Behörden keine andere Möglichkeit, als die gegen den osmanischen Staat gerichteten Tätigkeiten zu unterbinden und die armenische Zivilbevölkerung im großen Umfang umzusiedeln. Den osmanischen Dokumenten nach zu urteilen, kommen rund 50 000 Armenier während der Umsiedlungsmaßnahmen durch Versorgungsschwierigkeiten, Krankheiten, vor allem aber durch Überfälle lokaler Banditen ums Leben. Alle andere Armenier, rund 400 000 Menschen, erreichen die von der Regierung ausgewählten Umsiedlungsorte im heutigen Syrien. Insgesamt sei, so Halaçoğlu, »die größte Umsiedlung eines Volkes, die von einem Staat in jenem Jahrhundert durchgeführt wurde, auf eine sehr disziplinierte Art und Weise erfolgt«. Dagegen müsse man davon ausgehen, dass die Zahl der von armenischen Nationalisten umgebrachten Muslime »vermutlich in die Hunderttausende« gehe.

Die weit überwiegende Mehrheit der Historiker kommt zu einer gänzlich anderen Einschätzung: In der Tat begehen irreguläre armenische Einheiten Massaker an der muslimischen Zivilbevölkerung, aber die türkische Seite bleibt bereits in den ersten Kriegsmonaten nichts schuldig. Nachdem im April 1914 die Anweisung zur Deportation ergeht, werden für diese Aufgabe nicht reguläre Militäreinheiten eingesetzt, sondern lokale Polizeiverbände, ergänzt durch irreguläre Verbände *(çete)*, die unter der Anleitung einer jungtürkischen Geheimorganisation *(teşkilat-ı mahsusa)* stehen. Diese rund 30 000 Mann zählenden irregulären Verbände setzen sich aus der örtlichen türkischen Bevölkerung, kurdischen Stammesangehörigen, entlassenen Kriminellen sowie Muslimen, die aus von Russland eroberten Gebieten vertrieben wurden, zusammen. Die Einwohner armenischer Siedlungen werden nur kurze Zeit vorher, manchmal sind es einige Stunden, von ihrer bevorstehenden Deportation benachrichtigt. Den Armeniern bleibt keine Zeit, ihre Besitzungen zu veräußern, geschweige denn zu einem Preis, der den wahren Wert wiedergeben würde. Zielorte der Deportation sind nicht nur Gebiete, von denen aus die armenischen Nationalisten nicht mehr der russischen Armee Hilfsdienste leisten können, es sind vor allem Orte, an denen größere Menschenmengen besonders wenig Aussicht haben, zu überleben. Auf ihrem langen Deportationsweg werden die armenischen Zivilisten wiederholt vom begleitenden Wachpersonal, aber auch vielen anderen ausgeplündert und misshandelt. Deportiertengruppen werden zum Teil willkürlich, zum Teil systematisch ermordet. Der Tod der Deportierten durch Hunger, Kälte und Krankheiten wird bewusst in Kauf genommen oder sogar angestrebt. Zahllose armenische Kinder und Frauen werden zwangsweise zu muslimischen Kindern und Frauen gemacht. Es handelt sich bei all dem nicht um den einmaligen Ausbruch von Gewalt im Frühsommer 1915; die Massaker finden ihre Fortsetzung im Sommer 1916 an den Zielpunkten der Deportation im Euphrattal. Die Zahl der armenischen Opfer muss in Hunderttausenden beziffert werden.

Die armenische Nationalbewegung war für die Jungtürken und ihr Projekt eines türkischen Nationalstaates deswegen so gefährlich, weil ein mit Hilfe der europäischen Großmächte begründeter armenischer Staat ohne Weiteres einen größeren Teil Kleinasiens für sich hätte beanspruchen können. Die Möglichkeit von nebeneinander bestehenden türkischen und armenischen Nationalstaaten war – zumindest in den Augen der jungtürkischen Führung und wohl auch der armenischen nationalistischen Organisationen – ausgeschlossen.

Es ging den Jungtürken nicht nur um die Armenier, obwohl sie als die größte Bedrohung gesehen wurden. Das »Versäumnis« der Osmanen, nicht für ethnisch und religiös eindeutige Bevölkerungsverhältnisse gesorgt zu haben, sollte nun in kurzer Zeit umfassend berichtigt werden: In den Führungskreisen der Jungtürken wurde bereits im Sommer 1914 besprochen, wie man in Anatolien Zusammenballungen von nicht-türkischen Bevölkerungsteilen beseitigen könne. Bereits vor den Massakern an den Armeniern gab es 1914 »Säuberungsaktionen« gegen Griechen in Westanatolien. Es gab also einen allgemeinen Plan, so vermutet der Historiker Taner Akçam, »Anatolien von den Christen zu säubern und zu türkisieren«.

Der Ausbruch des Ersten Weltkriegs bot der jungtürkischen Führung die Chance, ihr nationalistisches Programm zu verwirklichen; die Kapitulationsverträge mit den europäischen Staaten wurden bereits am 8. September 1914 gekündigt. Die Türkei könnte sich – neben allen anderen Überlegungen – deswegen für einen Kriegseintritt auf Seite der Mittelmächte entschieden haben, weil der Krieg eine einzigartige Möglichkeit war, sich von internationalen Verpflichtungen zu befreien und die Großmächte nach Kriegsende vor vollendete Tatsachen zu stellen.

Europa, besonders Deutschland, trägt in mehrfacher Weise Mitveranwortung für die Massaker an den Armeniern. Die armenische Frage geriet allzu rasch in den Strudel der europäischen Großmächtepolitik. So stand das Deutsche Reich trotz der Vorfälle in den Jahren 1894-1896 in der Armenierfrage zum Osmanischen Reich; es wollte sein Verhältnis zur osmanischen Regierung mit dieser heiklen Frage nicht belasten. Kaiser Wilhelm II. äußerte 1894, dass er Großbritannien nicht daran hindern wolle, sich an der armenischen Frage »die Finger zu verbrennen«. Als 1895 von europäischer Seite ein Reformplan für die entsprechenden Provinzen in Ostanatolien entworfen wurde, versicherte der deutsche Botschafter in Konstantinopel dem Sultan, die deutsche Regierung bedauere es, dass die osmanische Regierung wegen der Armenierfrage Schwierigkeiten mit einigen europäischen Mächten habe.

Diese Linie hielt die deutsche Regierung erst recht ein, als die Türkei 1914 ihr Verbündeter im Krieg geworden war. Im November 1915 ermahnt der deutsche Reichskanzler Theobald von Bethmann Hollweg den neu ernannten deutschen Botschafter in Istanbul, Paul von Wolff-Metternich, seinen Einfluss bei der Pforte zugunsten der Armenier geltend zu machen, zugleich aber weist er einen Monat später dessen Vorschläge, die osmanische Politik offiziell zu verurteilen, mit den Worten zurück: «Die vorgeschlagene, öffentliche Kondemnierung eines Bundesgenossen während laufenden Krieges wäre eine Maßregel, wie sie in der Geschichte noch nicht dagewesen ist. Unser einziges Ziel ist, die Türkei bis zum Ende des Krieges an unserer Seite zu halten, gleichgültig ob darüber Armenier zu Grunde gehen oder nicht. Bei länger andauerndem Kriege werden wir die Türken noch sehr brauchen."

Ein einheitliche Linie der deutschen Politik, außer der vielleicht, einen Bruch mit dem Bundesgenossen Türkei zu vermeiden, hat es nicht gegeben. Dass das Drängen deutscher Stellen von vornherein aussichtslos gewesen wäre, kann man sich angesichts der zahlreichen hohen Offiziere, wie Fritz Bronsart von Schellendorff, Otto von Feldman, Otto von Lossow und Hans Humann, die in nächster Nähe von Enver Pascha, und damit des jungtürkischen Triumvirats, waren, kaum vorstellen. Auch der hochgerühmte von der Goltz stand nach eigener Aussage mit dem führenden Mann der Jungtürken, Enver Pascha, immer im besten Einvernehmen. Am 22. November 1915, auf dem Weg zu der seinem Kommando unterstellten Mesopotamien-Armee, schreibt er aus Aleppo an seine Frau in einer befremdlichen Mischung von Mitempfinden, verdrängter Verantwortung und frecher Schuldzuweisung: In der nordsyrischen Ebene »bot sich uns der harmvolle Anblick der flüchtenden Armenier, die am Südfluss des Taurus angesiedelt werden sollten und bei denen natürlich, da menschliche Fürsorge bei so großen Massen nicht viel vermag, grenzenloses Elend herrscht. Eine fürchterliche Völkertragödie. Ohne Nahrung, ohne Versorgung, schutzlos strömten Tausende und aber Tausende einem unbekannten Ziel entgegen. Viele sterben an der Straße und blieben lange unbeerdigt liegen. Man musste in tiefster Seele Mitleid empfinden und konnte doch nicht helfen. Welche Tragöden dieser unheilvolle Krieg schon hervorgerufen hat, ist kaum aufzuzählen, und wie viele wird er noch verursachen. Bedenkt man hinzu, dass er im Grunde genommen eigentlich nur aus dem elenden Futterneide Englands entstanden ist, so ermisst man erst ganz die Schuld dieses Staates.«

Die Entente-Mächte erklären am 24. Mai 1915, nur wenige Tage nach dem Beginn der Massaker, öffentlich, dass sie alle Mitglieder der osmanischen Regierung und ihre Beauftragten für die Massaker zur Verantwortung ziehen werden. Wieder einmal wird der ursprünglich vorhandene moralische Impuls der Entente durch imperiale Interessen verwässert. Die Absicht, die Verantwortlichen des jungtürkischen Regimes zu bestrafen, wird vermischt mit Rachegedanken wegen der Teilnahme der Türkei im Krieg auf Seiten der Mittelmächte und wegen der den Alliierten zugefügten Niederlage an den Dardanellen.

Der von den Entente-Mächten angeregte und von der osmanischen Regierung in Istanbul nach dem Krieg gebildete Sondergerichtshof vermengte seine Aufgabe, Verbrechen gegen die Menschlichkeit zu bestrafen, mit der Bekämpfung der türkischen Nationalbewegung in Anatolien. Spätestens als sich erwies, dass mit der osmanischen »Vorleistung« der Sondergerichtshöfe die Alliierten nicht milder zu stimmen waren, erlahmte das Bestreben der osmanischen Regierung in Istanbul, die Armeniermassaker zu ahnden. Die griechische Invasion in Kleinasien 1919 und die alliierte Besetzung Istanbuls 1920 stärkte die Verfechter einer türkisch-nationalen Position. Im August 1920 wurden die Verfahren der Sondergerichtshöfe gänzlich eingestellt.

Die türkische Seite plädiert bis heute auf Notwehr; aber alles deutet daraufhin, dass es sich zumindest um Totschlag gehandelt hat. Auch wenn die genauen historischen Umstände nicht immer eindeutig sind, so sprechen doch überwältigend viele Indizien dafür, dass die offiziellen Anweisungen, die auf schonende Deportation drängten und von türkischer Seite immer wieder als Beleg für ihre Sicht der Dinge herangezogen werden, von geheimen, vor allem durch Talat Pascha gegebene Anweisungen ergänzt wurden, die aber bis heute aus dem unter Obhut des türkischen Staates stehenden Archivmaterial nicht nachgewiesen werden konnten.

In der türkischen Geschichtsschreibung taucht immer wieder das Argument auf, dass sich viele Völker, unter ihnen auch die Armenier, gegenüber dem Osmanischen Reich, in dem sie wohlgelitten jahrhundertelang lebten, undankbar gezeigt hätten. Mustafa Kemal greift in einer frühen Äußerung zu den Armeniern einen anderen

Gedanken auf: Ende 1917 begleitet er den osmanischen Thronfolger Vahideddin auf einer Reise nach Deutschland. Der Reichsstatthalter in Strassburg, Nikolaus von Dallwitz, spricht bei einem Essen, das er für die türkischen Gäste gibt, die Armeniermassaker an. Mustafa Kemal gibt, neben einem scharfen Tadel für die Unverschämtheit, die eigenen Gäste und Verbündeten mit solchen Vorwürfen zu belästigen, zur Antwort: »Wie kommen Sie auf den Gedanken, zu Gunsten der Armenier zu sprechen, die behaupten, zu einem, ich weiß nicht welchem Zeitpunkt und in welcher Epoche als Nation existiert zu haben und die, um diese Existenz aufs neue zu beweisen, die Welt betrügen zum Schaden einer Türkei, die Ihr Verbündeter ist und die ihre ganze materielle und geistige Existenz für dieses Bündnis aufs Spiel setzt?« Die Armenier, so muss man diese Äußerung von Mustafa Kemal deuten, haben es im Gegensatz etwa zu den südosteuropäischen Völkern versäumt, rechtzeitig auf den Zug der Nationalstaaten aufzuspringen. Für den Historiker Klaus Kreiser ist Mustafa Kemals Standpunkt »von erschütternder Einfachheit: Die Armenier hätten es durch jahrhundertelange Untätigkeit nie geschafft, eine eigene Nation zu werden und dadurch auch ihr Recht als Volk auf türkischem Boden verwirkt.«

Die Türkei hat in den letzten Jahrzehnten wiederholt Bemühungen gezeigt, sich zu öffnen. Als Teil einer gesprächsbereiten türkischen Strategie erleichterte der damalige Ministerpräsident Turgut Özal in den 1980er Jahren den Zugang zum osmanischen Hauptarchiv in Istanbul. Dennoch tritt die Debatte tritt seit Jahrzehnten auf der Stelle; neu gewonnene Bausteine von Erkenntnis dienen nicht zur Öffnung der Debatte, sondern vielmehr zur Befestigung der eigenen »historiographischen Befestigungsanlagen«.

So wurden und werden, um nur ein Beispiel zu nennen, die Armeniermassaker in einen größeren Zusammenhang gestellt: Mit einigem Recht verweist die türkische Seite darauf, dass die armenische Nationalbewegung viele Jahre die Unterstützung des russischen Imperialismus im Kaukasus suchte. Auch die lange Vorgeschichte der Vertreibungen von Muslimen, vor allem aus russischen Herrschaftsgebieten, wird angeführt. Mit dem Verlust osmanischer Territorien an Russland ergossen sich seit dem frühen 19. Jahrhundert immer wieder Wellen von Flüchtlingen in das Osmanische Reich. Tataren von der Krim, Lasen, Abchasen, Nogajer, Tscherkessen und andere Kaukasier flüchteten vor der russischen Expansion und Herrschaft in die Kernländer des Osmanischen Reiches.

Winfried Baumgart, der sich ansonsten mit Diplomatiegeschichte beschäftigt, beschreibt die Größenverhältnisse der Opfer im Krieg von 1876 bis 1878: »Den unentschuldbar grausamen Bulgaren-Massakern waren, was damals in der europäischen Öffentlichkeit durch russische Zweckmeldungen und durch die englischen Atrocity Meetings nicht ans Tageslicht kam, ebenso grauenhafte Niedermetzelungen muslimischer Siedler durch bulgarische Christen vorausgegangen. Im Übrigen mussten die Türken für die schätzungsweise 25 000 umgebrachten Bulgaren mit rund 1,5 Millionen Toten im anschließenden Krieg gegen Russland bezahlen, nicht eingerechnet die Hunderttausende von Flüchtlingen, die im Winter 1877/78 vor den Russen nach Konstantinopel flüchteten und dort an Typhus, Pocken und anderen Epidemien umkamen.«

Mit den territorialen Verlusten nach dem Krieg gegen Russland 1877-1878 und den Fluchtbewegungen von Muslimen in das Osmanische Reich erhielt dieses zum ersten Mal eine deutliche muslimische Bevölkerungsmehrheit. Um die riesige Flüchtlingswelle nach 1876 unterzubringen, wurden in West- und Nordanatolien Hunderte von neuen Dörfern gegründet. Man schätzt, dass nach der russischen Eroberung des Kaukasus insgesamt rund 1,2 Millionen Kaukasier auswanderten, 800 000 davon ließen sich im Osmanischen Reich nieder.

Mit Recht lässt sich auf die Radikalisierung von Gewalt im 19. und frühen 20. Jahrhundert hinweisen. Mit Recht kann man versuchen, die Armeniermassaker in einen größeren historischen Zusammenhang zu stellen. Umso enttäuschender aber ist es, wenn damit nur die eigene Position möglichst gestärkt werden soll. So heißt es heute immer wieder von türkischer Seite, dass alle gelitten hätten – und die türkischen Muslime noch ein ganzes Stück mehr.

Mutigen Historikern wie Fikret Adanır und Taner Akçam oder dem Schriftsteller Orhan Pamuk, die die staatstragende Deutung der Ereignisse in Frage stellen, wird Verunglimpfung der Nation vorgeworfen. Dabei sind sie eigentlich gute Patrioten, denn die heutige türkische Maximalposition, dass nahezu alle Schuld bei den Armeniern und den europäischen Großmächten liege, ist gänzlich unhaltbar. Die Türkei steht mit reflexartigen Zurückweisungen, wenn der nationale Mythos in Frage gestellt wird, keineswegs alleine; sie ist aber in einer schwierigeren Situation, denn es geht nicht darum, einen Opfermythos unbeschädigt aufrecht zu erhalten, sondern um den Vorwurf der Täterschaft. Keineswegs muss dabei die Türkei ergebenst ihr Haupt gegenüber dem Urteil »Genozid« senken, aber die türkische Öffentlichkeit und Politik muss es hinnehmen können, dass andere zu diesem Urteil kommen – um es dann auch anfechten zu dürfen.

Warum, so könnte die Frage mittlerweile ungeduldiger Leser lauten, wird in einer Gesamtgeschichte der europäisch-türkischen Beziehungen zwar wichtigen, aber doch nicht alles entscheidenden Ereignissen »weit hinten in der Türkei« so viel Platz eingeräumt? Darauf lassen sich zwei Antworten geben: Zum einen führt die Frage, was mit den Armeniern während des Ersten Weltkriegs geschehen ist, regelmäßig zu Krisen in den europäisch-türkischen Beziehungen. Sie ist also heute von unmittelbarer politischer Bedeutung. Zum anderen führt uns die Tatsache, dass diese Diskussionen in der Türkei als höchst bedrohlich empfunden werden, zu einem zentralen Punkt im heutigen Selbstverständnis der Türkei, auch in ihrem Verhältnis zu Europa. Die Auseinandersetzung mit den Armeniermassakern ist für die türkische Öffentlichkeit nicht nur wegen ihrer die nationale Ehre betreffenden Weiterungen schwierig, sie ist auch – eher unbewusst als bewusst – so eng mit der Gründungsgeschichte des türkischen Nationalstaates verbunden, dass eine Anerkennung möglicher türkischer Untaten die Fundamente der türkischen Nation scheinbar in Frage stellen könnte.

5.4 Zwei Türkenkriege

Im Laufe der Türkenkriege entwickelten die Länder Zentraleuropas die Vorstellung einer tiefen Gegensätzlichkeit zwischen dem christlichen Europa und dem muslimischen Gegenüber. Symbole wie »Kreuz«, »Doppeladler«, »Halbmond« und »Stern«, die diesen Gegensatz ausdrücken, waren und sind in der Vorstellungswelt der europäischen Neuzeit weit verbreitet. Auch in den letzten Jahren veröffentlichte Buchtitel finden immer wieder zu diesen Begriffen zurück, deren Kombinationsmöglichkeiten mittlerweile restlos ausgeschöpft sind.

In türkischsprachigen Publikationen wird man dagegen vergeblich nach Begriffen wie »Kreuz« und »Halbmond« suchen. Türkische Autoren sind in dieser Hinsicht weniger befangen. Der lange Krieg in Südosteuropa wurde und wird auf türkischer Seite als natürliche Begleiterscheinung einer erfolgreichen Expansionsbewegung verstanden. In der türkischen Geschichtswissenschaft und Öffentlichkeit finden wir seit einigen Jahrzehnten – bestärkt auch durch die Kriege in Jugoslawien in den 1990er Jahren – die tiefe Überzeugung, dass die osmanische Präsenz in Südosteuropa eher segensbringend als verhängnisvoll war.

Sucht man jedoch in türkischsprachigen Veröffentlichungen nach Wörten wie *istiklal savaşı* (»Unabhängigkeitskrieg«) oder *milli mücadele* (»nationaler Kampf«), so wird man tausendfach fündig. Will man nach den »türkischen Türkenkriegen« suchen, also den in der kollektiven türkischen Erinnerung entscheidenden und wirkungsmächtigen Kriegen, so ist es der lange türkische Krieg von 1912 bis 1922, in dem sich die beiden großen Linien der türkischen Geschichte, die Geschichte des Osmanischen Reiches und die Geburt der Republik Türkei verschränken.

In der historischen Erinnerung der türkischen Republik steht auf der einen Seite die traditionelle Toleranz des Osmanischen Reiches, das zum Beispiel die Juden aus Spanien willkommen heißt. Für das Osmanische Reich wird in Anspruch genommen, ein Großreich gewesen zu sein – mit all den anfallenden Verdiensten und Ansprüchen, wie etwa der Schutzfunktion für Nicht-Muslime. Der konservative und nationalistische Teil der türkischen Geschichtswissenschaft ist nach wie vor davon überzeugt, dass die Osmanen wegen ihrer zu großen Nachgiebigkeit und Toleranz eine nachhaltige Turkifizierung und Islamisierung der südosteuropäischen Gebiete versäumt und so deren späteren Abfall erst möglich gemacht hätten. Das Osmanische Reich ist demnach durch den europäischen Imperialismus und Nationalismus zerstört worden, aber auch an seiner eigenen Liberalität zugrunde gegangen.

Nähert man sich den Jahren 1912-1922, tritt das Osmanische Reich immer mehr in den Hintergrund: Stattdessen sehen wir nun das Bild einer vom europäischen Imperialismus bedrängten und zuletzt nahezu in die Knie gezwungenen türkischen Nation vor uns, die sich nur unter äußersten Mühen ihre nationale Selbstbestimmung erkämpfen kann. Die Türkei reiht sich damit in die vorderste Linie der Länder ein, die dem Kolonialismus siegreich widerstanden hätten.

In den Jahren 1912-1922 ist der Schlüssel zum historischen Selbstverständnis der heutigen Türkei enthalten. Das späte Osmanische Reich wird – eigentlich sich widersprechend – als eine Art »antikoloniales Imperium« gesehen, also als imperiales Reich und zugleich als ein vom europäischen Imperialismus umstellter Nationalstaat. Die Türken hätten also doppelt Opfer werden können: Als Träger eines imperialen Reiches, das an seiner Groß- und Langmütigkeit zugrunde gegangen ist, und als eine Nation, die in einem anfangs hoffnungslos erscheinenden Kampf gegen die übermächtigen imperialistischen Großmächte zu unterliegen drohte. Nur in einem heroischen Akt sei es der türkischen Nation gelungen, ihren eigenen Nationalstaat zu verteidigen und sich internationale Anerkennung zu verschaffen.

Diese Art der argumentativen Vorwärtsverteidigung, die historisch Zutreffendes in einen verzerrten Zusammenhang stellt, prägt bis heute das kollektive Gedächtnis der Türkei. So sind manche türkische Historiker nicht bereit anzuerkennen, dass das Osmanische Reich auf dem Höhepunkt seiner Macht wohl in einer anderen Tonart, aber doch auf der gleichen Klaviatur der Macht spielte wie die europäischen Großmächte des 19. Jahrhunderts.

Halil İnalcik (geboren 1916), der derzeit bekannteste türkische Historiker, führt aus, das Osmanische Reich habe eine pragmatische Politik verfolgt, währenddessen sich die europäische Seite immer von Religion und Ideologie habe leiten lassen. Den unbedingten Vorrang des osmanischen Sultans vor all seinen Sklaven und Untertanen sieht İnalcık in der Gefahr der Kreuzzüge begründet, der größten Herausforderung und Bedrohung, derer die Osmanen mit einem liberaleren Herrschaftssystem nicht hätten Herr werden können. So befremdlich solche Ausführungen klingen mögen, sie finden sich bei vielen anderen – unter verkehrten Vorzeichen. So beseelt der Kreuzzugsgedanke etwa den Historiker Ephraim Karsh von der Universität London. In seinem Buch *Islamic Imperialism* (2006), immerhin im Verlag der Universität Yale erschienen, stellt Karsh die dreiste Behauptung auf, die islamische Welt sei über 1300 Jahre von einem ihr eigenen Imperialismus beseelt gewesen, begründet von Muhammad und mit dem Untergang des Osmanischen Reiches erstmals erloschen.

Mit der Gründung der Republik Türkei wurde von der kemalistischen Führung des Landes – gegen jede historische Wirklichkeit, aber mit gutem politischen Instinkt – Anatolien zum Heimatland der Türken erkoren. In den ersten Jahrzehnten des neu gegründeten türkischen Nationalstaats wurde das Osmanische Reich als ein misslungenes *ancien régime* geradewegs abgelehnt. Zwischen Türken und Nicht-Türken (vor allem Arabern) habe das Missverständnis einer angeblichen Interessengemeinschaft existiert, unter dem vor allem die Türken zu leiden gehabt hätten. Die kemalistische Ideologie der Republikzeit wurde kurzerhand der osmanischen Geschichte übergestülpt und argumentiert, das Osmanische Reich hätte besser seine Energien Anatolien widmen sollen, anstatt sich als unbeholfener Imperialist zu betätigen. Der Atatürk nahestehende Publizist Falih Rıfkı Atay fasst den Gedanken in den 1930er Jahren in die folgenden Worte: »Die Kunst der Imperien ist es, Kolonien und Völker arbeiten zu lassen. Das Osmanische Reich aber, von Thrakien bis nach Erzurum, hat seinen riesigen Körper auf die Seite gelegt und den Kolonien und Völkern die Brust gegeben, bis schließlich seine Milch mit seinem Blut vermischt getrunken wurde.« In diesem Sinne ließ sich sogar der Verlust der europäischen Besitzungen in den Balkankriegen als eine Befreiung empfinden.

So sehr in den ersten Jahrzehnten der Türkischen Republik die Geschichte der Türken in osmanischer Zeit ver- und weggedrängt wurde, so ist sie doch bis heute von größter Bedeutung. Die Ereignisse auf dem Balkan im 19. und 20. Jahrhundert sind prägend für das politische Bewusstsein der heutigen Türkei. Man vermutet, dass jeweils vor und nach dem Ersten Weltkrieg eineinhalb Millionen, insgesamt also drei Millionen Türken und Muslime Südosteuropa in Richtung Türkei verlassen haben. Die Zahl der Nachkommen der Emigranten aus Südosteuropa könnte sich damit heute auf 15 bis 20 Millionen Menschen belaufen – also etwa ein Viertel der heutigen türkischen Bevölkerung. Jedenfalls zeigte die türkische Öffentlichkeit eine weitaus größere emotionale Beteiligung am Jugoslawien-Krieg als etwa am Libanon-Krieg in den 1970er und 1980er Jahren.

Vor einigen Kapiteln wurde das *Bonmot* von Maria Todorova erwähnt, dass nicht die Osmanen ein Erbe auf dem Balkan seien, sondern dass der Balkan ein Erbe der Osmanen sei. Man sollte die ergänzende Überlegung anstellen, ob nicht die heutige türkische Republik wiederum selbst ein Erbe des Balkans ist. Durch die Jahrhunderte hindurch wurde die politische und militärische Elite des Reiches weitestgehend aus dem Balkan rekrutiert, man denke nur an die Institution der Knabenlese, die niemals unter den zahlreichen Christen des Nahen Ostens durchgeführt wurde. Noch viel mehr gilt diese »Balkanlastigkeit« des Osmanenreiches für die Jungtürken im letzten Jahrzehnt des Osmanischen Reiches und die Führungsriege der jungen Republik Türkei. Nahezu alle waren Teil der muslimisch-türkischen Bevölkerung Südosteuropas, am bekanntesten unter ihnen der in Saloniki geborene und aufgewachsene Mustafa Kemal.

Die Art und Weise, wie sich im 19. Jahrhundert in Südosteuropa die Nationalstaaten begründeten, war für die türkische Elite des frühen 20. Jahrhunderts Trauma und Lehrbuch zugleich. Die Radikalisierung der türkischen Politik in den Jahren seit 1912 liegt in der Erfahrung eines existentiellen Verlustes begründet. Den Verlust ihrer Heimat in Saloniki, Manastir oder Skopje beantworteten die Jungtürken und die Männer um Mustafa Kemal mit dem Entschluss, sich um so energischer nun eine eigene Nation in Kleinasien zu schaffen. Allgegenwärtig geblieben ist in der türkischen Politik das Trauma des Staatszerfalls, ein Erbe der Erfahrung in spätosmanischer Zeit.

Die merkwürdige Mischung in der Rhetorik von Politik und Medien in der Türkei, sich zugleich als Opfer und als Helden zu sehen, ist vielen Nationalstaaten eigentümlich. Es ändert aber nichts daran, dass diese Selbstsicht in der Türkei besonders ausgeprägt ist und dass sie immer wieder das Verhältnis zu Europa kurzfristig belasten kann – ebenso wie die Türkenfurcht (»Die Türken stehen vor den Toren von Brüssel!«) jederzeit in Mitteleuropa aufleben kann.

Eine der größten Schwierigkeiten im Verhältnis zwischen Europa und der Türkei ist, dem doppelten »Türkenkriegskomplex« zu entkommen, diesem ideologischen Knoten, für den die jeweils andere Seite wenig Verständnis aufbringen kann. Dass etwa Großbritannien mit der Beitrittsfrage der Europäischen Union unbefangen und pragmatisch umgehen kann, mag nicht nur an einem anders gelagerten Interesse der Briten – der Beitritt der Türkei zur Europäischen Union würde die Vertiefung der europäischen Institution eher bremsen – liegen, sondern auch an ihrer von der »Türkenfurcht« weniger belasteten kollektiven Erinnerung. (Für die Ablehnung, die einem EU-Beitritt der Türkei in Frankreich entgegengebracht wird, müsste man allerdings nach anderen Gründen suchen.)

Die Erfahrungen, die die Türkei und Europa ab den 1920er Jahren miteinander gemacht haben, zeigen einerseits, wie wirksam die Türkenkriegskomplexe auf beiden Seiten bis heute noch sind, dass aber doch gänzlich neue Wege beschritten wurden.

II Die Türkische Republik und Europa

6 Die Gründung der Republik Türkei unter Mustafa Kemal

Mit der Proklamation der Republik am 29. Oktober 1923 begann mit den Worten von Klaus-Detlev Grothusen »zum zweiten Mal nach dem 29. Mai 1453 ein Kapitel der großen Geschichte der ‚Türkei in Europa'.« Im Gegensatz zu vorangehenden Versuchen der Europäisierung im 19. Jahrhundert, die immer auch auf eine Modernisierung des Bestehenden abzielten, verfolgte Kemal weitgehend eine Politik der *tabula rasa*, des radikalen Bruchs mit der Vergangenheit. Alles, Staat und Gesellschaft, sollten grundlegend neu geschaffen werden. Vorbild dafür waren die europäische »Zivilisation« jener Tage und die national-staatszentrierte europäische politische Ideologie des ausgehenden 19. Jahrhunderts.

Die kemalistische Reformpolitik war jedoch nicht ohne Voraussetzungen. Sie sind in ihrer Vorgeschichte zu finden. Insbesondere die jungtürkische Herrschaft ab 1908 und die ihr zugrunde liegenden politischen Ideen haben Kemal und seine politische Weltsicht – und damit auch sein politisches Wirken als »Vater« der modernen Republik Türkei – entscheidend geprägt. Dasselbe gilt für die große Mehrheit seiner wichtigsten Mitstreiter. Damit sind aber auch, gewollt oder ungewollt, die in den vorangehenden Kapitel aufgezeigten Traditionslinien osmanischer Modernisierungspolitik seit dem ausgehenden 18. Jahrhundert in das Projekt der Republik Türkei eingeflossen. Europa wurde zum umfassenden Vorbild, zumindest aber zum geistigen Anreger, für einen großen Teil der kulturellen, aber auch der politischen und militärischen Eliten des Osmanischen Reiches. Die breite Masse der anatolischen Bevölkerung blieb jedoch außen vor.

6.1 Ideologische Vorläufer

Als jungtürkische Bewegung werden all jene Gruppen zusammengefasst, die entweder im europäischen Exil oder in den verschiedenen Teilen des Osmanischen Reiches in Opposition zur autokratischen Herrschaft Abdülhamids II. standen. Sie setzten sich vor allem für die Wiedereinführung der seit 1878 ausgesetzten Verfassung ein. Daneben wurden sie vom Streben nach modernisierenden Reformen für die Institutionen des Reiches und der türkischen Gesellschaft angetrieben.

Vor allem im europäischen Exil bildeten sich die Gruppen – einer Mode der Zeit entsprechend – häufig um politische und kulturelle Zeitschriften. Das entsprach auch dem gesellschaftlichen Hintergrund der Oppositionsgruppen, die sich aus Angehörigen freier Berufe, Journalisten, Akademikern und zum Teil in Ungnade gefallenen Politikern sowie zum Hof in Opposition stehenden Kreisen der Istanbuler Oberschicht zusammensetzten. Im Reich kamen zu diesen Personengruppen noch, häufig in Geheimgesellschaften organisiert, Vertreter des mittelständischen Bürgertums in den anatolischen Zentren und vor allem Angehörige der Streitkräfte hinzu. Diese Offiziere durchliefen eine fast lupenreine »säkulare« Ausbildung. Sie bildeten das Rückgrat der jungtürkischen Herrschaft und den Kern der Herrschaftselite in der kemalistischen Republik.

Doch waren die Jungtürken keineswegs eine einheitliche, gut organisierte politische Bewegung. Zwar wurde auf den Kongressen von 1902 und 1907 in Paris der Versuch unternommen, die verschiedenen Gruppierungen und Flügel zu einen, doch erwiesen sich die ideologischen Differenzen und die persönlichen Eitelkeiten bestimmter Führungspersonen als zu stark, um eine wirklich schlagkräftige geschlossene Organisation entstehen zu lassen. Im politischen Geschehen zu Anfang des 20. Jahrhunderts wurden die Flügel und ihre Vertreter deshalb oft zu politischen Gegnern im Kampf um die politische Vorherrschaft in der Auseinandersetzung mit Abdülhamid und nach seiner Entmachtung 1908 im Kampf um die politische Macht bei der Durchsetzung der verfassungsgestützten Reformpolitik.

Allen gemeinsam war, mit wenigen Ausnahmen, das Festhalten am Osmanischen Reich auf konstitutioneller Grundlage als einigende politische Organisationsform für alle seine Bürger. Damit wurde auch die oberste politische und religiöse Repräsentationsfigur des Reiches, der Sultan-Kalif, nicht angetastet. Ebenfalls gemeinsam war die Betonung von Erziehung und Bildung als Medium für umfassende Reformen, mit denen die nicht zu bestreitende Überlegenheit des Westens (Europas) wettgemacht werden sollte. Die Ideen über die konkreten Inhalte der für notwendig erachteten politischen und gesellschaftlichen Reformen liefen jedoch ziemlich weit auseinander. Das war letztlich eine Folge der Antwort auf die Frage nach der Identität des reformierten osmanischen Staates, nach jenen Elementen, die diesem Staat die Loyalität seiner Untertanen sichern sollten.

Zum einen gab es den »liberalen« oder westorientierten Flügel, der stark vom individuell-liberalistischen Ideengut konstitutioneller Monarchie nach britischem Vorbild beeinflusst war. In Opposition dazu existierten Personen und Gruppierungen, die die Erneuerung des Reiches auf der Grundlage eines »reformierten« Islam angehen wollten, was konkret auf eine stärkere Islamisierung in Anlehnung an »klassische« Perioden islamischer Herrschaft abzielte. Die Auseinandersetzung zwischen Liberalen und Islamisten schuf den Raum für die dritte Strömung, die in ihren Vorstellungen deutlich von den Ideologien der europäischen Nationalbewegungen des 19. Jahrhunderts beeinflusst wurde. Diese »türkischen Nationalisten« hielten zwar zunächst auch an der alle Bürger überwölbenden Reichsidee fest, mussten aber unter dem Einfluss der Ereignisse zu Anfang des 20. Jahrhunderts – insbesondere dem national inspirierten Separatismus der europäischen und, nach 1914, auch der muslimischen Teile des Reiches – ihre Hoffnung auf die Entwicklung einer »osmanischen Nation« begraben. Immer stärker rückte die türkische Nation als Träger der Herrschaft im Reich in den Mittelpunkt. Sie sollte nach der Niederlage von 1918 zum Kristallisationspunkt der kemalistischen Revolution werden. Politischer Kern der »türkischen Nationalisten« war das Komitee für Einheit und Fortschritt, das Ende des 19. Jahrhunderts in Istanbul als politische Geheimgesellschaft entstand und in der zweiten konstitutionellen Phase spätestens ab 1912 die Macht im Reich erringen konnte.

Für die Liberalen lag die Überwindung der Schwäche des Reiches in einer Reform der osmanischen Gesellschaft von einer nach kollektivistischen Ideen organisierten Körperschaft in eine Gesellschaft mit einer individualistischen Ordnung in Orientierung an soziologischen Gesetzmäßigkeiten. Folgerichtig bestand ihr politisches Programm aus einer Strukturreform, die bis auf die lokale Ebene autonome Entscheidungszentren schaffen sollte (Dezentralisierung) und aus einem Erziehungsprogramm, aus dem selbstständig handelnde, mündige Individuen als Bürger des Reiches hervorgehen sollten. Beides sollte letztlich eine neue osmanische Gesellschaft entstehen lassen, in der der Einzelne in die Lage versetzt wurde, sein Geschick aus eigener Kraft zu gestalten – ein Programm, das angesichts der sozialen Realität im Reich einer utopischen Revolution gleich kam.

Doch darum ging es wohl auch. Ziel sollte eine nach westlichen Vorbildern auf Aufklärung, Wissenschaft sowie politische und wirtschaftliche Freiheit gegründete osmanische Gesellschaft sein. Diese war nur gegen die rückständigen, primär durch Religion und Unwissen geprägten Verhältnisse unter der hamidischen Herrschaft durchzusetzen. Es gab keine Kompromisse, wie ein führender intellektueller Vertreter der Liberalen Abdullah Cevdet, erklärte: »Wir müssen eines verstehen – es gibt nicht zwei Zivilisationen (eine islamische und eine westliche; H.K.), es gibt nur eine, an die wir uns halten müssen und das ist die westliche Zivilisation, die wir mit ihren Rosen und Dornen annehmen müssen.«

Die Liberalen traten zwar für einen dezentralisierten Staat und eine am Gedanken der Individualität orientierte Erziehung ein; sie verfochten im wirtschaftlichen Bereich einen weitgehenden *laissez-faire* Kapitalismus, doch sie hielten an der religiösen Grundlage des Staates fest. Diese war seit 1876 in der Verfassung verankert und um deren Wiederherstellung ging es den Jungtürken ja. An Sultanat und Kalifat sollte folglich nicht gerüttelt werden. Doch vertraten sie moderne Positionen zur zeitgemäßen Reform des Islam. Die Religion sollte sich von der Betonung des Jenseits und seiner Verheißungen lösen und sich der wirklichen Welt und ihren Bedürfnissen zuwenden. So stellten die Liberalen zwar die religiösen Institutionen nicht in Frage, doch wollten sie ihnen radikal neue Inhalte geben, die im Kern stark säkularisierende Züge aufwiesen.

Die Reformprogrammatik der Liberalen war insgesamt durch eine, von ihnen so natürlich nicht wahrgenommene Widersprüchlichkeit gekennzeichnet: Die Inhalte ihrer Reformkonzepte für die verschiedenen Bereiche von Staat und Gesellschaft zielten logisch auf eine Säkularisierung des Systems und eine Überwindung seiner religiösen Fundierungen. Doch schreckten sie vor diesem letzten Schritt sowohl theoretisch wie praktisch zurück, da sie die dem osmanischen System inhärenten Grenzen jedenfalls nicht offen in Frage stellten: Sultanat und Kalifat und die Position der geistlichen Führung wurden nicht angetastet. Die Frage, wie ihre radikal individualistischen Ideen mit einem letztlich auf kollektivistischen Gedanken basierendem System in Einklang zu bringen wären, stellte sich ihnen nicht.

Lag für die Liberalen das Heil des modernen Reiches in der unbedingten Westorientierung, so vertraten die Islamisten genau das Gegenteil. Zwar erkannten sie die unbestreitbare Unterlegenheit des islamisch geprägten Osmanischen Reiches gegenüber dem Westen (Europa), doch lag für sie der Grund dafür nicht im Wirken des Islam, sondern in der ungenügenden Beachtung des Islam bei der Gestaltung von Staat und Gesellschaft. Die Problemlösung war also nicht weniger, sondern mehr Islam. Das wurde auch deshalb für richtig erachtet, weil die Überlegenheit des Westens als ein Oberflächenphänomen angesehen wurde: Wissenschaft und technischer Fortschritt hatten nichts mit kulturellen, gesellschaftlichen oder religiösen Entwicklungen zu tun. In diesen Bereichen wurde der Islam für überlegen gehalten. Zum einen kannte er als »rationale Religion« wesensmäßig keinen Widerspruch zwischen Religion und Wissenschaft, wie er als für das westliche Wissenschaftsverständnis typisch angesehen wurde. Letztlich wurde von den Islamisten die Säkularisierung des Westens für dessen gesellschaftliche Probleme verantwortlich gemacht, die in einem islamischen Staat unbedingt zu vermeiden sei, wenn dieser sich behaupten wolle.

Die Islamisten akzeptierten die Wiederherstellung der verfassungsmäßigen Ordnung, doch interpretierten sie das neue System als Ausdruck des in der Scharia angelegten Gedankens der »Beratung«. Damit einher ging aber die strikte Ablehnung jeglicher Idee von Gewaltenteilung oder parlamentarischer Regierung. Dem Parlament konnte keine echte gesetzgeberische Funktion zukommen, da die Gesetze bereits im Körper der Religion verankert waren. Gesetzgebung konnte sich somit lediglich noch mit »Ausführungsbestimmungen« für die Scharia beschäftigen. Sie rechtfertigten diese Haltung mit dem Hinweis, dass der Islam in der Verfassung als Religion des Staates verankert war.

Allerdings gab es unter ihnen bei aller Übereinstimmung im Grundsätzlichen, d.h. der vollen Umsetzung der Scharia im neuen System, auch unterschiedliche Akzente. So vertraten einige islamistische Intellektuelle, nicht zuletzt unter dem Eindruck der andauernden verheerenden Niederlagen gegen die Europäer, die Ansicht, dass es möglich und unbedingt notwendig sei, nach japanischem Vorbild Wissenschaft und Technik vom Westen zu übernehmen, ohne dabei sich auch dessen Kultur anzueignen. Bei aller intellektuellen Trennung von Wissenschaft und Technik auf der einen und Religion auf der anderen Seite herrschte bei vielen Islamisten aber doch die Sorge, dass über die Aneignung von westlicher Wissenschaft und Technik auch die eigenen Sitten gefährdet werden könnten und darüber dann auch religiöse Grundlagen in Gefahr gerieten. Der Verlust der Religion als Begleiterscheinung von Westernisierung war das große Menetekel für die Islamisten. Folglich sollte auch unter dem neuen System das Erziehungswesen zwar moderne Wissenschaft und Technik unterrichten, doch sollten vor allem die religiösen Grundlagen der eigenen Kultur in der Erziehung vermittelt werden.

Im Bereich der Wirtschaft, in dem das Osmanische Reich besonders unter der westlichen (europäischen) Vormacht litt, wurde auch von den Islamisten die Notwendigkeit von Änderungen anerkannt. Ohne wirtschaftliche Selbstständigkeit war auch keine politisch-gesellschaftliche Eigenständigkeit eines islamisch geprägten Staates möglich. Doch auch hier vertraten die Islamisten die Ansicht, dass die Besserung der Verhältnisse durch die Besinnung auf den Islam vonstatten gehen könne und müsse. Alle notwendigen Ingredienzien für erfolgreiches wirtschaftliches Verhalten seien nämlich in der Scharia und im Hadith angelegt. Fleiss, Arbeitseifer, Gewinnstreben und ökonomischer Wohlstand seien feste Bestandteile islamischen

Wirtschaftens, wirtschaftlicher Erfolg und Religion keine Gegensätze, wie die Liberalen behaupteten.

Der Islam sei in diesen Dingen dem westlichen Kapitalismus insofern sogar überlegen, als er keine Klassengegensätze kenne, sondern eine natürliche Ordnung der Gesellschaft propagiere, in der es kein Oben und Unten gebe. Die Interessen jeden Individuums würden in einer sozialen Hierarchie gewahrt, die den Wohlstand für alle garantiere. Im Mittelpunkt der wirtschaftlichen Überlegungen der Islamisten standen dabei mittelständische Händler und Handwerker, nicht aber Landbevölkerung und Fabrikanten. Ihre wirtschaftlichen Konzepte lagen damit trotz aller Bekenntnisse zu technischem Fortschritt und Wissenschaften deutlich neben den erkennbaren Wirtschaftstrends des beginnenden 20. Jahrhunderts.

Auch die Führung des Komitees für Einheit und Fortschritt als Hauptvertreter des türkischen Nationalismus verfolgte zunächst den Gedanken eines durch Westernisierung reformierten osmanischen Staates auf der Grundlage der Einheit seiner verschiedenen Völker. Neben dieser europäischen Wurzel gab es im Denken der türkischen Nationalisten auch pan-türkische Einflüsse. Diese ideologische Strömung kam vor allem durch muslimische russische Emigranten ins Reich, die sich durch den Druck pan-slawischer Bewegungen in ihrer türkischen Identität bedroht sahen. Ihre Ideen wurden dann teilweise von Ziya Gökalp aufgegriffen, der sich zu einem der «Vordenker« des türkischen Nationalgedankens entwickelte. Allerdings lehnte er den ethnischen »Purismus« der pan-türkischen Ideen ebenso ab wie den betonten Individualismus der Liberalen oder die Hervorhebung des religiösen Elements bei den Islamisten. Für ihn waren dies zwar alles auch Elemente einer Nation, doch wurde diese letztlich durch die »nationalen Ideale« konstituiert, das heißt die letzten Ziele, nach deren Erreichung sie strebte.

In Anlehnung an Emile Durkheim und Ferdinand Tönnies unterschied Gökalp ferner zwischen »Zivilisation« als der international vorherrschenden zeitgenössischen Technik und Wissenschaft und »Kultur« als der Wertegrundlage einer räumlich und ethnisch begrenzten Gemeinschaft. Auf dieser Basis entwickelte er ein Konzept für ein modernes Reich, in dem europäische Technologie und Wissenschaft mit türkischer Tradition, einschließlich ihrer religiösen Grundlagen, koexistieren sollte. Um als moderne Nation existieren zu können, war beides notwendig, Zivilisation und nationale Kultur, denn die als überlegen anerkannte europäische Zivilisation war als eine internationale Gemeinschaft moderner Nationen zu verstehen, die sich durch ihre nationalen Kulturen von einander unterschieden. Da unter den Bedingungen der Zeit, der osmanische Staat nur in Gestalt der türkischen Nation fortexistieren konnte, kam es darauf an, im Zuge der Modernisierung nach europäischen Vorbildern die nationale türkische Kultur zu bewahren oder zu identifizieren, wozu auch das Element der islamischen Religion gehörte.

Das Ideal der türkischen Kultur wurde zum ideellen Zentrum der politischen Reformbemühungen der türkischen Nationalisten. Die Übernahme westlicher Zivilisation und die Rolle der islamischen Religion bekamen in diesem Kontext einen vorwiegend instrumentalen Charakter. In dieser Sicht war es dann auch möglich, Religion und Staat zu trennen. Dazu musste das Verständnis von Religion allerdings neu gefasst werden. Der Islam sollte nicht länger als ein allumfassendes ideologisches System, mit dem Glaube, Moral, Sitten und Handeln geregelt werden, verstanden werden, sondern auf seinen religiösen Kern zurückgeführt werden, zu dem Angelegenheiten des Glaubens, der Moral und des Gewissens gehörten. Wirtschaftliche, strafrechtliche, verfassungsmäßige oder zivilrechtliche Angelegenheiten dagegen waren Elemente staatlichen, d.h. säkularen Handelns. Sittengesetz und Alltagsgesetz waren zu trennen; für das erste war die Religion zuständig, für letzteres der Staat.

Die Betonung der türkischen Kultur spiegelte sich auch in den Überlegungen zu den Grundlagen des Erziehungswesens. Für Gökalp ging es weder ausschließlich um die Vermittlung westlicher (europäischer) Zivilisationstechniken noch um die Vermittlung islamischer Glaubensinhalte, sondern in erster Linie um die Vermittlung der türkischen nationalen Kultur als Grundlage einer zeitgemäßen Erziehung. Auf dieser Basis konnte der türkische Staat daran gehen, seine Stellung in der modernen Zivilisation der Nationalstaaten zu erringen, was dem Osmanischen Reich aufgrund seiner unzeitgemäßen ideologischen Basis nicht länger möglich war.

Schon im Denken Gökalps war die bis auf den heutigen Tag vorfindbare Ambivalenz der türkischen Westernisierung in Zeiten der Republik Türkei angelegt: Übernahme westlicher zivilisatorischer Errungenschaften bei gleichzeitiger Bewahrung der türkischen nationalen kulturellen Eigenarten – Annäherung und Ablehnung in einem Zug. Sie wurde durch die politischen Erfahrungen der türkischen Elite mit Europa im und nach dem Ersten Weltkrieg gestärkt und im Folgenden zu einem grundlegenden Charakter der türkischen West-(Europa)politik.

Die im Komitee für Einheit und Fortschritt versammelte jungtürkische Führung, die das Geschick des Osmanischen Reiches bis zum Ende des Ersten Weltkriegs bestimmte, war entsprechend ihrer überwiegenden Herkunft aus dem jüngeren Offizierskorps und dem mittleren Beamtenstand allerdings weniger an »reiner« Ideologie interessiert, sondern viel mehr an einer pragmatischen Mischung von eher vage gehaltenen Grundsätzen zur Rechtfertigung ihrer politischen Handlungen. Dieser Mix bestand im Wesentlichen aus nationalistischen Gedanken, wissenschaftlich-technokratischem Positivismus, einem Glauben an die Macht der Erziehung als probates Mittel zur »Verbesserung« des Volkes, der zentralen Rolle des Staates in diesem Prozess und in der Überzeugung von der Notwendigkeit eines »Fortschrittsaktivismus« zur Verwirklichung der Modernisierung. Religion spielte in diesem Zusammenhang keine besondere Rolle.

Auf dieser Grundlage nahmen die Regierungen unter der Herrschaft des Komitees eine Reihe von politischen und gesellschaftlichen Reformen in Angriff, deren Folgen deutlich in die Zeit der Republik nach dem Ersten Weltkrieg ausstrahlen sollten, wenngleich die Reformschritte selbst unter der Wirkung der Kriegsereignisse nach 1914 oft nur von begrenzter Dauer waren.

Die herausragende politische Reform war die Durchsetzung des parlamentarischen Systems gegen den Hof und gegen die Geistlichkeit. Alle wichtigen politischen Entscheidungen wurden jetzt vom Parlament getroffen oder von seiner Zustimmung abhängig gemacht. Das galt sowohl für die Gesetzgebung wie für die Besetzung der Kabinette und die Ministerverantwortlichkeit. Verbunden damit wurde auch eine umfassende, zentralstaatlich orientierte Verwaltungsreform in Gang gesetzt, deren Ergebnisse zum Teil bis heute für die Verwaltung der Republik maßgeblich sind.

Daneben ging es um die Säkularisierung des Staatswesens, indem die umfassende Rolle des Scheichülislam, des obersten Würdenträgers der osmanischen Verwaltung, der das Religions-, Rechts- und Erziehungswesen leitete, beschnitten wurde. Dieser ging 1916 seines Sitzes im Kabinett verlustig, und schon im vorangehenden Jahr wurden die religiösen Gerichte der Aufsicht des Justizministeriums unterstellt. Außerdem wurde die Verwaltung der religiösen Stiftungen reorganisiert und zu einem Teil der staatlichen Verwaltung unterstellt. Ein Staatsministerium für die Stiftungen wurde geschaffen, dem auch die Finanzhoheit über alle religiösen Institutionen wie Moscheen, *medresen* usw. übertragen wurde. Schließlich wurde die *medresen*-Ausbildung selbst reformiert, indem moderne Naturwissenschaften Unterrichtsfächer wurden und das System der *medresen* neu organisiert und dem staatlichen Erziehungsminsterium unterstellt wurde.

1917 wurde erstmalig ein umfassendes Familienrecht eingeführt. Dieses stellte die Formen der Eheschließung für die drei großen Religionen gleichberechtigt auf eine Stufe und führte daneben einen zivilrechtlichen Status für das Schließen und für die Auflösung der Ehe ein. Diese Profanisierung stieß im islamistischen Lager ebenso auf Widerstand wie bei den Vertretern der christlichen Religionen in Istanbul.

Das Erziehungswesen wurde generell profanisiert. Das Erziehungsministerium erhielt die Zuständigkeit für das gesamte Schulwesen, einschließlich der bis dato stark religiös orientierten Grundschulen. »Moderne« pädagogische Ansätze hielten Einzug in den Unterricht. Die Lehrpläne im Sekundar- und Hochschulbereich wurden um Fächer wie Geschichte, Literatur und Philosophie ergänzt, entsprechende Lehrstühle an der reformierten *Darülfünun*, der führenden Hochschule des Reiches, in Istanbul geschaffen.

Von vergleichbarer Bedeutung wie die Bildungsreformen waren die Versuche der Regierungen des Komitees, eine nationale türkische Wirtschaft zu schaffen. Dahinter stand die in Kreisen des Komitees wie auch bei den Liberalen verbreitete Erkenntnis, dass ohne eine eigenständige wirtschaftliche Grundlage eine dauerhafte politische und gesellschaftliche Reform nicht zu erreichen wäre. Nach einer anfänglichen Phase eher liberaler wirtschaftspolitischer Ansätze nach 1908 kam es ab 1913 zu einer deutlich nationalen Orientierung. Basis der nationalen Wirtschaft sollte ein türkischer Mittelstand als Träger der wirtschaftlichen Entwicklung sein. Insbesondere während der Kriegsjahre entstand die Möglichkeit, aber auch eine Notwendigkeit, die nationale Wirtschaftskraft zu fördern. Die Kapitulationen wurden für beendet erklärt, die Schuldenverwaltung wurde nicht mehr bedient. In Industrie und Landwirtschaft wurde die Idee einer nationalen Wirtschaftsordnung propagiert und protektionistische Maßnahmen zur Förderung der benötigten nationalen Wirtschaftsbourgeoisie ergriffen. Damit einher ging in Istanbul und anderen großen Städten eine wachsende Verdrängung von griechischen und armenischen Unternehmen durch türkische. Mit zunehmender Verschlechterung der militärischen Lage und der durch den Krieg bewirkten rasant steigenden Inflation sowie dem militärisch bedingten Abzug der männlichen Arbeitskräfte aus Industrie und Landwirtschaft geriet die Wirtschaft des Reiches in immer größere Schwierigkeiten. Das Konzept der nationalen Wirtschaft war infolge des militärisch-politischen Niedergangs zu Ende, bevor es überhaupt in die Kinderschuhe hineingewachsen war.

Dieses Fazit gilt für die Mehrzahl der von den jungtürkischen Regierungen unter dem Einfluss des Komitees für Einheit und Fortschritt in die Wege geleiteten modernisierenden Reformen. Die Periode nach 1908 war ein »großes Laboratorium« für Ideen und Versuche, deren geistige und politische Wurzeln im Europa des 19. Jahrhunderts lagen und die zum Teil an frühere, ebenfalls an europäischen Vorbildern orientierte Modernisierungsanstrengungen im Osmanischen Reich anknüpften. Die großen politischen Trends der türkischen Entwicklung im 20. Jahrhundert wurden vorgezeichnet: der Kampf zwischen den Anhängern einer modernisierenden national-türkischen Ideologie (»Westernisierer«) und den Islamisten um die Dominanz bei der Gestaltung politisch-gesellschaftlicher Entwicklungen; die Durchdringung der staatlichen Institutionen und des Militärs durch die türkischen Nationalisten; das dadurch bewirkte Abdrängen traditionell-islamischer Kräfte in die gesellschaftliche und geografische Peripherie der Türkei; und die politische und gesellschaftliche Marginalisierung originär liberaler Ideen. Oder, wie Klaus Kreiser es formuliert: »Die ‚Generation von 1908' sollte den politischen und kulturellen Habitus der Republik weit über das Todesjahr Atatürks (1938) hinaus prägen.«

6.2 Von Sèvres zur Republik

Am 30. Oktober 1918 unterzeichnete Kriegsminister Hüseyin Rauf (Orbay) in Mudros den Waffenstillstand mit den Alliierten, der für das Osmanische Reich den Ersten Weltkrieg beendete und das Schicksal des Reiches besiegeln sollte. Er trat am nächsten Tag in Kraft. In der Folgezeit legten die osmanischen Truppen an allen Fronten die Waffen nieder, Istanbul und die Meerengen kamen unter alliierte, faktisch unter britische Kontrolle. Die deutschen Militärangehörigen und Zivilberater verließen das Reich, die Führung des Komitees für Einheit und Fortschritt floh auf einem deutschen Schiff nach Odessa und von dort nach Berlin.

Alliierte Truppen aus Frankreich, Italien und Großbritannien begannen jene Teile des Reiches, einschließlich Anatoliens, zu besetzen, die in den geheimen Absprachen während der Kriegszeit als für sie ausersehene Besatzungsgebiete festgelegt worden waren: Großbritannien besetzte Teile Mesopotamiens einschließlich des Vilayets Mosul sowie Teile Ost- und Südostanatoliens (Kars, Antep, Maraş und Urfa), Frankreich besetzte Kilikien bis Adana, Italien den Süden in der Region um Antalya, und im Westen sowie an der Schwarzmeerküste (Region Pontus) versuchte Griechenland, das zu Ende des Krieges sich offiziell mit den Alliierten verbündet hatte, Ansprüche auf die Verwirklichung der *megali idea* , der Wiederherstellung einer hellenisch dominierten Region rund um das Ägäische Meer, zu begründen.

Im Mai 1919 landete ein griechisches Invasionskorps mit alliierter Hilfe in Izmir und besetzte das Hinterland der Stadt. In den okkupierten Gebieten kam es verschiedentlich zu Ausschreitungen gegen die muslimische (türkische) Bevölkerung und zu einer politischen Bevorzugung von Angehörigen der Minderheiten durch die alliierten Besatzer, während die vor den Griechen in Richtung Zentralanatolien zurückweichenden osmanischen Truppen Gräueltaten an dort lebenden griechischen Angehörigen der Zivilbevölkerung verübten. Im Osten Anatoliens sollten

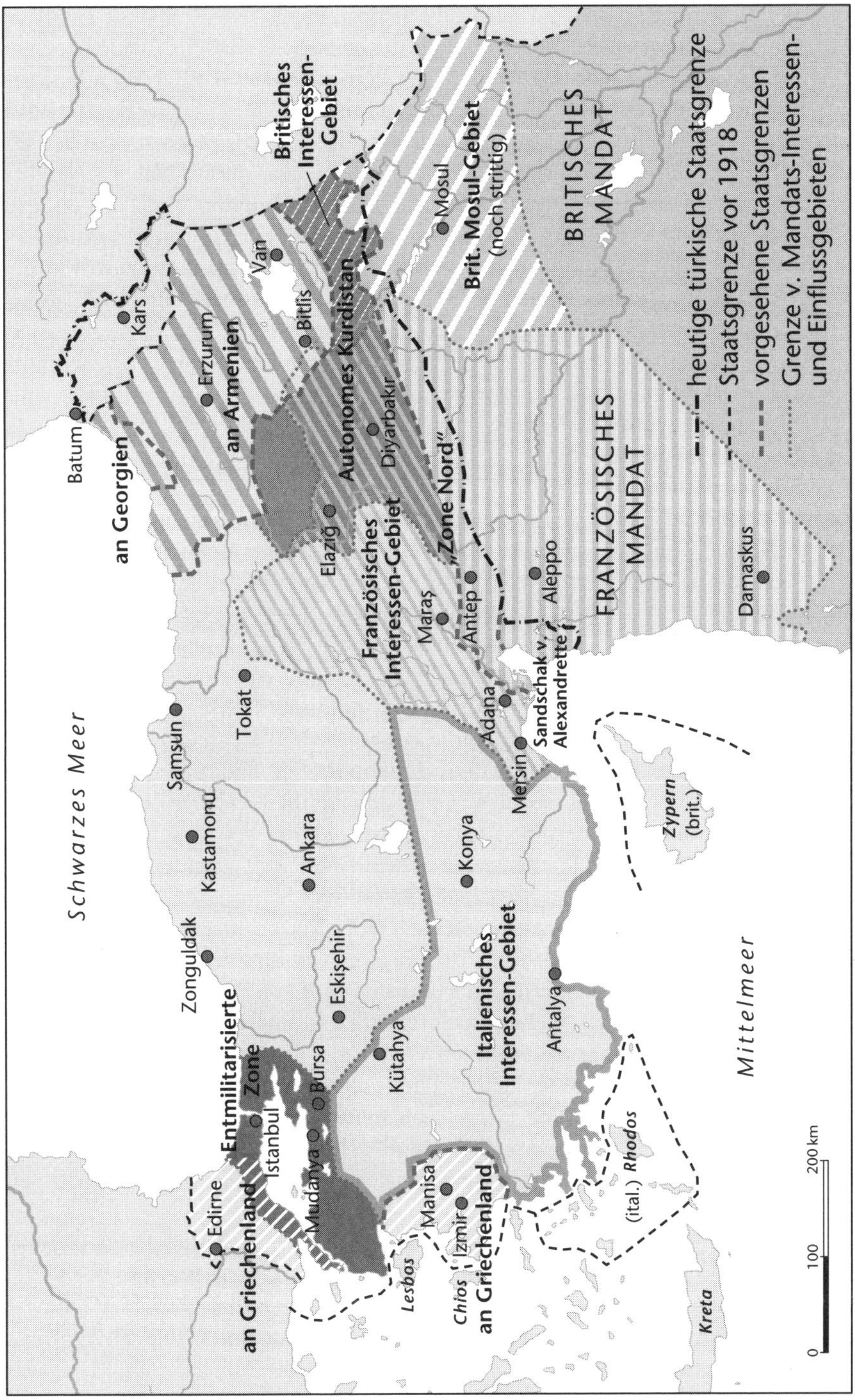

Karte 2: Der Aufteilungsplan von Sèvres 1920

Vorbereitungen getroffen werden, um die sechs armenischen Provinzen plus Kars, Ardahan und Batum einem zu schaffenden armenischen Staat einzuverleiben.

Diese Entwicklung wurde im Verlauf der Pariser Friedenskonferenzen bestätigt. Für die Entente-Mächte, vor allem Großbritannien und Frankreich (Russland war nach der Revolution von 1917 und der Errichtung des Sowjetsystems aus der Entente ausgeschieden), ging es vorrangig um die Aufteilung der im Nahen und Mittleren Osten eroberten Teile des Osmanischen Reichs. London und Paris einigten sich schließlich im Vertrag von San Remo darauf, dass Syrien unter französischen Einfluss kam, während Großbritannien Palästina als Mandatsgebiet übernahm und das Zweistromland, einschließlich der Ölprovinz Mosul, beherrschte. In Anatolien selbst gestaltete sich die Einigung schwieriger, weil zum einen mehr »Siegermächte« beteiligt waren und zum anderen Interessen der verschiedenen nichtmuslimischen Minderheiten eine Rolle spielten.

Die »Lösung« wurde im Vertrag von Sèvres vom August 1920 gefunden, dem die Istanbuler Regierung unter Sultan Mehmet VI. Vahideddin, der seinem 1918 verstorbenen Bruder Mehmet V. auf dem Thron gefolgt war, nach anfänglichem Zögern zustimmte. Doch sollte die Zustimmung der Istanbuler Regierung ohne Folgen bleiben, weil die politische Macht im Reich sich zunehmend auf die Führung des nationalen Widerstands in Anatolien verlagert hatte, den Mustafa Kemal mit Ankara als geografischem Zentrum organisierte. Der Vertrag von Sèvres wurde daher nie vom osmanischen Parlament ratifiziert, das zu der Zeit schon weitgehend von den Kräften des Widerstands kontrolliert wurde.

Der Vertrag selbst hätte die territoriale und politische Zerschlagung Anatoliens zur Folge gehabt. Es wäre mit Ausnahme des nördlichen Zentralanatoliens mit der Hauptstadt Istanbul unter verschiedene Ententestaaten und andere »europäische Kriegsgewinnler« aufgeteilt worden. Griechenland hätte Ostthrakien und Teile Westanatoliens um Izmir herum erhalten. Dem nach der bolschewistischen Revolution auf russischem Boden entstandenen armenischen Staat sollten größere Teile Ostanatoliens zugeschlagen werden. Den Kurden wurde im Osten ein Autonomiegebiet zugesprochen, aus dem eventuell nach einer Entscheidung des Völkerbundes ein eigener Staat entstehen konnte. Allerdings gab es hier deutliche Überschneidungen mit den den Armeniern und Franzosen in Aussicht gestellten Territorien, während die südkurdischen Gebiete im britisch kontrollierten Irak verbleiben sollten. Südanatolien und die vorgelagerten Dodekanes-Inseln sowie Teile des westanatolischen Hinterlandes sollten italienische Einflusszone werden, während Frankreich im Südosten Kilikien und Gebiete bis hinter Diyarbakır kontrollieren sollte. Das Gebiet um die Meerengen sollte entmilitarisiert und unter alliierte Aufsicht gestellt werden. Die über Jahrhunderte ungelöste »Orientalische Frage« hätte ein Ende ganz im Sinne der europäischen Mächte gefunden.

Aufgrund des seit Mitte 1919 in Anatolien gewachsenen nationalen Widerstandes und der Annäherung der Regierung in Ankara an das neue Regime in Moskau war es klar, dass eine Umsetzung dieses nicht zuletzt durch britisches Drängen zustande gekommenen europäischen Diktatfriedens nur durch den Einsatz militärischer Macht hätte erfolgen können. Zwar hatten die Alliierten im März 1920 Istanbul offiziell besetzt, um dem nationalen Widerstand die Unterstützung aus der Hauptstadt zu entziehen, doch fehlten ihnen der Wille und auch die militärischen

Möglichkeiten, das Innere Anatoliens zu besetzen. Insbesondere Großbritannien war daher das Angebot der griechischen Regierung unter Ministerpräsident Venizelos hoch willkommen, für die militärische Umsetzung des Vertrages von Sèvres zu sorgen. Mit der Stärkung der griechischen Stellung in Kleinasien hoffte London zudem, den wachsenden französischen und italienischen Einfluss im östlichen Mittelmeer begrenzen zu können. Die Griechen dehnten folglich im Sommer 1920 ihre bis dahin auf die Region Izmir beschränkte Besatzungszone auf weite Teile Westanatoliens bis auf eine Linie Bursa, Eskişehir, Afyonkarahısar, Küthaya und auf Ostthrakien bis vor die Tore Istanbuls aus.

Diese Ereignisse – das nahezu widerstandslose Akzeptieren des »Diktats von Sèvres« durch den Sultan und seine Anhänger, die europäisch gesteuerte Zerschlagung des Reiches und die regionalen Ambitionen der Griechen – spielten dem nationalen türkischen Widerstand um Mustafa Kemal in die Hände. Immer mehr Menschen in Anatolien sahen die Bande zum osmanischen Herrscherhaus als zerschnitten an und unterstützten den nationalen Kampf für die Rettung des Vaterlandes und die Bewahrung des Sultanats und Kalifats in einem von ungläubiger/europäischer Fremdherrschaft befreiten türkischen Staat.

Am 19. Mai 1919 war Mustafa Kemal im Schwarzmeerhafen Samsun gelandet. Dorthin hatte ihn die Regierung in Istanbul geschickt, um als Generalinspekteur der 9. Armee in Anatolien die Demobilisierung zu leiten und in der pontischen Region am Schwarzen Meer die Ordnung aufrecht zu erhalten. Kemal hatte jedoch von Anfang an weiter Reichendes im Sinn. Ihm ging es um die Rettung des Vaterlandes vor der Zerschlagung durch die europäischen Siegermächte und die Beseitigung des von ihm für total unfähig gehaltenen Regimes in Istanbul.

Kemal war ein Kriegsheld, hatte er doch 1915 die alliierte Landung in Gallipoli abgewehrt und das britische ANZAC-Expeditionskorps besiegt und damit der Entente den Griff auf Istanbul verwehrt. Danach hatte er sich im Osten, zuletzt auf dem syrischen Kriegsschauplatz ausgezeichnet. Er genoss im Kreise der Armee und darüber hinaus hohes Ansehen, denn seine militärischen Erfolge waren eines der Momente, die zur Kräftigung des türkischen Nationalbewusstseins beitrugen, indem sie die schmählichen Niederlagen des Reiches in Nordafrika und den Balkankriegen vergessen ließen.

Außerdem war er ein Angehöriger des Komitees für Einheit und Fortschritt seit dessen erstem revolutionären Auftreten 1908 und von dessen national-säkularistischem Gedankengut durchdrungen. Doch war es ihm trotz mehrerer Versuche nicht gelungen, während der Jungtürkenherrschaft eine führende politische Position zu erringen, was nicht zuletzt an seiner persönlich gefärbten Rivalität zu Enver gelegen hatte. Das kam ihm nach dem Ende des Krieges allerdings zu gute, denn er war dadurch auch nicht durch die Gewaltherrschaft des Triumvirats kompromittiert. Doch blieb ihm auch jetzt die erhoffte politische Karriere in Istanbul verwehrt – nicht zuletzt wegen seines anmaßenden persönlichen Auftretens und der scharfen Kritik am Vorgehen und den Zielen der Alliierten.

Kemal war unter den Führungspersonen des nationalen Widerstandes der bei weitem politisch energischste, zielstrebigste und skrupelloseste. Er hatte ein klar umrissenes politisches Programm – die Wiederherstellung des Vaterlandes als türkischer Nationalstaat unter seiner Führung –, das er unnachgiebig verfolgte. Darin hatten das osmanische Fürstenhaus und die mit ihm verbundenen politischen und religiösen Elemente nur noch einen taktischen, aber keinen grundsätzlichen Platz mehr. Kemal war nicht bereit, sich in das Istanbuler Herrschaftssystem einzuordnen. Dieses sollte durch sein eigenes, neues abgelöst werden.

Er hielt sich 1919 nicht lange mit seinen militärischen Aufgaben auf, sondern konzentrierte sich darauf, den nationalen Widerstand in den nicht von alliierten Truppen besetzten Gebieten des Reiches zu organisieren. Er gab eine klare Linie vor: »Die Integrität des Landes und die Unabhängigkeit der Nation sind in Gefahr. Die Regierung ist nicht in der Lage, ihre Pflichten zu erfüllen. ... Nur der Wille und die Entschlossenheit der Nation können die Unabhängigkeit der Nation retten.« Damit war der nationale Tenor des Befreiungskampfes vorgegeben.

Er fand sich wieder im »Nationalpakt«, der unter Kemals Einfluss im Sommer 1919 von den Kongressen in Erzurum und Sivas formuliert und im Februar 1920 auch vom letzten osmanischen Parlament verabschiedet wurde. Er bildete die Grundlage für die späteren Verhandlungen mit den Alliierten über die Revision des Vertrages von Sèvres und wird bis heute als eines der Geburtsdokumente der Republik Türkei angesehen. Er enthielt die Forderung nach einem territorial geschlossenen türkischen Staat, der alle Gebiete innerhalb der Waffenstillstandslinien umfassen sollte, in denen es eine muslimische Mehrheit gab. Für die arabisch besiedelten Gebiete war ebenso wie für Westthrakien und die Provinzen Batum, Kars und Ardahan eine Volksabstimmung über ihre territoriale Zugehörigkeit vorgesehen. Istanbul und die Meerengen sollten türkischer Souveränität unterliegen, die Fragen der Schifffahrt dort international geregelt werden. Die wirtschaftliche Unabhängigkeit des Staates sollte gewährleistet sein, d.h. die Kapitulationen sollten endgültig abgeschafft werden. Den Minderheiten wurde ein vertraglich geregelter Status in Anlehnung an vergleichbare Regelungen in Europa zugestanden.

Trotz dieses nationalstaatlichen Grundzugs der politischen Programmatik hielt die Widerstandsbewegung an den Säulen des Osmanischen Reiches fest: Sultanat und Kalifat wurden zunächst nicht in Frage gestellt. Vielmehr versuchten Kemal und seine Mitstreiter, in den nicht besetzten Gebieten des Reiches die Unterstützung der lokalen Geistlichen und der Führer der Derwischorden für den nationalen Widerstand dadurch zu gewinnen, dass sie diesen als Kampf auch für die Befreiung des Sultans und Kalifen aus der »Gefangenschaft der Alliierten« stilisierten. Der innere Gegner war das Kabinett unter Damad Ferid Pascha, nicht aber Mehmet VI. Vahideddin.

Kemal konnte sich bei seinem Vorhaben also sowohl auf die uneingeschränkte Loyalität der Reste der osmanischen Armee stützen wie auf eine im ganzen Land verankerte zivile Organisation. Die Führung des Widerstandes, das sog. »Komitee der Repräsentanten« der »Gesellschaft zur Verteidigung der Rechte Anatoliens und Rumeliens« unter der Leitung von Kemal verlegte ihr Hauptquartier im Dezember 1919 nach Ankara, das ein zentralanatolischer Knotenpunkt im Telegrafen- und Eisenbahnnetz war.

Den »Nationalisten« in Ankara kam der zunehmende Verfall der Istanbuler Regierungsgewalt unter Sultan Mehmet VI. Vahideddin entgegen. Dieser wurde beschleunigt, als es der Gesellschaft für die Rechte Anatoliens und Rumeliens mit Billigung der Regierung gelang, die Parlamentswahlen im Dezember 1919 zu dominieren. Damit war nunmehr der nationale Widerstand im Istanbuler Parlament direkt repräsentiert. Allerdings hieß das nicht automatisch, dass Kemal auch hier den größten Einfluss ausübte, zumal er mit seiner Absicht scheiterte, sich zum Parlamentspräsidenten wählen zu lassen. Die Zentrale der Gesellschaft blieb daher in Ankara. Das erwies sich als geschickter Zug, als die Briten im Mai 1920 ganz Istanbul besetzten und 150 prominente Angehörige des Widerstandes und vormalige Sympathisanten oder Mitglieder des Komitees für Einheit und Fortschritt nach Malta deportierten, um den Einfluss der Alliierten auf den Gang der Ereignisse in Istanbul wieder herzustellen. Das osmanische Parlament vertagte sich auf unbestimmte Zeit. Damit hatten die Briten aber auch dafür gesorgt, dass das Nebenzentrum des nationalen Widerstandes, das Kemal nicht kontrollierte, aus dem Wege geräumt war.

Mustafa Kemal lud die verbliebenen Abgeordneten nach Ankara ein, wo sich am 23. April 1920 die Große Nationalversammlung konstituierte, für die zusätzlich in ganz Anatolien lokale Vertreter der Gesellschaft für die Verteidigung der Rechte gewählt worden waren. Damit entstand ein zweites voll funktionsfähiges und legitimiertes politisches Zentrum, das sofort die politische Souveränität für sich beanspruchte. Entscheidungen der Istanbuler Regierung des Sultans wurden von Ankara nicht mehr anerkannt. Die Nationalversammlung übte sowohl die legislative wie die exekutive Funktion aus. Sie wählte Mustafa Kemal zu ihrem Präsidenten, der damit gleichzeitig auch Chef des Exekutive wurde.

Er wusste, dass seine Pläne im Kreise der Nationalversammlung und der Militärführer keineswegs auf uneingeschränkte Zustimmung stießen. Deshalb wurde seine konkrete Politik stark von taktischem und situationsgebundenem Verhalten bestimmt. Er vermied dadurch, dass es zu einer ernsthaften und gut organisierten Opposition gegen seine Führungsrolle kam. Hierbei half ihm sicherlich, dass er in den militärischen Führungskreisen aufgrund seiner Erfolge im Weltkrieg uneingeschränkte Anerkennung genoss und der einzige potentielle Rivale um die Führungsrolle, Kazım (Karabekir) Pascha, der »Befreier« Ostanatoliens, seine Position trotz gelegentlicher Kritik nicht grundsätzlich in Frage stellte.

Andererseits brachte die Notwendigkeit, den nationalen Widerstand auf eine möglichst breite Basis zu stellen, mit sich, dass sich in der Nationalversammlung die gesamte gesellschaftliche Breite der ehemaligen jungtürkischen Bewegung spiegelte: neben Offizieren und Beamten fanden sich Klanführer, Scheichs und andere Führer von Derwischorden, unabhängige Kleriker mit lokalem Status ebenso wie Großgrundbesitzer, Händler und andere lokale Notabeln. Nicht vertreten war die Masse der bäuerlichen Bevölkerung. Es war klar, dass diese Vielfalt nur schwer in eine programmatisch orientierte politische Disziplin einzubinden war. Kemal war daher gezwungen, sich für die Durchsetzung seiner Ziele einen persönlichen Kreis loyaler Gefährten zu schaffen und diesem gleichzeitig zu einer institutionellen Dominanzposition zu verhelfen. Sein engerer Führungskreis bestand ausschließlich aus Offizieren, mit denen er zum größten Teil schon seit seiner Kadettenzeit in Verbindung stand, in erster Linie Rauf (Orbay), Ali Fuat (Cebesoy) und Refet (Bele). Zu ihnen gesellten sich später noch Fevzi (Çakmak) und İsmet (İnönü).

An der Spitze der Nationalversammlung und der von ihr gestellten Regierung stellte Kemal zunächst die Befreiung des Vaterlandes und die Revision des Vertrages von Sèvres in den Vordergrund seiner Anstrengungen. Die Berufung auf diese nationalen Ziele half ihm, sich in kritischen Situationen gegen Widerstand in der Versammlung durchzusetzen. Seine fast dauerhafte Anwesenheit in Ankara machte ihn zum »natürlichen« Zentrum des politischen Geschehens. Zur Stärkung seiner Position in der recht heterogen zusammengesetzten Nationalversammlung sammelte er im Mai 1921 seine engeren Anhänger in der »Gruppe zur Verteidigung der Rechte«, der Vorläuferorganisation der späteren Volkspartei.

Der nationale Widerstand wurde durch das Zerbröckeln der Entente nach dem Ende des Krieges erleichtert. Russland scherte nach dem Erfolg der Oktoberrevolution aus dem Bündnis aus, und die neue bolschewistische Führung verfolgte ihre eigene Politik. Die Einigung in den Pariser Friedenskonferenzen, von der die USA nach der Weigerung des Senats, dem Völkerbund beizutreten, sich faktisch wieder verabschiedeten, konnte die zunehmende außenpolitische Rivalität zwischen dem britischen Königreich und Frankreich und Italien im Nahen Osten bzw. im östlichen Mittelmeer nur mühsam kaschieren. Entsprechend brüchig wurde auch das Einvernehmen über den Umgang der Alliierten mit dem immer deutlicher in Erscheinung tretenden türkischen nationalen Widerstand gegen die Umsetzung der Teilungspläne von Sèvres. Hinzu kam, dass nach der Regelung der »deutschen« und »österreichischen« Fragen bei den Siegermächten eine deutlich spürbare Kriegsmüdigkeit einsetzte, die sich in umfangreichen Demobilisierungen niederschlug. Damit standen für eine Fortsetzung des Krieges gegen die Türkei immer weniger Truppen bereit.

Am schnellsten wurde die Situation im Osten der Türkei geklärt. Die Truppen des armenischen Staates, der sich auf sowjetischem Boden etabliert hatte, wurden im September 1920 bei Sarıkarmış von den türkischen Kräften unter Führung von General Kazım (Karabekir) Pascha entscheidend geschlagen. Mit dem Frieden von Alexandropol (Gümrü) am 2. Dezember wurden die Gebietsverluste des Ersten Weltkriegs revidiert. Dies wurde im März 1921 durch den türkisch-sowjetischen Freundschaftsvertrag bestätigt. Er war der erste internationale Vertrag, in dem der nationale Widerstand als legitimer Vertreter der Türkei akzeptiert wurde. Materiell regelte er die Grenzziehung im Osten durch die Abtretung der Provinz Batum und von Nachichevan an das bolschewistische Regime, das im Gegenzug der Türkei finanzielle und Waffenhilfe zusagte. Kars und Ardahan blieben bei der Türkei, Armenien existierte künftig als Teil des sowjetischen Herrschaftsgebietes fort. Die »armenische Frage« war im Sinne der türkischen Nationalisten geregelt.

Die Hauptlast des nationalen Befreiungskrieges lag jedoch im Westen. Hier musste die griechische Besetzung weiter Teile Anatoliens rückgängig gemacht werden. Dafür gab es zunächst angesichts schwacher eigener militärischer Kräfte nur eine geringe Bereitschaft. Die Lage besserte sich allerdings nach dem Vertrag von Sèvres und der anschließenden, mit britischer Billigung erfolgten, Ausweitung der griechischen Besetzung weit ins anatolische Hinterland hinein. Die von den Siegern vereinbarte Zerstückelung des Reiches und die griechische Bedrohung der Hauptstadt gaben dem nationalen Widerstand zusätzliche Rechtfertigung. Wieder einmal hatten Maßnahmen der europäischen (Sieger-)Mächte der Entwicklung und Festigung des türkischen Nationalgedankens gedient, indem sie dessen Repräsentanten in den Augen der anatolischen Bevölkerung legitimierten.

Die Stärkung der nationalen Regierung in Ankara ließ bei den Alliierten immer stärker die Erkenntnis wachsen, dass ohne eine Revision des Vertrages von Sèvres die Kämpfe in Anatolien nicht beendet werden könnten. Ein Versuch der Briten, dies auf einer nach London einberufenen Konferenz im Frühjahr 1921 zu erreichen, scheiterte an den unvereinbaren Positionen der Griechen und der Regierung in Ankara, die nun in allen Gesprächen mit den Alliierten auf die uneingeschränkte Umsetzung des Nationalpakts bestand. Als Erste gaben Frankreich und Italien nach, denen es vorrangig auf die Absicherung ihrer im Nahen Osten bzw. östlichen Mittelmeer und Nordafrika errungenen Territorialgewinne ankam. In jeweils mit der Regierung in Ankara geschlossenen Sonderabkommen räumten sie die ihnen in Sèvres zugewiesenen Teile des anatolischen Festlandes im Osten und Südosten. Lediglich die Regelung der Zugehörigkeit des Sandschaks von Alexandretta (die heutige türkische Provinz Hatay) blieb zwischen Frankreich und der Türkei offen. Italien behielt die Inseln des Dodekanes.

Die Befreiung von der griechischen Besetzung musste dagegen auf dem Schlachtfeld entschieden werden. Nach mehrfachem Hin und Her, bei dem sich im März 1921 İsmet bei İnönü (in Erinnerung an diesen Erfolg wählte er 1935 İnönü zu seinem Familiennamen) in der Nähe von Eskişehir als Heerführer besonders auszeichnete, konnten die griechischen Truppen erst am 30. August 1922 in der Nähe von Dumlupınar südlich von Afyonkarahısar von der unter Kemals Oberbefehl stehenden türkischen Armee entscheidend geschlagen werden. Sie zogen sich in ziemlich ungeordneter Weise nach Izmir zurück und hinterließen dabei vielerorts »verbrannte Erde«. Die nachsetzenden türkischen Truppen nahmen am 9. September Izmir ein.

Es kam in der Stadt zu Racheakten der Muslime an ihren christlichen armenischen und griechischen Nachbarn, bei denen zwei Drittel der Häuser in Flammen aufgingen. Der die türkischen Truppen in Izmir kommandierende General Nurettin Pascha, der sich schon 1921 bei der Vertreibung der Pontus-Griechen unrühmlich hervorgetan hatte, trug eher zur Aufheizung der Stimmung bei als zu ihrer Beruhigung. Der Oberkommandierende Mustafa Kemal und İsmet Pascha als Oberbefehlshaber an der Westfront ließen die Gräuel wissentlich und willentlich geschehen. Über 200 000 Menschen wurden von einer alliierten Flotte nach Griechenland evakuiert.

Die Briten schlossen daraufhin am 10. Oktober in Mudanya bei Bursa am Marmarameer einen Waffenstillstand mit dem Beauftragten der Regierung der Nationalversammlung, İsmet Pascha, den Kemal mit dieser Aufgabe betraut hatte. Während die Alliierten zunächst die Kontrolle über die »neutrale Zone« mit Istanbul und den Meerengen behielten, besetzten die türkischen Truppen, als »Gendarmen« umfirmiert, ganz Ostthrakien bis zur Maritza. Der größte Teil der dortigen griechischen Bevölkerung floh nach Griechenland.

Faktisch war damit Anatolien in den Grenzen des Waffenstillstandes von 1918 nunmehr von fremden Truppen, aber auch von »fremder«, d.h. vor allem griechischer und armenischer Bevölkerung, befreit. Der nationale Widerstand unter der Führung Mustafa Kemals hatte das Diktat von Sèvres vollständig revidiert. Gleichzeitig war in Ankara das politische Zentrum einer neuen Türkei entstanden, deren Leitbild die nationale Unabhängigkeit war. Die Türkei war durch den nationalen

Befreiungskampf unter Führung Mustafa Kemals endgültig in die Phase eines Nationalstaates nach europäischem Vorbild eingetreten. Zunächst kam es nun darauf an, den militärischen Erfolg politisch zu konsolidieren und die Türkei auch zu einem anerkannten, gleichberechtigten Mitglied der europäischen Staatenwelt zu machen.

Das geschah mit dem Vertrag von Lausanne im Oktober 1923. Gegen zunächst erhebliche Widerstände der Alliierten, vor allem Großbritanniens, konnte die türkische Delegation unter der Führung von İsmet Pascha durchsetzen, dass die Forderungen des Nationalpakts und die durch den Befreiungskrieg geschaffenen Grenzen international anerkannt wurden. Griechenland behielt Westthrakien und die entmilitarisierten Ägäisinseln mit Ausnahme von Imbros (Gökçeada) und Tenedos (Bozcaada) am Ausgang der Meerengen, Italien den Dodekanes mit Rhodos. Zypern wurde endgültig an die Briten abgetreten. Der Sandschak von Alexandretta verblieb im syrischen Mandatsgebiet der Franzosen. Er kam jedoch nach dem Auslaufen der französischen Herrschaft über Syrien auf der Grundlage einer Verständigung zwischen Paris und Ankara im Jahre 1939 gegen syrischen Widerstand als Provinz Hatay an die Türkei. Die ölreiche Provinz Mosul verblieb im irakischen Mandatsgebiet der Briten. Zum Ausgleich wurden der Türkei für 25 Jahre zehn Prozent der Öleinnahmen zugebilligt. Die Beendigung der Kapitulationen wurde prinzipiell bestätigt und der Türkei die volle wirtschaftliche Souveränität wieder gegeben.

Die Meerengen wurden entmilitarisiert und einer internationalen Kommission unterstellt. Dieses Statut wurde auf Betreiben der Türkei in der Konferenz von Montreux 1936 revidiert, mit der Ankara die volle Souveränität über die Meerengen, einschließlich ihrer Militarisierung, erhielt bei gleichzeitiger Garantie der internationalen Schifffahrt in Friedenszeiten. Für Kriegszeiten und Kriegsschiffe sind besondere Regelungen vorgesehen. Diese Konvention gilt bis heute, obwohl vor allem die Sowjetunion immer wieder auf eine Revision zu ihren Gunsten gedrängt hat.

In den Artikeln 37-45 wurden die Rechte von Minderheiten geregelt. Anders als es in der Türkei gängige Praxis wurde, beziehen sich diese Artikel nicht explizit auf Personen jüdischen, griechisch-orthodoxen und gregorianisch-armenischen Glaubens. Im Vertrag ist stets von »türkischen Staatsbürgern, die nicht-muslimischen Minderheiten angehören,« oder von »allen Einwohnern der Türkei« die Rede. Die Angehörigen der nicht-muslimischen Minderheiten werden im Vertrag den anderen türkischen Bürgern gleich gestellt. Das gilt laut Artikel 40 insbesondere für das Recht, jede Art von wohltätigen, religiösen und sozialen Institutionen sowie jede Art von Schulen und anderen Unterrichtseinrichtungen auf ihre Kosten und in ihrer Sprache zu betreiben und dort ihre Religion frei auszuüben. Zudem wird in Artikel 39 gesagt, dass für alle türkischen Bürger keine Beschränkungen im Gebrauch jeglicher Sprache im privaten Umgang, in der Wirtschaft, in religiösen Angelegenheiten, in der Presse oder in Publikationen oder öffentlichen Versammlungen gelten. Die später eingeführten, und zum Teil bis heute gültigen, Beschränkungen gegenüber nicht-muslimischen Religionsgemeinschaften und ihren Einrichtungen sowie beim Gebrauch der kurdischen Sprache stehen in klarem Widerspruch zum Wortlaut des Lausanner Vertrages und können nur durch nachträglich vom türkischen Staat ersonnene besondere juristische Konstruktionen und Argumentationen gerechtfertigt werden. Ähnliche Probleme gab es für die in Westthrakien verbleibende türkische Minderheit, für die im Lausanner Vertrag eine völlige Gleichbehandlung zu den Rechten der nicht-muslimischen Minderheiten in der Türkei vorgesehen ist.

Ein besonderes Kapitel der Minderheitenpolitik bildete die parallel zu den Lausanner Friedensverhandlungen am 30. Januar 1923 zwischen Griechenland und der Türkei geschlossene Konvention über den Bevölkerungsaustausch. Darin wurde vorgesehen, dass die gesamte griechischsprachige Bevölkerung Anatoliens, mit Ausnahme der Griechen Istanbuls, nach Griechenland und die gesamte muslimische Bevölkerung Griechenlands, mit Ausnahme der Muslime Westthrakiens, in die Türkei verbracht wurden. Die Politik »ethnischer Säuberungen« als Element von Konfliktbearbeitung wurde also bereits in den 1920er Jahren von den europäischen Mächten als legitim akzeptiert.

Damit wurde eine Entwicklung jetzt offiziell fortgesetzt, die schon früher begonnen hatte: Zwischen dem Beginn des Balkankrieges 1912 und dem Abschluss des Bevölkerungsaustausches im Oktober 1924 zogen unter entschädigungsloser Zurücklassung ihrer immobilen Habe etwa 400 000 Muslime aus Griechenland in die Türkei und zirka 1,2 Millionen Griechen in die Gegenrichtung. Im Oktober 1955 wurde dann der größte Teil der in Istanbul verbliebenen Griechen nach von der Regierung Menderes im aufflammenden Zypernkonflikt geschürten pogromartigen Krawallen vertrieben. Die Lage der griechischen und türkischen Minderheiten in Istanbul und in Westthrakien geben Athen und Ankara bis heute immer wieder Anlass zu wechselseitigen Vorwürfen mangelnden Minderheitenschutzes.

Aus türkischer Sicht ist am Lausanner Vertrag jedoch vor allem bemerkenswert, dass damit das neue Regime in Ankara international anerkannt wurde. Die Türkei verhandelte in ihrer Wahrnehmung zudem nicht als ein Verlierer des Ersten Weltkriegs über die endgültige Friedensregelung, sondern als Sieger des nationalen Befreiungskampfes über die internationale Anerkennung der Grundsätze des Nationalpakts. Mit Lausanne wurde die Türkei in dieser Perspektive ein voll gleichberechtigtes Mitglied der europäischen Staatenwelt.

Diese Wahrnehmung erklärt, warum der Vertrag bis heute für weite Teile der türkischen politischen Elite sakrosankt ist: Jede in Erwägung gezogene Änderung würde diesen Gründungsmythos der Republik Türkei beschädigen und könnte nur das Ziel haben, die seinerzeit erreichte »volle Gleichberechtigung« in Frage zu stellen. Wer an Lausanne rüttelt, rüttelt an den Grundfesten der Republik! Diese Sichtweise erschwert heute zum Beispiel jenseits aller Sachprobleme nicht zuletzt eine Einigung mit Griechenland über die in der Ägäis strittigen Fragen der Abgrenzung des Kontinentalschelfs oder des Luftraums oder des Status eines Teils der Inseln.

Für Mustafa Kemal schuf der Vertrag von Lausanne die Grundlage zur Durchsetzung seiner weit reichenden Pläne zur Umgestaltung der staatlichen und gesellschaftlichen Ordnung der Türkei. Ein erster Schritt dazu war schon am 1. November 1922 getan worden, als die Nationalversammlung in Ankara auf Veranlassung Kemals die Abschaffung des Sultanats und die Bestellung des Kalifen durch den neuen Souverän, die Nationalversammlung, beschlossen hatte. Mehmet VI. Vahideddin verließ mit seiner engeren Familie am 17. November auf einem britischen

Kriegsschiff Istanbul, und am nächsten Tag wählte die Nationalversammlung seinen Cousin Abdülmecid zum neuen Kalifen. Von nun an gab es in der Türkei nur noch ein politisches Zentrum – die in Ankara verbleibende Nationalversammlung unter Führung von Mustafa Kemal und ihre Regierung, die die Souveränität im Namen und Auftrag des Volkes ausübte.

Kemal drang auf eine Überarbeitung der Verfassung von 1921, die den in Lausanne geschaffenen Fakten Rechnung tragen sollte. Am 28. Oktober 1923 wurden von Kemal und İsmet die Kernpunkte der neuen Verfassung skizziert und am nächsten Tag im Vorstand der bereits im September gegründeten Volkspartei beraten und gut geheißen. Danach wurden sie von der Nationalversammlung abgenickt. Die neuen Regelungen erklärten den türkischen Staat zur Republik. Ihr Präsident wurde von der Nationalversammlung aus ihrer Mitte gewählt. Er ernannte den Ministerpräsidenten, der unter den Abgeordneten die Mitglieder seines Kabinetts aussuchte, die als Regierung vom Präsidenten bestätigt wurden. Der Staatspräsident konnte gleichzeitig auch die Sitzungen der Nationalversammlung leiten, wenn er es wünschte. In zwei weiteren Artikeln wurden der Islam zur offiziellen Religion und Türkisch zur offiziellen Sprache der Republik erklärt. Bereits am 9. September war Ankara zur Hauptstadt des neuen türkischen Staates erklärt worden. Mustafa Kemal wurde nach der Ausrufung der Republik zu ihrem ersten Präsidenten gewählt. Er ernannte İsmet zu seinem Ministerpräsidenten. Dessen Amtsvorgänger Fethi (Okyar), ein weiterer enger Vertrauter Kemals, wurde mit dem Amt des Vorsitzenden der Nationalversammlung betraut. Der 29. Oktober ist heute Nationalfeiertag der Republik Türkei.

Die Ernennung von İsmet zum Vorsitzenden der Volkspartei am 19. November 1923 vervollständigte das Bild, indem so die organische Verbindung zwischen Regierung (Staat) und Partei konstituiert wurde. Das neue türkische Regierungssystem blieb bis zum Ende des Zweiten Weltkriegs praktisch unverändert: Der Präsident der Republik war das Zentrum der Macht. Der Ministerpräsident war sein exekutiver Arm. Die Gesetze wurden im geschlossenen Kreis der Parteiführung erörtert und dann der Nationalversammlung zur formalen Verabschiedung vorgelegt. Damit war das Instrumentarium geschaffen, mit dem Mustafa Kemal seine neue Türkei aus dem vom ununterbrochenen zehnjährigen Krieg (1912-1922) und seinen Folgen ruinierten Anatolien bauen wollte, das er in den Augen seiner Anhänger und zahlreicher Landsleute vor der Vernichtung durch die europäischen Mächte gerettet hatte.

7 Die kemalistischen Reformen

Vor diesem Hintergrund mutet es nahezu paradox an, dass die Blaupausen für Kemals neue Türkei ausschließlich aus der europäischen politischen und gesellschaftlichen Ideenwelt entlehnt wurden. Doch waren die kemalistischen Reformen im Kern die radikale Umsetzung der europäisch inspirierten jungtürkischen Konzepte, wie sie vor allem in den Kreisen des Komitees für Einheit und Fortschritt gepflegt wurden: Eine Mischung aus Nationalismus und soziologischem Rationalismus, gepaart mit einem starken Fortschrittsglauben und Erziehung und Bildung als wesentliches Instrument ihrer Durchsetzung.

Hinzu trat das autoritäre Sendungsbewusstsein Kemals, das die in der Gedankenwelt des Komitees schon angelegten anti-demokratischen Tendenzen verstärkte. Bereits 1918 hatte Kemal während eines Kuraufenthaltes in Karlsbad in seinem Tagebuch notiert: »Wenn mir eine große Verantwortung und Macht zufällt, glaube ich, dass ich in unserem Gesellschaftsleben die erwünschten Umwälzungen in einem Augenblick mit einem Coup umsetzen werde. Ich glaube nicht, dass diese Tat dadurch vollbracht werden kann, dass die Intelligenz der anderen allmählich auf mein Niveau gebracht wird. Soll ich etwa auf die Stufe der einfachen Leute herabsteigen? Nein, ich werde sie auf meine Stufe heraufholen. Ich möchte nicht wie sie werden, sie sollen so werden wie ich.«

Mit dem Lausanner Vertrag und der Ausrufung der Republik war die Hülle des türkischen Nationalstaats entstanden. Es fehlte noch der Inhalt: die türkische Nation. Nur eine Minderheit der Bewohner Anatoliens fühlte sich als Türken im Sinne eines Staatsvolks. Das galt selbst für eine Reihe nationalistischer Reformer in der Volkspartei. Viele sahen immer noch das Amt des Kalifen aufgrund der darin verkörperten religiösen Führungsrolle als eine, und sei es nur symbolisch, der Republik vor- oder übergeordnete Instanz. Die Idee der Volkssouveränität mochte zwar in der Verfassung der Republik zum Ausdruck gebracht werden, in den Köpfen der Mehrheit der Bürger war sie dennoch nicht vorhanden. Dies zu ändern, war eines der erklärten Ziele von Kemals Reformpolitik.

Als erstes musste das Kalifat weichen. Dabei kam Kemal entgegen, dass sowohl türkische Vertreter islamistisch-dynastischer Orientierung in Istanbul als auch hochrangige indische Repräsentanten des Islam – wenn auch schiitischer Prägung –, unter ihnen der Aga Khan, sich für eine Aufwertung der Rolle des Kalifen im institutionellen Kontext der Republik stark machten. Für Kemal war das zum einen eine Zurücksetzung des Prinzips der Volkssouveränität und zum anderen eine unangemessene fremde Einmischung in die inneren Angelegenheiten der türkischen Republik. Nach einigen Debatten beschloss deshalb die Nationalversammlung am 3. März 1924 die Beendigung des Kalifats und verwies gleichzeitig alle Familienmitglieder der osmanischen Dynastie für immer aus der Türkei.

Zusammen mit der Abschaffung des Kalifats verabschiedete die Nationalversammlung auf Betreiben Kemals zwei weitere Gesetze, die den Einfluss der Religion auf die Gesellschaft begrenzten. Zum einen wurde ein einheitliches nationales Erziehungssystem eingeführt, mit dem die Existenz der religiös geprägten *medrese* als eine eigenständige Bildungseinrichtung beendet wurde. Ihre Aufgabe übernahmen staatlich geleitete Vorbeter- und Predigerschulen. Zum anderen wurde das Ministerium für das islamische Recht und die Verwaltung der frommen Stiftungen abgeschafft. Damit war dem religiösen Establishment weitgehend die institutionelle Grundlage für eine gesellschaftliche Einflussnahme genommen. Von nun an waren Religion, religiöse Stiftungen und die Erziehung nationale Angelegenheiten. Da war es nur eine logische Konsequenz, dass am 30. November 1925 alle Derwischklöster, heilige Schreine und Mausoleen, einschließlich der Grabstätten der Sultane, per Dekret geschlossen wurden. Diese hatten im türkischen Volksislam als Stätten religiöser Verehrung zum Teil eine große Bedeutung.

Am 8. April 1924 war bereits eine weitere institutionelle Basis des islamischen Klerus geschleift worden, als die Scharia-Gerichte abgeschafft wurden, in denen bis dato unter der Zuständigkeit des Justizministeriums islamische Rechtsgelehrte vor allem in privatrechtlichen und familienrechtlichen Angelegenheiten gewirkt hatten. Diese Säkularisierung des institutionellen Rahmens eines wichtigen Teils des Alltagslebens jedes Türken wurde dann am 20. April 1924 mit der Verabschiedung einer neuen Verfassung konsolidiert. Darin wurde nicht nur das Prinzip der Volkssouveränität, verkörpert in der Großen Nationalversammlung, bestätigt, sondern auch die rechtsprechende Gewalt unabhängigen Gerichten übertragen, die »im Namen der Nation« handelten. Als nächstes ging Kemal daran, die Inhalte des Rechts, das von den Gerichten angewandt und ausgelegt werden musste, den Bedingungen der modernen Zivilisation anzupassen. Er hatte bereits im März 1924 erklärt: »Die Grundlinie für das Zivil- und Familienrecht sollte keine andere als die westliche Zivilisation sein.« Der gesamte, zwar schon unter der jungtürkischen Herrschaft ansatzweise reformierte, Rechtskorpus des türkischen Staates wurde in den folgenden Jahren grundlegend erneuert. Dabei ging es nicht darum, wie es normalerweise bei der Rechtsetzung üblich ist, die in einer Gesellschaft vorherrschenden Normen, Sitten und Gebräuche in rechtlich verbindliche Klauseln umzusetzen, sondern im Gegenteil darum, die rechtlichen Voraussetzungen für die (Um-)Gestaltung der gesellschaftlichen Verhältnisse der Türkei nach den Erfordernissen der zeitgemässen westlichen Zivilisation zu schaffen. Die Vorbilder hierfür wurden im (kontinental-) europäischen Rechtssystem in seinen verschiedenen Ausprägungen gefunden.

Von größter Bedeutung war hierbei die Reform des Zivil- und Familienrechts, da es am tiefsten in die Alltagsbeziehungen der Türken eingriff. Am 17. Februar 1926 verabschiedete die Nationalversammlung nach eineinhalbjähriger Vorarbeit durch Rechtsexperten ein neues Zivilrecht, das sich stark an das Schweizer Zivilrecht anlehnte. Es bekam damit einen völlig säkularen Charakter. So wurden u.a. die Zivilehe und die gerichtliche Scheidung verbindlich vorgeschrieben. Religiöse Formen wurden ebenso wie die Vielehe rechtlich wirkungslos (nur wenige Monate vorher hatte Kemal die klassische islamische Form der Scheidung noch genutzt, um seine Ehe mit Latife zu beenden). Die im neuen Recht formal verankerte Gleichheit von Mann und Frau verbesserte die Rechtsstellung der Frauen auch im Erbrecht und in Erziehungsangelegenheiten. Die Rechtsstellung der Frau wurde dann in den Jahren 1931 und 1934 mit der schrittweisen Verleihung des aktiven und passiven Wahlrechts weiter verbessert.

Eine Erweiterung erfuhr das neue Familienrecht im Jahre 1935 mit der Einführung von Familiennamen nach westlichem Vorbild. Zu dieser Zeit bekam Kemal von der Nationalversammlung den Familiennamen Atatürk verliehen. Er legte in Ansehung der laufenden Sprachreform den aus dem Arabischen entlehnten Vornamen Mustafa ab und hieß fortan Kemal Atatürk. Unter diesem Namen ging er als Gründer der modernen Republik Türkei in die Geschichte ein.

Doch die Rechtsreform machte nicht beim Zivilrecht halt. Das Strafrecht wurde bereits im März 1926 nach italienischem Vorbild, einschließlich des faschistisch inspirierten Kommunismusverbots, umgestaltet, das Handelsrecht nach deutschem Vorbild. Auch das Strafprozessrecht und das Strafvollzugsrecht erhielten eine neue Fassung. Binnen weniger Jahre wurde so tatsächlich für die junge Republik in allen gesellschaftlichen Bereichen ein an europäischen Vorbildern orientiertes Rechtssystem geschaffen, das in radikaler Weise mit dem, von religiösen Einflüssen geprägten, System der osmanischen Zeit brach. Die formale Säkularisierung der Türkei war ein großes Stück voran gekommen.

Sie wurde im April 1928 vollendet, als die Nationalversammlung, die zu der Zeit nur noch aus Parteigängern Kemals bestand, den Islam als Staatsreligion aus der Verfassung strich und damit auch die öffentliche Eidesleistung säkularisierte. Konsequenterweise strich das Erziehungsministerium dann 1930 auch den Religionsunterricht aus dem Curriculum in städtischen Schulen, 1933 auch in den Dorfschulen. Arabischer und persischer Sprachunterricht war schon 1928 aus den Schulen verbannt worden und wurde seitdem nur noch im Rahmen der universitären Ausbildung angeboten. Damit war auch die vollständige Säkularisierung des Erziehungswesens vollendet.

In der Praxis bestand die große Aufgabe im Anschluss an die umfassende Rechtsreform darin, rasch zahlreiche Juristen auszubilden, die in der Lage waren, das neue Recht anzuwenden. Dafür musste auch die Ausbildung der Juristen entsprechend geändert werden. Deshalb war bereits im November 1925 in Ankara eine juristische Fakultät gegründet worden, die zur Keimzelle der dortigen Universität wurde. Dennoch war es der jungen Republik sehr willkommen, dass seit Anfang der 1930er Jahre im Zuge der deutschen Gelehrtenemigration in die Türkei auch eine Reihe von Rechtsprofessoren ins Land kamen, die das neue Recht aus der eigenen Tradition heraus lehren konnten (s.u. Kap 9.3, S. 147 ff.).

Das neue Zivil- und Familienrecht säkularisierte den Rahmen für das Alltagsleben der Türken. Viel direkter hatte jedoch die Kleiderreform in diesen Alltag eingriffen, mit der 1925 die männliche Bekleidung von religiös gefärbten osmanischen Traditionen bereinigt worden war. Vor allem die Ersetzung des Fez durch den europäischen Hut rief Entrüstung hervor. Die für Staatsbedienstete am 2. September 1925 verkündete Pflicht zum Tragen zeitgemäßer Kleidung, einschließlich des Hutes, konnte die breitere Bevölkerung keineswegs dazu bringen, sich dem anzuschließen. Deshalb beschloss die Nationalversammlung am 25. November das sog. Hutgesetz, in dem verkündet wurde: »Der Hut ist die allgemeine Kopfbedeckung des türkischen Volkes. Ein gegenteiliges Verhalten ist verboten.« Das Tragen des Turbans oder traditioneller osmanischer Bekleidung war nur noch Geistlichen bei der Ausübung offizieller religiöser Funktionen gestattet. An ein Verbot der traditionellen weiblichen Kopfbedeckung, des Schleiers, wagte sich Kemal jedoch nicht heran. Es wurde nur für Staatsbedienstete in öffentlichen Gebäuden, einschließlich der Schulen, eingeführt.

Dieser, aus europäischer Sicht komisch anmutende Vorgang war für die türkische Bevölkerung von erheblicher Bedeutung. Die Art sich zu kleiden, einschließlich der Kopfbedeckung, war für den türkischen Muslim im Osmanischen Reich immer auch ein äußeres Zeichen der Unterscheidung von den Ungläubigen gewesen. Der Fez war Anfang des 20. Jahrhunderts das letzte verbliebene Zeichen dieser Abgrenzung. Er hatte also durchaus identitäre Qualität. Das Tragen des Hutes musste den auch unter dem neuen Regime immer noch aktiven Anhängern islamistischer Ideen deshalb als äußeres Signal zur Aufgabe der Religion als identitäres Charakteristikum der türkischen Bevölkerung erscheinen. Doch konnte Kemal, gestützt auf die zu der Zeit herrschenden Ausnahmezustandsgesetze und die Armee, sich gegen den Widerstand durchsetzen.

Die heute in der Türkei hoch aktuelle Auseinandersetzung über das »Kopftuch« (*türban*) der gläubigen Studentinnen zeigt, dass mit dem Hutgesetz die Frage der Bekleidung als Merkmal türkischer Identität keineswegs geregelt werden konnte. Zwar arrangierten sich die Männer mit dem neuen Gesetz, indem sie in der großen Mehrzahl die flache Schirmmütze zur neuen »typischen« Kopfbedeckung erkoren, und auch sonst im Laufe der Zeit die europäische Bekleidung annahmen. Doch zeigt sich bis heute an der »Kleiderfrage« der Frauen die große Sensibilität, die das äußere Erscheinungsbild für muslimische Identität besitzt. Auch nach über achtzig Jahren kemalistischer Republik sind die Islamisten nicht bereit, ihren Frieden mit den Bekleidungsreformen der 1920er Jahre zu schließen. Allerdings sollte man dabei nicht vergessen, dass dieser Streit damals wie heute vorwiegend in den Städten ausgetragen wird, während auf dem Lande die Bevölkerung relativ unberührt nach den alten Sitten lebt. Doch hat die in den letzten Jahrzehnten stattgefundene umfassende Urbanisierung der Türkei zusammen mit der ebenfalls enormen Binnenmigration in die städtischen Ballungszentren dazu geführt, dass der Bekleidungsstreit heute auch prozentual viel mehr Menschen berührt als seinerzeit.

Eine letzte Erinnerung an den religiös geprägten Charakter der türkischen Gesellschaft blieb noch: die arabischen Schriftzeichen. Zwar war immer wieder einmal die Vereinfachung der Schrift diskutiert worden, die die Lautwerte des gesprochenen Türkisch nur unvollkommen abbilden konnte, doch waren alle Bemühungen zur Reform nicht zuletzt mit dem Hinweis darauf zurückgewiesen worden, dass die Heilige Schrift des Islam mit diesen Zeichen geschrieben sei. Genau aus diesem Grund betrieben die kemalistischen Reformer ihre Abschaffung. Vorangegangen war bereits im Dezember 1925 die Einführung einer neuen Zeitrechnung: Von da an galt der Gregorianische Kalender, und für die Zeitmessung wurde die bisherige Berechnung der Tageszeit in Anlehnung an die vorgeschriebenen rituellen Gebete durch die international übliche 24-Stunden-Zeitmessung ersetzt.

Am 24. Mai 1928 wurden in einem weiteren Schritt die »internationalen« Zahlen eingeführt und im Juni trat eine Kommission zusammen, die mit der Aufgabe betraut war, ein türkisches Alphabet auf der Grundlage lateinischer Buchstaben zu entwickeln. Das Ergebnis wurde von Kemal in seiner gewohnten Weise radikal und auf einen Schlag umgesetzt: Er ernannte sich selbst zum »Lehrer der Nation« und unternahm im Sommer 1928 eine Reise durch verschiedene Provinzen, auf der er das neue »nationale Alphabet« persönlich unterrichtete. Minister und Abgeordnete taten es ihm gleich, und die Türkei wurde in dieser Zeit eine einzige »Volksschule«.

Am 3. November verabschiedete die Nationalversammlung das Gesetz, mit dem ab dem 1. Januar 1929 das türkische (lateinische) Alphabet zur offiziellen Schrift der Republik erklärt und die Benutzung der alten osmanischen Schrift verboten wurde. Damit war auch die letzte Verbindung zur alten Ordnung und ihrer religiösen Grundlage aufgelöst.

Die Folgen waren aus heutiger Sicht zwiespältig. Für die breite Masse der Bevölkerung wurde die Überwindung des Analphabetentums wesentlich erleichtert, ja überhaupt erst ermöglicht. Binnen weniger Jahre verdoppelte sich die Zahl der des Lesens und Schreibens mächtigen Personen von 10 auf 20 Prozent bei einer Gesamtbevölkerung von etwa 16 Millionen Menschen. Dennoch wuchs die Zahl der Schriftkundigen nur langsam und noch in den 1950er Jahren besaßen weite Teile der ländlichen Bevölkerung nur rudimentäre formale Schriftkenntnisse. Durch die Schriftreform wurde aber der Anschluss der Türkei an die Welt der »westlichen Zivilisation« erheblich erleichtert, da nunmehr die Schriftbarriere wegfiel.

Die für die Schriftreform zu beobachtende Entwicklung gilt für das gesamte kemalistische Reformwerk. Die damit verbundene Säkularisierung oder Westernisierung setzte sich für lange Zeit nur in den städtischen Gebieten und bei der Mehrzahl der staatlichen Beschäftigten in den verschiedenen Zweigen der öffentlichen Verwaltung, vor allem aber im Erziehungswesen, voll durch. Es entstand eine kemalistische Elite, die sich die Durchsetzung und später dann die Bewahrung der Reformen zur Aufgabe machte. In den Anfängen war diese Elite weitgehend mit jenen Gruppen identisch, die auch schon in der jungtürkischen Zeit die Geschicke des Reiches gesteuert hatten: die Angehörigen des Staatsapparates und die Militärführung. Anders als die jungtürkischen Reformen konnte die kemalistische Aufpfropfung der westlichen Zivilisation aber konsolidiert werden, weil die Republik von äußeren Herausforderungen weitgehend verschont blieb. Hinzu kam, dass nach dem Sieg der Kemalisten über die Kräfte der alten Ordnung der staatliche Machtapparat skrupellos zur Unterdrückung jeden gesellschaftlichen Widerstandes gegen die säkularisierende Reformpolitik eingesetzt wurde.

Schon die Abschaffung des Kalifats und die Ausrufung der Republik rief Widerstand hervor. Dieser äußerte sich politisch wirksam vor allem in der Volkspartei. Hier wandten sich enge Gefährten Kemals gegen dessen immer offenkundiger werdende Tendenz zur autoritären Alleinherrschaft. Am 17. November 1924 wurde von ihnen die »Fortschrittliche Republikanische Partei« (FRP) gegründet, zu deren führenden Personen Rauf (Orbay), Refet (Bele), Ali Fuat (Cebesoy), Kazım (Karabekir) und Dr. Adnan (Adıvar) gehörten. Sie stellte die Grundlinien des kemalistischen Reformprogramms nicht in Frage, betonte in ihrem Programm aber liberale und demokratische Grundsätze und trat für Dezentralisierung, freies Unternehmertum und niedrige Zölle ein. Kemal reagierte darauf mit einer Umbenennung seiner Partei in »Republikanische Volkspartei« (*Cumhuriyet Halk Fırkası*, nach der Sprachreform *Cumhuriyet Halk Partisi*/CHP), die unter diesem Namen bis heute, mit kurzen Unterbrechungen, existiert. Mit der Ernennung des liberalen Fethi (Okyar) zum Ministerpräsidenten versuchte er den durch İsmets Radikalität entstandenen negativen Eindruck der Reformpolitik abzuschwächen. Zwar wurde Kemal weiterhin von einer großen Mehrheit in der Nationalversammlung unterstützt, doch bildete der »Abfall« der liberalen Gruppe ehemaliger enger Mitstreiter ein auf Dauer problematisches Element von Instabilität.

In dieser schwierigen Lage kam Kemal die erste Kurdenrebellion in der Geschichte der Republik zu Hilfe. Unter Führung des einflussreichen Nakşibendi-Scheichs Said von Palu breitete sich im Februar 1925 eine gewaltsame Bewegung einiger kurdischer Stämme aus, die sowohl mit der totalen Vernachlässigung kurdischer Autonomieforderungen im Vertrag von Lausanne unzufrieden waren wie mit der Beseitigung der religiösen Grundlagen des Staates. Es ging den Rebellen um die Abschaffung der »gottlosen Republik« und um mehr Autonomie für die Kurden. Die republikanische Herrschaft schien im Osten ernsthaft bedroht.

Die Reaktion der Führung in Ankara war schnell und hart. İsmet wurde als Ministerpräsident zurückgeholt, und am 4. März verabschiedete die Nationalversammlung das »Gesetz zur Aufrechterhaltung der Ordnung«, das bis 1929 in Kraft blieb. Es gab der Regierung quasi diktatorische Verfügungsgewalt zur Unterbindung jeglicher subversiver Organisationen oder Publikationen. Zur Durchsetzung des Gesetzes wurden »Unabhängigkeitsgerichte« eingesetzt, gegen deren Urteile keine Rechtsmittel möglich waren. Die Scheich Said-Rebellion verlor unter dem Druck der gegen sie mobilisierten republikanischen Truppen und rivalisierender kurdischer Stämme rasch an Wirksamkeit. Mitte April 1925 wurde Scheich Said gefangen genommen und die Rebellion war kurz darauf beendet. Er wurde zusammen mit 46 seiner engeren Gefolgsleute im Juni vom Unabhängigkeitsgericht in Diyarbakır zum Tode verurteilt und hingerichtet.

Für Kemal und İsmet waren diese Ereignisse jedoch ein willkommener Anlass, um in großem Stil gegen die Opposition vorzugehen. Unter dem Vorwand, mit ihrem landesweiten Agieren das Entstehen der Kurdenrebellion begünstigt zu haben, wurde die Fortschrittliche Republikanische Partei am 3. Juni 1925 von der Regierung verboten. Gleichzeitig legte die Regierung in Ankara die Grundlagen für die repressive Kurdenpolitik der Republik, die bis heute anhält. Im September 1925 wurde ein »Reformplan für den Osten« in Kraft gesetzt. Er unterstellte die kurdischen Provinzen einem Generalgouverneur, sah die Ansiedelung von 50 000 Türken auf früherem armenischen Besitz in der Region und die Umsiedlung von mehreren Tausend für gefährlich erachteten Kurden in westliche Landesteile vor. In den folgenden Jahren kam es in der ganzen Region zu einer Türkisierung der Ortsnamen. Die Existenz von Kurden, denen von Kemal noch im Befreiungskrieg die lokale Selbstverwaltung in Aussicht gestellt worden war, wurde offiziell tot geschwiegen oder verneint.

Im Herbst 1925 begannen frühere Kader des Komitees für Einheit und Freiheit, die von Kemal und seinen Gefolgsleuten zur politischen Einflusslosigkeit verdammt waren, Attentatspläne gegen den Präsidenten zu schmieden. Als die Verschwörer im Juni 1926 bei einem Besuch Kemals in Izmir zur Tat schreiten wollten, wurde der Plan verraten, und die Verschwörer wurden verhaftet. Der folgende Prozess vor dem »Unabhängigkeitsgericht« zielte jedoch in Absprache mit Kemal vorrangig darauf, die Führungskader der Fortschrittlichen Republikanischen Partei und jene ehemaligen Kader des Komitees, die sich im Laufe des Befreiungskrieges von Kemal abgewandt hatten, auszuschalten. Zahlreiche Todesurteile und Gefängnisstrafen wurden verhängt, von denen nach einer Intervention der Armeeführung nur die früheren Kriegshelden Kazım Karabekir, Ali Fuat, Refet und Cafer (Tayyar) ausgenommen wurden.

Damit war der letzte Widerstand gegen Kemals radikale Reformpolitik in den Kreisen der Nationalisten gebrochen. Vereinzelter Widerstand kam nur noch von den Kurden und aus religiösen Kreisen. Die religiös motivierte Unzufriedenheit mit dem Regime brach sich im Dezember 1930 noch einmal gewaltsam Bahn, als eine Gruppe junger Derwische in der ägäischen Provinzstadt Menemen rebellierte und die Wiederherstellung des Kalifats forderte. Sie konnten die zu ihrer Festnahme geschickte Gruppe von Soldaten überwältigen, enthaupteten deren Führer und trugen dessen Kopf im Triumph durch die Straßen. Sie wurden noch vor Ort von anderen Soldaten erschossen. Bestürzend für das republikanische Regime musste jedoch sein, dass die Bevölkerung sie hatte gewähren lassen. Dies war ein Indiz dafür, dass der säkularistische Grundgedanke der Reformpolitik noch längst nicht beim »Mann auf der Straße« angekommen war.

Dennoch war Anfang der 1930er Jahre die Einparteienherrschaft der CHP unter Kemals Führung endgültig etabliert. Die Republik Türkei ging aus dem nationalen Befreiungskampf und den kemalistischen Reformen als ein autoritäres politisches System mit »europäischem Aussehen« hervor, dessen Geschicke im Wesentlichen von der »zweiten Generation« der jungtürkischen Bewegung bestimmt wurden. Die Anhänger einer eher liberalen Reformpolitik blieben hierbei ebenso auf der Strecke wie die Vertreter islamistischer Strömungen. Beide sollten bis Anfang der 1950er Jahre keine Rolle mehr spielen. Sie unterschied sich von den zeitgleichen totalitären Regimen in Europa vor allem dadurch, dass ihre Führung weitgehend darauf verzichtete, eine totale Gleichschaltung der Gesellschaft durchzusetzen. Das säkulare System blieb in seiner Wirkung hauptsächlich auf die großen Städte und die inneranatolischen Entwicklungszonen beschränkt und wurde größtenteils von der neuen Staatselite aus Beamten, Militär und Intellektuellen getragen. Die Republik stützte sich damit auf dieselben gesellschaftlichen Gruppen, die auch während der Jungtürkenherrschaft das Rückgrat des späten Osmanischen Reiches gebildet hatten. Die Masse der Landbevölkerung dagegen blieb ihren alten Gewohnheiten verhaftet und bildete damit einen Nährboden für das Überdauern traditioneller (religiöser) Einstellungen.

So gesehen, war die »kemalistische Revolution« vor allem eine grundlegende Änderung des institutionell-politischen Überbaus (Republik) und die Vorgabe eines gesellschaftlichen Idealbildes (»westliche Zivilisation«) der Türkei, nicht jedoch eine fundamentale soziale Umwälzung. Staatspolitik und Gesellschaft blieben nach dem Abschluss der kemalistischen Reformpolitik für lange Zeit noch nicht vollständig kongruent. Europa war in der Türkei noch nicht angekommen. Doch war die Machtposition der Reformeliten so weit konsolidiert, dass es ein Zurück hinter die kemalistische Säkularisierung von Oben nicht mehr geben konnte.

8 Kemalismus in Theorie und Praxis

Auch nach über 80 Jahren türkischer Republik sind die durch die kemalistische Revolution geschaffenen identitären Grundlagen des Staates immer noch nicht unumstritten. Die aktuellen politischen Auseinandersetzungen erinnern im Kern an jene inneren Kämpfe, die Kemal ausgefochten hat, um seine Republik zu schaffen: Die vollständige Beseitigung der religiösen Grundlagen des Staates und das Zurückdrängen der Islamisten aus dem öffentlichen Leben, die Niederschlagung kurdischer Autonomieregungen und das Mundtotmachen jeglicher oppositioneller Kräfte. Dies wurde seinerzeit für den Erfolg als notwendig angesehen, denn die Errichtung der türkischen Republik war ein Unterfangen, das gleichzeitig auf die Bildung eines neuen Staates, neu definierter politischer Institutionen, einer neuen Nation, einer neuen Nationalkultur und auf einen weit reichenden gesellschaftlichen und wirtschaftlichen Wandel zielte.

In dieser Gesamtheit und Komplexität liegt das revolutionäre Element von Kemals Bemühungen. Sie waren darauf gerichtet, alle Symbole der osmanisch-islamischen Zivilisation zu zerstören und durch deren westliche Gegenstücke zu ersetzen. Dem Volk sollte eine neue kollektive Identität verpasst werden und es musste dazu gebracht werden, diese auch zu akzeptieren. So stand die kemalistische Revolution vor der Aufgabe, zusammen mit der Republik Türkei das türkische Volk als Nation und den Türken als Bürger der Republik zu schaffen, der sich nicht länger als muslimischer Untertan seines Herrschers verstand.

Die sechs Prinzipien des Kemalismus (*Atatürkçülük*) verkörperten dabei die praktisch-programmatische Grundlage dieses Prozesses der gesellschaftlichen, politischen und wirtschaftlichen Modernisierung der Türkei, und sie waren zugleich das ideologische Konstrukt zur Rechtfertigung der Maßnahmen der kemalistischen Elite für die konkrete Umsetzung dieses Programms. Die Prinzipien wurden 1931 in das Programm der CHP aufgenommen. Sie wurden als die »sechs Pfeile« auch in das Parteiemblem übernommen und dann 1937 als Artikel 2 in die Verfassung der Republik eingefügt. Seitdem haben sie alle Verfassungsänderungen überdauert.

Diese Prinzipien sind: Republikanismus (*cumhuriyetçilik*), Populismus (*halkçılık*), Etatismus (*devletçilik*), Revolutionismus/Reformismus (*inkılapçılık*/«neutürkisch«: *devrimcilik*), Nationalismus (*milliyetçilik*) und Säkularismus/Laizismus (*laiklik*). Sie sind das Ergebnis eines längeren Prozesses von politischer Aktion und Diskussion und hängen deshalb auch mehr oder weniger eng zusammen. Es gibt jedoch keine historisch fundierte, allgemeingültige inhaltliche Definition dieser Prizipien. Dennoch wurden sie von allen Regierungen zur Begründung ihrer jeweiligen Politik herangezogen, und alle Parteien berufen sich in ihren Programmen mehr oder weniger deutlich auf sie.

Kemalismus hat sich damit als hegemonialer politischer Diskurs oder als *raison d'être* der Republik etabliert. Es gibt bis heute keine andere allgemein akzeptierte Legitimationsgrundlage für politische Herrschaft. Doch der Inhalt des Diskurses und damit auch das vorherrschende Verständnis von Kemalismus ist von den jeweiligen gesellschaftlich-politischen Machtkonstellationen und den ihnen zugrunde liegenden Einflussgrößen abhängig. Dennoch geht es in jedem Fall immer um die konkrete Definition der Zielgröße des »Erreichens des höchsten Standes der zeitgenössischen Zivilisation«, d.h. nach allgemein akzeptierter Auffassung um die inhaltliche Ausgestaltung einer Politik der »Westernisierung«.

Hinzu kommt, vor allem seit der türkische Beitrittsprozess zur Europäischen Union in Gang gekommen ist, das Problem, die Vereinbarkeit der jeweiligen Auslegung des Kemalismus mit dem demokratischen Ideal der EU in Einklang zu bringen. Demokratie gehört nämlich nicht ausdrücklich zu den sechs Prinzipien, auf die Atatürk seine Revolution nachträglich gründete. Für die Entwicklung der türkisch-europäischen Beziehungen ist daher bis heute die Frage von Interesse, welchem »zeitgenössischen Ideal« die Prinzipien und die auf sie gegründete politische Praxis eigentlich entsprechen.

Republikanismus

»Der Staat Türkei ist eine Republik.« So steht es in Artikel 1 der aktuellen Verfassung. Das war seit 1923 so, als die Republik proklamiert wurde. Damit wird unterstrichen, dass das politische System der Türkei auf die uneingeschränkte Souveränität des Volkes als Legitimationsgrundlage politischen Handelns gegründet ist. In seiner europäischen historischen Entwicklung kennzeichnet das republikanische Prinzip heute darüber hinausgehend in theoretischer wie praktischer Hinsicht ein politisches System, das zugleich rational, demokratisch, liberal, dem Gleichheitsgedanken verpflichtet und pluralistisch strukturiert ist. In diesem Sinne wird das Prinzip heute auch in der Türkei verstanden.

Ursprünglich sollte damit jedoch in erster Linie der Gedanke der Volkssouveränität hervorgehoben werden, der bereits in der Verfassung der Ankaraner Nationalversammlung von 1921 festgehalten ist. Dadurch sollte vor allem der absolute Bruch mit dem personengebundenen Herrschaftssystem des Osmanischen Reiches verdeutlicht werden. Die politische Praxis der türkischen Republik hatte während des nationalen Befreiungskampfes und der Einparteienherrschaft jedoch noch erhebliche Ähnlichkeit mit dem Vorgängerregime. Die personale Herrschaft des Sultans und seines Hofes wurde in den Jahren zwischen 1923 und 1938 im Wesentlichen durch die personale Herrschaft Mustafa Kemals und seiner CHP ersetzt. Die Nation und ihr Repräsentant, die Nationalversammlung, waren weitgehend auf eine formale Legitimationsfunktion reduziert.

Allerdings war diese Legitimationsfunktion integraler Bestandteil des Systems, einschließlich der damit verbundenen demokratischen Wahlprozeduren – selbst, wenn diese häufig auch nur formalen Charakter hatten. Die Grundlagen für eine Entwicklung im Sinne der oben erwähnten theoretischen Elemente der republikanischen Idee waren so gegeben. Angesichts der personenzentrierten autoritären politischen Praxis dieser Zeit mag es jedoch übertrieben erscheinen, wenn Mustafa Kemal unterstellt wird, ihm selbst habe die demokratische Entwicklung der Türkei als Endziel vorgeschwebt. Er hat jedenfalls nicht erkennbar darauf hin gewirkt. Er hat allerdings auch nichts getan, das von ihm propagierte Prinzip der Volkssouveränität prinzipiell zu untergraben. Die republikanische Staatsform konnte daher in der türkischen Bevölkerung so feste Wurzeln schlagen, dass sie heute nur noch von einer verschwindend kleinen Minderheit in Frage gestellt wird.

Das wurde vor allem durch den Übergang zu einem Mehrparteiensystem nach den Wahlen von 1950 bestärkt, mit dem die politische Herrschaft der CHP nachhaltig beendet wurde. Sie wurde seitdem in den insgesamt 15 Parlamentswahlen nur noch dreimal (1961, 1973,1977) stärkste Partei, hat aber nie eine absolute Mehrheit erringen können. Sie wurde in ihrer zentralen politischen Rolle von Parteien abgelöst, deren Ursprung in der 1946 von Anhängern des von Kemal unterdrückten »liberalen« Flügels der CHP gegründeten Demokratischen Partei (*Demokrat Partisi*/DP) liegt. Trotz der nach dem Zweiten Weltkrieg erfolgten Machtablösung der CHP blieben die westorientierten progressiven Grundgedanken der kemalistischen Revolution unter den dominanten Nachfolgeparteien deshalb weitgehend unumstritten, wenngleich ihre konkrete politische Umsetzung spezifisch bürgerlich-liberale Züge annahm.

Das republikanische Prinzip hat auch drei kurze Perioden von Militärherrschaft überstanden. 1960 und 1980 setzte das Militär die zivilen Regierungen ab, löste die Nationalversammlung auf und verbot zeitweise die politischen Parteien. 1971 wurde die amtierende Regierung zum Rücktritt gezwungen und durch eine Reihe kurzlebiger »Technokratenregierungen« ersetzt. Alle drei Militärputsche wurden als unumgängliche Maßnahmen zur Rettung der Republik und der Sicherung der Errungenschaften der kemalistischen Revolution gerechtfertigt und nicht als Einstieg in eine Militärdiktatur verstanden. In allen Fällen wurden die republikanischen Strukturen im Kern nicht angetastet. Die jeweiligen Militärherrscher waren vielmehr bemüht, nach einer möglichst kurzen Übergangszeit zu einem zivilen Politiksystem zurück zu kehren.

Mit diesen Eingriffen stilisierte sich das türkische Militär als »Wächter der kemalistischen Republik«, die es, wann immer notwendig, vor existenzbedrohenden inneren Gefahren zu schützen galt. Das war zur Zeit des Kalten Krieges vor allem die Bedrohung durch den Kommunismus. Heute sind es nach Auffassung der Militärführung vor allem die islamistische Bewegung und der kurdische Separatismus, die den türkischen Säkularismus und die nationale Einheit bedrohen. Diese »Wächterrolle« des Militärs wird bis heute von weiten Teilen der türkischen Öffentlichkeit akzeptiert. Damit weist aber die türkische Republik ein für diese Staatsform untypisches Merkmal auf. Die Souveränität liegt in der Türkei nicht mehr uneingeschränkt beim Volk, sondern in letzter Instanz beim Militär, das mit dem Anspruch auftritt, in Zeiten nationaler Existenzkrisen den eigentlichen Volkswillen zu verkörpern.

Hier setzt sich, wenn auch in veränderter Gestalt, der erzieherisch-autoritäre Grundzug von Atatürks Republikverständnis fort, demzufolge das Volk von einer einsichtigeren, weil gebildeteren, Instanz geleitet werden muss, bis es selbst in der Lage ist, seine Rolle als Souverän vollständig und im Sinne der modernen Zivilisation wahrnehmen zu können. So lange dieser Zustand anhält – und er ist, trotz nunmehr über achtzig Jahren kemalistischer Reformen, gegenwärtig immer noch nicht vollständig überwunden – ist die türkische Republik immer noch eine Republik mit beschränkter Volkssouveränität. Das entspricht keinesfalls dem Stand der »zeitgenössischen«, d.h. europäischen Zivilisation und wird von den Instanzen der EU auch immer wieder entsprechend kritisiert.

Populismus

Das Prinzip des Populismus ist in seinem Inhalt nicht völlig klar. Manche bezeichnen es als gesellschaftliches Pendant zum politisch-institutionellen Republikprinzip, d.h. als sozialen Ausdruck des Gedankens der Volksherrschaft. In dieser Sicht hat es dann auch Berührungspunkte mit dem Prinzip des Nationalismus. Das klingt auch in der in Artikel 2 der aktuellen Verfassung von 1982 enthaltenen Formel vom »Geist der nationalen Solidarität« noch an. Deutlich wird aber bei aller Verschiedenheit der Interpretation, dass Populismus im kemalistischen Sinn weder »völkische« Konnotationen hat, noch im heute geläufigen Verständnis als eine am vorgeblichen Interesse des Volkes orientierte opportunistische Politik zu verstehen ist.

Unbestreitbar ist, dass Kemal während des nationalen Befreiungskampfes und des Aufbaus der Republik häufig die Volksverbundenheit des ganzen Prozesses betont hat. Der politisch-ideologische Diskurs sprach davon, dass das türkische Volk in seiner Gesamtheit selbst sich die neue Republik und ihre gesellschaftlichen Grundlagen geschaffen habe. Keine Rede davon, dass es Kemals Autoritarismus und die gewaltsam herbeigeführte Durchsetzung der Herrschaft der CHP waren, die die Republik ins Leben riefen – häufig genug gegen die im Volk vorherrschenden Grundhaltungen. Im gleichen Verständnis wurde von der kemalistischen Führung auch das Einparteiensystem der CHP gerechtfertigt, da in ihr alle Gruppen des Volkes vertreten wären. Auch diese Behauptung war rein ideologischer Natur, denn die große Mehrheit des Volkes war unter den Mitgliedern der CHP nicht vertreten: die unwissende einfache ländliche Bevölkerung.

Ein anderer Akzent des Populismusprinzips ist die Vorstellung des Volkes als einer einheitlichen sozialen Gemeinschaft, in der es keine Klassen-, Rassen- oder Religionsunterschiede von politischer Bedeutung geben sollte. Die Gesellschaft wird als in prinzipiell nach Harmonie und Einheit strebende, beruflich orientierte Einheiten gegliedert gesehen. Innergesellschaftlicher Konflikt als Triebfeder sozialer und politischer Entwicklung wird abgelehnt. In diesem Aspekt zeigt das Prinzip des Populismus eine gewisse Ähnlichkeit mit den ebenfalls gemeinschaftsorientierten, kollektiven Vorstellungen des Volkes im islamischen Denken. Die harmonische kemalistische Gemeinschaft der türkischen Bürger ähnelt dann in ihren konstruktiven Grundgedanken der muslimischen *umma*.

Populismus ist aber auch die ideologische Grundlage für die behauptete politische Gleichheit aller türkischen Bürger, wie sie schon in den Bestimmungen der Verfassung von 1924 festgehalten ist. Der Fortsetzung des nach der Religionszugehörigkeit differenzierenden osmanischen *millet*-Systems war damit der Boden entzogen. Doch zeigt die politische und soziale Realität der Republik Türkei bis heute, dass dieser Gleichheitsgedanke häufig nur Programm geblieben ist. Die Realität sieht zumindest für türkische Bürger nicht-muslimischen Glaubens oder Muslime nicht-sunnitischer Zugehörigkeit (Aleviten) ebenso anders aus wie für Bürger nicht-türkischer ethnischer Herkunft (Kurden), so weit sie diese andere Herkunft irgendwie betonen möchten. Der Gedanke der Volkseinheit ist in der Praxis der Republik zum Gedanken einer Einheit auf türkisch-sunnitischer Grundlage geronnen. Mit seinem immanenten Homogenitätsideal entspricht das Populismusprinzip deshalb keineswegs dem im heutigen europäischen Denken vorherrschenden Verständnis von politischem und gesellschaftlichem Pluralismus als konstitutivem Element demokratischer Gesellschaften.

Etatismus

Das Prinzip des Etatismus hat lange Zeit für die Entwicklung der türkischen Wirtschaft eine wesentliche Bedeutung gehabt. Es begründet die Politik starker staatlicher Eingriffe in das Wirtschaftsleben, einschließlich der Schaffung von staatlich kontrollierten Wirtschaftszweigen im Rahmen einer gemischten Wirtschaftsordnung. Es reiht sich ein in die politischen Prinzipien, mit denen Mustafa Kemal und seine Gefolgsleute die nationale Unabhängigkeit der neuen Republik sichern wollten. Dazu gehörte auch wesentlich eine von ausländischen Einflüssen freie, unabhängige nationale Wirtschaft und ein entsprechender Industrialisierungsprozess. Das Prinzip ist aber nicht nur aus theoretisch-ideologischen Erwägungen, sondern ebenso sehr aus praktischen Notwendigkeiten in der Gründungsphase der neuen Republik entstanden.

Der erste türkische Wirtschaftskongress in Izmir 1923 förderte eher den Gedanken privatwirtschaftlicher Initiative. Doch zeigte sich besonders im Anschluss an die Weltwirtschaftskrise, die die primär landwirtschaftlich geprägte Türkei schwer traf, dass im Land einfach zu wenig Unternehmer und Kapital vorhanden waren, um einen breit angelegten Entwicklungsprozess in Gang setzen zu können. Der Zustrom von Auslandskapital blieb weitgehend aus, nicht zuletzt, weil die kemalistische Führung unter dem Eindruck der gerade überwundenen Kapitulationen allen ausländischen Einflüssen auf Staat und Wirtschaft mit einem erheblichen Misstrauen begegnete. Auslandskapital kam zudem im Wesentlichen aus der Sowjetunion, verbunden mit der Idee staatswirtschaftlicher Lenkung. Ab 1934 kannte auch die Türkei die Praxis von Fünf-Jahres-Entwicklungsplänen und das Engagement des Staates beim Aufbau der Grundindustrien wie Zement, Glas, Textil, Kohle und Stahl, ergänzt um Zwischenprodukte und Verbrauchsgütersektoren wie Papier, Zucker, Tabak und Alkohol. Zudem wurde der Finanzbereich durch die Gründung verschiedener Staatsbanken für unterschiedliche Entwicklungszwecke ebenfalls stark dem staatlichen Einfluss unterworfen.

Doch kam es in der Türkei nicht zu umfassenden Verstaatlichungen, abgesehen von der Übernahme ausländischer Betriebe, vor allem im Verkehrs- und Versorgungssektor, durch den türkischen Staat im ersten Jahrzehnt der Republik. Privatwirtschaftliche Unternehmen existierten in vielen Bereichen neben den staatlichen und konnten in der Regel von den besonderen Produktions- und Absatzregimen der Staatsbetriebe profitieren. Insbesondere die Industrialisierung im Konsumgüterbereich (u.a. Pharma, Haushaltsgeräte, Automobil, Textil und Bekleidung), die ab den 1960er Jahren verstärkt auf privatwirtschaftlicher Grundlage einsetzte, profitierte von dieser inter-industriellen Arbeitsteilung zwischen Staats- und Privatunternehmen sowie vom importsubstituierenden Außenwirtschaftsregime. Das Wachstum der heute in der türkischen Wirtschaft dominanten großen Familienholdings beruhte nicht zuletzt auf dieser symbiotischen Beziehung von Staats- und Privatsektor.

Der türkische Etatismus kann so als ein Prozess kapitalistischer Entwicklung bezeichnet werden, in dem der Staat auch als strategischer Agent privatwirtschaftlicher Unternehmer wirkte: Er sorgte einerseits für relativ billige Grundstoffe und Vorprodukte und schützte andererseits vor ausländischer Konkurrenz auf den entstehenden heimischen Verbrauchsgütermärkten. Dies kam auch in der nach 1960 wieder aufgenommenen Planungspraxis zum Ausdruck: Die Vorgaben der Fünfjahrespläne hatten für Staatsunternehmen einen verbindlichen, für die Privatwirtschaft aber nur indikativen Charakter. Die Finanzierung der notwendigen Investitionsgüterimporte wurde nach dem Zweiten Weltkrieg hauptsächlich durch Kapitalimport in Form von Auslandskrediten und seit Mitte der 1960er Jahre auch durch Gastarbeiterüberweisungen gewährleistet. Dabei kam der Türkei zusätzlich ihre herausragende strategische Stellung im Kalten Krieg als »Riegel« gegen das sowjetische Vordringen in den Mittelmeerraum zugute. Sie sorgte in kritischen Situationen für die Bereitschaft ihrer westlichen Verbündeten, die türkische Wirtschaft umfassend zu stützen.

Das Ende der etatistischen Wirtschaftsideologie wurde Anfang 1980 eingeläutet. Als Reaktion auf eine schwere Wirtschaftskrise, die Ende der 1970er Jahre zu einem faktischen Staatsbankrott geführt hatte, wurde auf internationalen Druck, dem sich die türkische Großindustrie anschloss, ein Reformprogramm initiiert, das auf Marktliberalisierung und Exportorientierung setzte. Seitdem ist es, mit teilweise scharfen konjunkturellen Fluktuationen, zu einer fortschreitenden Liberalisierung der türkischen Wirtschaft gekommen. Etatismus als Wirtschaftsideologie hat heute endgültig ausgedient. Die EU hat die Türkei als vollwertige Marktwirtschaft anerkannt.

Dennoch haben sich lange etatistische Relikte gehalten. So verlief der Prozess der Privatisierung der Staatsunternehmen äußerst schleppend und auch heute noch sträubt sich vor allem die oppositionelle CHP gegen den »Ausverkauf strategischer Wirtschaftssektoren«, vor allem wenn diese in ausländische Hände zu fallen drohen. Auch in einer zunehmend globalisierten Welt meinen die kemalistischen Kreise, das Prinzip der nationalen Unabhängigkeit sichern zu müssen. Immer wieder haben sie deshalb die Gerichte bis hin zum Verfassungsgericht bemüht, um den staatlichen Einfluss auf die wirtschaftliche Entwicklung zu wahren. Doch auch »liberale« Regierungen waren durchaus für die Verlockungen anfällig, die die Verfügung über staatliche Unternehmen, einschließlich der Staatsbanken, für die Instrumentalisierung im Interesse wahlorientierter Manipulationen bot. Ausgerechnet der religiös fundierten AKP ist es in den letzten Jahren gelungen, durch die strikte Befolgung eines mit dem IWF vereinbarten Programms umfassender Strukturreformen die Verdrängung des Staates aus dem Wirtschaftsleben auf eine dauerhaftere Grundlage zu stellen.

Revolutionismus/Reformismus

Das Prinzip des Revolutionismus/Reformismus war in der Gründungsphase der Republik von großer praktischer Bedeutung und hat diese dann sehr schnell verloren. Es bringt die Überzeugung Kemals zum Ausdruck, dass notwendige gesellschaftliche Veränderungen ein permanenter Prozess sind. Triebkraft dieser Veränderungen ist das positive Wissen, die Wissenschaft, deren Erkenntnisse aus dem tatsächlichen Leben und nicht aus Mythen oder Dogmen religiöser Natur gewonnen werden. Die Idee von Entwicklung als eines Prozesses ständigen (revolutionären) Wandels diente so auch dem Zweck, die neue Republik von dem, auf die ewige Gültigkeit bestimmter Wahrheiten gegründeten, islamischen Reichsgedanken abzusetzen.

Das Dilemma des Kemalismus ist nun, dass das Prinzip des Revolutionismus/Reformismus etwa seit Mitte der 1930er Jahre bei seinen Anhängern immer stärker in Vergessenheit geraten ist. Die Verfestigung der Einparteienherrschaft der CHP und die vor allem nach Atatürks Tod unter İnönü perfektionierte symbiotische Verbindung von Partei und Staatsapparat haben zunehmend zu einer Dogmatisierung des Kemalismus geführt. Die Einführung und Durchsetzung des Mehrparteiensystems durch İnönü nach 1946 und die damit verbundene Aufgabe der außenpolitischen Neutralität zugunsten der Westbindung war der letzte »revolutionäre« Schritt im Sinn des Prinzips, der zur Anpassung der kemalistischen Republik an die veränderte Wirklichkeit durch die Kemalisten selbst vorgenommen wurde.

Seitdem haben sie sich immer stärker darauf konzentriert, die Errungenschaften der kemalistischen Revolution gegen Aufweichungen durch andere politische Kräfte zu verteidigen. Die Frage, wie die Prinzipien und Errungenschaften dieser Revolution unter den Bedingungen eines relativ raschen wirtschaftlichen und gesellschaftlichen Wandels in der Türkei und von erheblichen Veränderungen im internationalen Umfeld der Republik in »zeitgenössischer« Weise neu zu gestalten und zu interpretieren wären, kam in der CHP und den wesentlichen kemalistischen Organisationen nie ernsthaft in den Fokus der programmatischen Debatte. Das hat seit Anfang der 1960er Jahre zu einer sich verstärkenden Polarisierung zwischen den Kemalisten und ihren Anhängern auf der einen Seite und den »Nicht-Kemalisten« und deren Anhängern auf der anderen Seite geführt.

Nationalismus

Neben der Republik ist die türkische Nation das zweite dauerhafte Resultat der kemalistischen Revolution. Zu Beginn des 20. Jahrhunderts waren »Nationalismus« und »Nation« für die Bevölkerung Anatoliens noch fremde Konzepte. Man kannte sie allenfalls als negative Erfahrung infolge des Verlustes der balkanischen Gebiete durch die dortigen Nationalbewegungen. Ausgehend vom nationalen Befreiungskrieg und seiner ideologischen Deutung durch Kemal und seine Gefolgsleute entstand aus den Trümmern des osmanischen Vielvölkerreiches in der Bevölkerung Anatoliens dann zunehmend ein türkisches Nationalbewusstsein und darauf gründend die türkische Nation. Diese Entwicklung ist ein besonders anschauliches Beispiel für die inzwischen in den Sozialwissenschaften weitgehend akzeptierte These Benedict Andersons, dass Nationen im politisch-gesellschaftlichen Prozess geschaffene »imaginierte Einheiten« und keine »naturgegebenen« Kollektive sind.

In der Türkei ging das im ursprünglichen kemalistischen Anspruch eher politisch definierte Verständnis der türkischen Nation rasch und immer stärker verloren und wurde durch ein ethnisch-religiös definiertes Verständnis überlagert. Der offizielle Diskurs betont zwar nach wie vor das am Prinzip des Staatsbürgers orientierte

Verständnis der Nation: Jeder Bürger der Republik Türkei ist Türke; die Gesamtheit der so definierten Türken bildet die türkische Nation. So steht es auch in der Verfassung. In der politisch-gesellschaftlichen Praxis hingegen hat sich ein Nationsverständnis etabliert, das das Verständnis von »Türke« mit einem türkischstämmigen sunnitisch-muslimischen Bewohner Anatoliens gleichsetzt.

Eine problematische Erweiterung hat das türkische Nationsverständnis in den letzten Jahrzehnten durch die Gastarbeitermigration nach Europa und die Wiederentdeckung der Turkvölker in Zentralasien erfahren. Im politischen Verständnis einer breiten Mehrheit der türkischen Bevölkerung gehören auch jene Türken, die als Gastarbeiter nach Europa gegangen sind, und deren Nachkommen zur türkischen Nation, selbst dann, wenn sie inzwischen die Staatsbürgerschaft des europäischen Staates angenommen haben, in dem sie heute leben. Dies ist allerdings keine spezifisch türkische Sichtweise, sondern wird zumindest unbewusst von einem großen Teil der einheimischen Bevölkerung dieser Länder genau so gesehen, wenn zum Beispiel seit Jahren in Deutschland eingebürgerte Türken auf die »zu Hause«, d.h. in der Türkei herrschenden Verhältnisse angesprochen werden. Außerdem haben eher turanistisch orientierte Kreise der türkischen Gesellschaft, d.h. Anhänger der Idee, dass alle turkstämmigen Völker nicht nur ethnisch, sondern auch politisch eine Einheit bilden sollten, nach dem Zusammenbruch der Sowjetunion in den turkstämmigen Völkern der neuen zentralasiatischen Republiken verloren gegangene Teile der türkischen Nation entdeckt. So ist das von Atatürk eher bewusst auf das Territorium der neuen Republik beschränkte Verständnis der türkischen Nation in jüngerer Zeit geografisch zum Teil erheblich ausgeweitet worden.

Für Atatürks Idee des Nationalismusprinzips steht die heute überall im Lande zu findende Formel: *Ne mutlu Türküm diyene!* (»Wie glücklich, wer von sich sagen kann: Ich bin Türke!«), mit der er 1933 seine Rede zur Zehnjahresfeier der Republik abschloss. In Anlehnung an Ziya Gökalps Ideen der nationalen Kultur als wesentliches Element einer Nation als Gemeinschaft beinhaltete die Selbstzuschreibung »Ich bin Türke!« vor allem das Bekenntnis zur türkischen Kultur und Sprache und zur Republik und ihren Grundlagen. Damit ging allerdings bereits Atatürk über das rein staatsbürgerliche Verständnis der Nation hinaus und fügte ihm ein kulturelles Element hinzu. Die Nation war für ihn eine unteilbare, durch bestimmte kulturelle Eigenarten wie Sprache und Geschichte geprägte Einheit. In ihr konnte es deshalb auch keine anderen, durch eine eigene Identität, d.h. eine andere Kultur, definierte Gruppen geben. Dieses Nationsverständnis hat eindeutig Wurzeln im in Europa verbreiteten Begriff der »Kulturnation« und ist auch heute noch in verschiedenen europäischen Ländern anzutreffen.

Diese besondere türkische Kultur wird besonders in den auf Geheiss Atatürks 1932 bzw. 1930 geschaffenen Gesellschaften für türkische Sprache und türkische Geschichte gepflegt. Beide Einrichtungen wurden von Atatürk testamentarisch mit seinem Vermögen bedacht, was sie zu quasi sakrosankten kemalistischen Ur-Bestandteilen der Republik machte. Sie sind heute in der »Hohen Atatürk-Gesellschaft für Kultur, Sprache und Geschichte« zusammengefasst und mit Verfassungsrang versehen (Artikel 134). Sie sind ein Hort der Tradierung des unitarischen Nationsverständnisses als eines ideologischen Kerns der modernen Republik.

In Verbindung mit den Prinzipien des Republikanismus und des Populismus war mit Kemals Nationsverständnis nämlich der auch in der aktuellen Verfassung von 1982 hervorgehobene Grundsatz von der »unteilbaren Einheit von Staatsgebiet und Staatsvolk« der Republik Türkei definiert. Damit wird prinzipiell die Möglichkeit ausgeschlossen, dass es in der Türkei Minderheiten irgendwelcher Art gibt, die Anspruch auf die Pflege einer eigenen kulturellen Identität haben. Davon sind bis heute ganz besonders die Kurden betroffen. Die Verneinung der kurdischen Identität durch die türkischen Nationalisten hat erheblich zur Entwicklung des kurdischen Widerstandes beigetragen, der bis hin zu, vor allem von der Arbeiterpartei Kurdistans (*Partîya Karkarên Kurdistan*/PKK) propagierten, separatistischen Bestrebungen geht. Als einzige, eher widerwillig gewährte Konzession wird offiziell die Existenz der im Vertrag von Lausanne so bezeichneten »nicht-muslimischen« Gruppen als Minderheit akzeptiert. Dabei wird dieser Begriff auf die Angehörigen jüdischen Glaubens, griechisch-orthodoxe Christen und Armenier beschränkt, obwohl, wie oben gezeigt, die Formulierungen des Lausanner Vertrages viel allgemeiner gefasst sind.

Die Bindung des kemalistischen Nationsbegriffs an das Türkentum hat in der türkischen Bevölkerung zu einer latenten Fremdenfurcht und -feindlichkeit geführt, die alles »Fremde« mit einem gewissen Argwohn betrachtet. So hat schon Kemal in seiner berühmten »Rede« (*Nutuk*) von 1927, in der er auf dem Parteitag der CHP an fünf Tagen seine autoritative Geschichte des Befreiungskampfes dargelegt hat, die christlichen Minderheiten als innere Feinde des Osmanischen Reiches und damit auch der Republik gebrandmarkt. Diese Einstellung kann sich heute in extrem-nationalistischen, aber auch doktrinär-kemalistischen Kreisen schnell zu echter Fremdenfeindlichkeit auswachsen. Das gilt vor allem, wenn es politisch mit dem »Sèvres-Syndrom« verbunden wird, demzufolge ausländische Mächte konstant danach trachten, die Türkei durch Spaltungsbemühungen zu schwächen. Zum Beispiel wird die Forderung der EU, im Zuge des Beitrittsprozesses die Existenz von Minderheiten in der Türkei anzuerkennen, von diesen Kreisen als ein typisches Beispiel für einen derartigen Spaltungsversuch angesehen.

Das republikanische Nationalismusverständnis, dass es in der Türkei eine türkische Nation gibt, die durch eine eigenständige Kultur gekennzeichnet ist, wird heute von keiner Seite mehr in Frage gestellt. Strittig ist allenfalls, ob und wie weit die islamische Religion fester Bestandteil dieser nationalen Identität ist. Für »pure« Kemalisten gehört sie natürlich nicht dazu. Für sie ist Religion eine Privatangelegenheit, die jeder auf seine ganz persönliche Art und Weise lebt. Sie kann deshalb auch nicht Teil einer kollektiven Identität sein. Doch lässt sich kaum ernsthaft bestreiten, dass, allen säkularisierenden Reformen Kemals zum Trotz, sich die breite Masse der Bevölkerung auch immer bewusst als Muslime wahrgenommen hat, die Religion für sie also identitärer Bestandteil des türkischen Nationsbegriffs ist. Dies war und ist für die politische Elite letztlich auch kein Problem, so lange darüber die Grundlagen der kemalistischen Republik nicht ernsthaft angetastet werden, wozu auch die uneingeschränkte Geltung des Säkularismusprinzips gehört.

Säkularismus/Laizismus

Atatürk schuf den ersten säkularen Staat in der muslimischen Welt, weil er zutiefst davon überzeugt war, dass Laizismus die grundlegende Komponente für jegliche Modernisierung ist. Nur auf dieser Grundlage kann die auf Vernunft gegründete Wissenschaft zum Leitmotiv gesellschaftlicher Entwicklung werden. Die türkische Republik, die nach dem höchsten Stand der zeitgenössischen Zivilisation strebte, war daher in Atatürks Sicht ohne Säkularismus nicht vorstellbar. Religion gehörte deswegen aber nicht abgeschafft, sondern aus allen öffentlichen Belangen entfernt und auf den ihr zukommenden Platz im persönlichen Leben des Einzelnen verwiesen. Das Prinzip des Säkularismus bildet deshalb neben dem Nationalismusprinzip das Rückgrat der kemalistischen Republik. Das Prinzip ist heute in der Türkei mehrheitlich akzeptiert. Nur eine kleine Minderheit der Türken will noch ein auf religiöse Gesetze (Scharia) gestütztes Staatswesen.

Dieses Verständnis von Staat und Gesellschaft entspricht so weit dem in Europa vorherrschenden Verständnis, das sich hier seit der Epoche der Aufklärung um die Mitte des 18. Jahrhunderts entwickelt hat. Damals setzte jener Prozess ein, der zur Ablösung der Religion als legitimierendes Element der öffentlichen Ordnung führte. Doch hat es in den meisten europäischen Staaten neben dieser, mehr oder weniger ausgeprägten, formalen Trennung von Staat und Religion seit der Zeit der Aufklärung auch einen gesellschaftlichen Entwicklungsprozess gegeben, in dem die Bedeutung der Religion für die Gestaltung der Lebenswirklichkeit des Einzelnen immer mehr an Bedeutung verloren hat. Die europäischen Staaten sind heute nicht nur säkulare/laizistische Ordnungen, ihre Gesellschaften sind auch säkularisiert.

Es gibt jedoch kein allgemein gültiges und überall akzeptiertes Muster für die Gestaltung des Verhältnisses von Staat und Religion. Dieses wird in den einzelnen europäischen Ländern von der jeweiligen nationalen kulturellen und politischen Geschichte bestimmt. Dieser Prozess ist in der Türkei auch zu beobachten, doch ist er längst noch nicht so weit fortgeschritten wie in den europäischen Gesellschaften. Dies hat dazu geführt, dass es immer wieder zu heftigen politischen Auseinandersetzungen um die »richtige« Interpretation des Säkularismusprinzips kommt.

Eine Besonderheit des säkularistischen Systems der türkischen Republik wurde schon im Rahmen der kemalistischen Reformen 1924 geschaffen: Gleichzeitig mit der Abschaffung des Kalifats entstanden die staatlichen Behörden für die Verwaltung der frommen Stiftungen und für die religiösen Angelegenheiten. Damit wurden zentrale Belange der öffentlichen Praxis des Islam zu staatlichen Aufgaben. Dies gilt bis heute. Insbesondere das Präsidium für religiöse Angelegenheiten (*Diyanet İşleri Başkanlığı*, kurz: *Diyanet*) wurde im Laufe der Zeit zum Hauptinstrument staatlicher Kontrolle über die Religion ausgebaut. Es betreibt als dem Amt des Ministerpräsidenten zugeordnete Behörde die Kontrolle und Verwaltung der Moscheen, beschäftigt die dort tätigen Geistlichen, veranstaltet die offiziellen Korankurse und ist für die Abfassung der landesweit verlesenen Texte der Freitagspredigten zuständig. Daneben erteilt es religiöse Handlungsanweisungen für den Alltag der Gläubigen (*Fetwa*), beaufsichtigt die jährlichen Pilgerreisen nach Mekka und gibt zahlreiche religiöse Schriften heraus.

Entgegen seiner Bezeichnung erstreckt sich sein Wirken allein auf den sunnitischen Islam hanafitischer Prägung. Alle anderen Formen des Islam, einschließlich des immerhin von etwa zwanzig Prozent der Bevölkerung praktizierten Alevismus, gelten damit als »inoffiziell«, nicht zu sprechen von nicht-muslimischen Religionen, um deren Belange sich das Präsidium gar nicht kümmert. Vor dem Hintergrund des oben erläuterten kemalistischen Nationalismusverständnisses erscheint dies gerechtfertigt, besagt doch die Verfassung von 1982 in Artikel 136, dass das Präsidium für Religionsangelegenheiten seine Aufgaben, »im Sinne des laizistischen Prinzips ... sowie gerichtet auf die nationale Solidarität und Integration« zu erfüllen hat. Es hat also dafür zu sorgen, dass jene öffentlichen Belange des Islam, die nicht in die Kompetenz des Justiz- und Erziehungsministeriums fallen, der staatlichen Kontrolle im Sinn der kemalistischen Prinzipien unterliegen. Damit ist in der säkularen Republik Türkei Religion zwar aus dem öffentlichen Leben verbannt, doch hat diese Form der Trennung von Staat und Religion zu der paradoxen Situation geführt, dass sich heute eine der nach der beschäftigten Personenzahl größten Untergliederungen der staatlichen Verwaltung ausschließlich mit religiösen Angelegenheiten beschäftigt. Das ist in Europa, mit Ausnahme des Vatikanstaates, einzigartig.

Dem europäischen Säkularismusverständnis entspricht auch das in der Verfassung in Artikel 24 verankerte Grundrecht der Religionsfreiheit. Allerdings gibt es Einschränkungen. So darf die Religion nicht dazu genutzt oder missbraucht werden, »um die soziale, wirtschaftliche, politische oder rechtliche Ordnung des Staates auch nur zum Teil auf religiöse Regeln zu stützen oder politischen ... Gewinn oder Nutzen zu erzielen ... .« Auch darf die Freiheit der Religionsausübung nicht dazu gebraucht werden, »um die unteilbare Einheit von Staatsgebiet und Staatsvolk zu zerstören« (Artikel 14).

Diese Bestimmungen muten in einem europäischen Kontext fremdartig an, sind jedoch, wie unschwer zu erkennen ist, der Entwicklungsgeschichte der kemalistischen Republik und der ihr zugrunde liegenden Prinzipien geschuldet. Allerdings bringen sie im Kern das zum Ausdruck, was in Frankreich durch den Grundsatz der *laicité* gewährleistet wird: die absolute Fernhaltung der Religion von staatlichen Angelegenheiten. Doch fehlt in der Türkei, wie erwähnt, das Pendant zum zweiten Teil der französischen *laicité*, die absolute Fernhaltung des Staates aus religiösen Angelegenheiten.

Es sind diese Verfassungsbestimmungen und ihre Umsetzung in zahlreichen Gesetzen wie dem Parteiengesetz, Gewerkschaftsgesetz oder dem Strafrecht, die immer wieder zu politischen Auseinandersetzungen über die »korrekte« Auslegung und Anwendung des Säkularismusprinzips im politischen und gesellschaftlichen Alltag der Republik geführt haben. Die prägnantesten Formen dieser Auseinandersetzung sind zum einen die zahlreichen Verbotsverfahren gegen die dem politischen Islam zuzurechnenden Parteien wegen des Vorwurfs »ein Zentrum antilaizistischer Aktivitäten« zu sein. Der Europäische Gerichtshof für Menschenrechte (EGhMR) hat 2001 in einem Verfahren zum Verbot der islamistischen Wohlfahrtspartei (*Refah Partisi*/RP), festgestellt, dass ein derartig begründetes Parteiverbot unter bestimmten Bedingungen nicht gegen die Europäische Menschenrechtskonvention (EMRK) verstößt. Dies macht solche Verbotsverfahren für die davon betroffenen Parteien besonders riskant.

Zum anderen entfacht sich der sog. »Kopftuchstreit« immer wieder an der Diskussion um die richtige Interpretation des Säkularismusprinzips. Hier geht es um die Frage, ob das in der Türkei geltende Verbot für Frauen, mit einem in »religiöser Manier« gebundenem Kopftuch (auf türkisch: *türban*) öffentliche Gebäude wie Universitäten, Gerichte oder das Parlament zu betreten, mit dem Grundsatz der Religionsfreiheit vereinbar ist. Der kemalistische Staat ist der Auffassung, dass das Tragen des *türban* Ausdruck einer anti-laizistischen politischen Gesinnung ist und nicht Ausdruck der persönlichen Religiosität der Trägerin. Die Kreise des politischen Islam und die breite Mehrzahl der *türban*-Trägerinnen behaupten gerade dies und sehen in dem Zutrittsverbot zu Universitäten eine Beschneidung ihres menschenrechtlich garantierten Rechts auf Bildung. Auch in dieser Frage gibt es ein Urteil des EGhMR von 2004, mit dem verneint wird, dass das türkische »Kopftuchverbot« an Universitäten einen Verstoß gegen die EMRK darstellt.

Hinter diesen Auseinandersetzungen steht die wichtige politische Frage, welche Grenzen in einer pluralistischen Demokratie für die Äußerung von politischen Positionen gezogen werden dürfen. Für die Kemalisten wird diese Grenze durch die Prinzipien der Revolution und deren Interpretation im Geist des nationalen Befreiungskampfes gebildet. Sie sehen vor allem das Säkularismusprinzip als unverzichtbare Grundlage der Demokratie an. Deshalb wird in dieser Sicht mit der Bewahrung des Säkularismus auch gleichzeitig die Demokratie in der Türkei bewahrt. Das Verbot einer Partei wegen des Verstoßes gegen das Prinzip des Säkularismus kann deshalb nie eine Verletzung der Demokratie sein. So sah es bisher auch das Verfassungsgericht.

Für die Anhänger der von einem Verbot bedrohten aktuellen Regierungspartei AKP und Vertreter westlich-liberaler Ansichten in der türkischen Gesellschaft hingegen entstehen Grenzen erst dann, wenn explizit zu einem (gewaltsamen) Umsturz der staatlichen Ordnung aufgerufen wird. Eine Partei, die, wie die AKP, in ihrer Programmatik und ihrer praktischen Regierungspolitik der letzten Jahre die Angleichung der türkischen Rechtslage und der darauf beruhenden gesellschaftlich-politischen Praxis an den »Gemeinschaftlichen Besitzstand« (*acquis communautaire*) der EU propagiert und betreibt, kann in diesem Verständnis nicht gegen das Demokratieprinzip verstoßen, so lange sie nicht offen und öffentlich für die Einführung eines Scharia-Staates in der Türkei eintritt.

Die Frage, wie mit sich explizit politisch verstehenden islamischen Organisationen von Seiten des Staates umzugehen sei, ist auch für die europäischen Staaten spätestens seit dem 11. September 2001 ein zunehmend wichtiges Thema geworden. In der Ablehnung von Entwicklungen, die in einen Scharia-Staat münden könnten, besteht keine wesentliche Differenz zur offiziellen türkischen Haltung. Was den gesellschaftlich-politischen Freiraum für solche Organisationen angeht, dürfte die Mehrheit der EU-Länder allerdings einen liberaleren Ansatz pflegen. Doch auch EU-Staaten kennen ihren »Kopftuchstreit«, der in Frankreich und Deutschland z.B. dazu geführt hat, dass Lehrerinnen an staatlichen Schulen das Tragen des religiös gebundenen Kopftuches in der Dienstzeit verboten ist. Hingegen dürfen in beiden Ländern Studentinnen die Universität »mit Kopftuch« betreten. Die Frage nach den Grenzen des Säkularismus, seinem Verhältnis zu anderen Grundrechten und der demokratischen Ordnung ist also ein Problem, das nicht nur die türkische Politik und Gesellschaft mit Blick auf den politischen Islam kontrovers beschäftigt.

Die Analyse der kemalistischen Prinzipien und ihrer Umsetzung in der Republik führt vor dem Hintergrund der europäischen Entwicklung zu dem Schluss, dass die türkische Demokratie als etabliertes pluralistisches Mehrparteiensystem durch ein Ungleichgewicht zwischen ihren weitgehend akzeptierten formalen institutionellen Elementen und ihrer wertorientierten Substanz gekennzeichnet ist. Die heute in Europa weitgehend unumstrittenen demokratischen Prinzipien der individuellen Freiheit und der Pluralität von Wertvorstellungen, die durch den politischen Prozess zu einem konstruktiven Ausgleich gebracht werden (sollen), sind in der Türkei immer wieder durch das organische Verständnis von Staat und Gesellschaft blockiert worden, das sich in den kemalistischen Prinzipien niederschlägt, aber auch den religiösen Traditionen konservativer Kreise nicht fremd ist.

Es leuchtet ein, dass ein solches System erhebliche Schwierigkeiten hat, die politischen und sozialen Probleme einer Gesellschaft effektiv zu lösen, die entgegen der vorherrschenden Staatsideologie gerade keine starke Homogenität in ethnischer, religiöser, politischer, wirtschaftlicher und sozialer Hinsicht aufweist. Das gilt umso mehr, wenn diese Gesellschaft durch einen raschen und weit reichenden wirtschaftlichen und gesellschaftlichen Wandel gekennzeichnet ist, wie er in der Türkei seit Beginn der 1950er Jahre einsetzte und sich nach den wirtschaftlichen Liberalisierungsschritten unter Ministerpräsident Turgut Özal in den 1980er Jahren noch einmal deutlich beschleunigte.

Die Dogmatisierung der abstrakt durchaus auf Offenheit angelegten kemalistischen Prinzipien durch die autoritäre Staatselite wurde so zum Haupthindernis für das Erreichen des Ziels der kemalistischen Revolution: das Niveau der zeitgenössischen westlichen Zivilisation. Das wurde seit den 1960er Jahren besonders deutlich in dem schwerfälligen Vorankommen der Türkei bei ihrem Bemühen, voll akzeptiertes Mitglied des europäischen Integrationsprozesses zu werden. Hier zeigte sich mehr als einmal, dass die Türkei heute zwar eindeutig Teil der westlichen Zivilisation ist, aber noch erheblich hinter deren »zeitgenössischem Niveau« zurück liegt. So gesehen, hat der Kemalismus seine letzte Bewährungsprobe immer noch vor sich.

9 Deutschland und die Türkei im 20. Jahrhundert

In den Beziehungen der Türkei zu Europa nach der Gründung der Republik spielte Deutschland durchweg eine wichtige Rolle. Dazu mag beigetragen haben, dass Deutschland im Gegensatz zu den anderen europäischen Mächten umständehalber nie eine territoriale Bedrohung für die Türkei dargestellt hat. Die gegen Ende des 19. Jahrhunderts errungene bedeutende deutsche Stellung in den europäisch-türkischen Militär- und Wirtschaftsbeziehungen konnte so im 20. Jahrhundert mit einigem Auf und Ab fortgesetzt werden. Insbesondere in der Zeit des Kalten Krieges entwickelte sich die Bundesrepublik zum europäischen Vorzugs- und Sonderpartner der Türkei unter den westeuropäischen Verbündeten. Dies zeigte sich im militärischen, wirtschaftlichen und ab Anfang der 1960er Jahre mit Beginn der türkischen Arbeitsmigration auch im »menschlichen« Bereich.

Dabei ist das »Besondere« an diesen Beziehungen weniger ihr Inhalt, sondern ihr Umfang, der zu einer eigenen Qualität führt. Mit wenigen Ausnahmen unterscheiden sich die Beziehungen der Türkei zu den anderen europäischen Ländern inhaltlich kaum von den deutsch-türkischen, doch sind in der Regel die Größenordnungen um ein Vielfaches geringer. Auch heute sticht Deutschland im Rahmen der Wirtschaftsbeziehungen EU-Türkei immer noch deutlich hervor und weist daneben unter allen EU-Ländern die bei weitem größte Zahl von türkischen Migranten und deren Nachkommen in seinen Grenzen auf. Ebenso machen deutsche Firmen mit über 3 000 Töchtern und Beteiligungen in der Türkei einen Großteil der im Land ansässigen europäischen Firmen aus. Und in Deutschland sind sicher die meisten türkischen Unternehmen in Europa angesiedelt. In beiden Ländern haben sich die politischen Eliten deshalb angewöhnt, von »traditionell guten« bzw. »traditionell freundschaftlichen Beziehungen« zu sprechen. Dies erinnert an die Rede von der »deutsch-türkischen Waffenbrüderschaft« zu Beginn des 20. Jahrhunderts. Doch wie sieht die Realität hinter diesen Politik-Floskeln aus?

9.1 Verteidigungshilfe statt »Waffenbrüderschaft«

Die deutsch-türkische »Waffenbrüderschaft« des Ersten Weltkriegs wurde in der Zeit nach der Gründung der Republik und während des Zweiten Weltkriegs unterbrochen. Zwar gab es auch in diesen Jahren deutsche Rüstungslieferungen und begrenzte Ausbildungshilfe für die türkische Armee, doch erreichte die Zusammenarbeit längst nicht mehr die Intensität, die sie Anfang des Jahrhunderts gekennzeichnet hatte. Die Beziehungen wurden erst nach dem deutschen Beitritt zur NATO wieder enger und verdichteten sich, nachdem ab Mitte der 1960er Jahre sich die türkisch-amerikanischen Beziehungen nicht zuletzt infolge der aus türkischer Sicht ungenügenden amerikanischen Solidarität im Zypernkonflikt abkühlten. Zudem gab es seitens der USA ein steigendes Interesse, die wirtschaftlich wieder erstarkte Bundesrepublik vermehrt in die allianzpolitische Pflicht zu nehmen, d.h. von ihr eine Entlastung der amerikanischen Bündnisleistungen zu verlangen.

Ab 1964 begann deshalb auf Drängen der USA gegenüber Bonn die deutsche Verteidigungshilfe für die Türkei als regelmäßige unentgeltliche Leistung. In jährlichen Tranchen im Gegenwert von 50 Mio. DM, ab 1969 von 100 Mio. DM, erhielt die Türkei Waffenlieferungen aus Deutschland, die der Modernisierung ihrer Streitkräfte dienen sollten. Die Lieferungen bestanden zu 80 Prozent aus neuem Material, zu 20 Prozent aus Überschussbeständen der Bundeswehr. Daneben stellte die Bundesrepublik der Türkei in mehreren Paketen eine militärische «Materialhilfe« zur Verfügung, die aus bei der Bundeswehr ausgemusterten, generalüberholten Waffen und Geräten bestand. Doch nicht nur Waffensysteme wurden im Rahmen der Verteidigungshilfe geliefert. Die Bundesrepublik unterstützte damit auch die Bemühungen der Türkei, ihre Rüstungsindustrie zu modernisieren. So entstanden mit Hilfe deutscher Firmen in der Türkei in den 1970er und 80er Jahren mehrere Anlagen zur Wartung und Überholung von Waffensystemen für das Heer und die Luftwaffe. Eine besondere Leistung stellte die Ausrüstung der türkischen Marine mit modernen Schnellbooten, Unterseeboten und Fregatten dar, die allerdings zu einem erheblichen Teil im Wege kommerzieller Rüstungsgeschäfte deutscher Werften erfolgte.

Mit dem Sturz des Schah-Regimes in Iran und dem russischen Einmarsch in Afghanistan 1979 drohte sich die strategische Lage in der Region, die heute »Wider Middle East« genannt wird, entscheidend zum Nachteil des Westens zu verändern. Zudem geriet auch in der Türkei die innenpolitische Stabilität durch die bewaffneten Auseinandersetzungen zwischen Rechts- und Linksextremisten zunehmend aus den Fugen. In dieser Situation unterstrich die Bundesregierung ihre Bereitschaft, zur Stabilisierung der Türkei beizutragen, nicht nur durch ihre Hilfsaktion im internationalen Finanzbereich (s. unten), sondern auch durch eine einmalige Rüstungssonderhilfe von 600 Mio. DM über drei Jahre. Dafür wurden dem NATO-Partner aus der Bundesrepublik 77 moderne Kampfpanzer vom Typ »Leopard 1 A-3«, 249 Panzerabwehrraketensysteme vom Typ »Milan« einschließlich der dafür benötigten Flugkörper geliefert und eine größere Zahl der veralteten türkischen Kampfpanzer vom Typ »M-48« modernisiert.

Die Bundesregierung legte bei ihren Hilfsmaßnahmen großen Wert darauf, dass sie offiziell nicht bilateral, sondern eingebettet in den multilateralen NATO-Rahmen und gestützt auf Artikel 3 des NATO-Vertrages erfolgten. Damit konnte nach außen der Eindruck eines besonderen deutschen militärpolitischen Interesses in Europa oder eines deutschen außenpolitischen »Alleingangs« vermieden werden. Unterstrichen wurde dieser Akzent der deutsch-türkischen Beziehungen noch dadurch, dass parallel zur Türkei auch Griechenland in der Allianz Empfänger deutscher Verteidigungshilfe war. Das Bemühen Bonns, seine Außen- und Sicherheitspolitik so vollständig wie möglich in das westliche Bündnis einzubinden, kam so auch in den Beziehungen zur Türkei zum Ausdruck. Dennoch unterstrich der Umfang der deutschen Hilfe, die nach den USA und weit vor allen anderen NATO-Partnern den zweiten Rang einnahm, die Sonderrolle Deutschlands in den europäischen Bündnisbeziehungen der Türkei auch im militärischen Bereich.

Die Verteidigungshilfe wurde auch nach dem türkischen Militärputsch 1980 relativ reibungslos fortgesetzt. Die Bundesregierung ignorierte dabei weitgehend Kritik der Opposition, dass die Hilfe eine falsche Solidarität mit dem undemokratischen Regime in der Türkei zum Ausdruck brächte, in der systematisch die Menschenrechte missachtet würden. Vielmehr wurde die Militärhilfe 1985 von der

Regierung Kohl instrumentalisiert, um die türkische Regierung wegen der kategorischen deutschen Ablehnung der anstehenden Arbeitskräftefreizügigkeit im Rahmen der EU-Assoziation zu beschwichtigen. Der Türkei wurde 1987 eine zweite Rüstungssonderhilfe im Umfang von 580 Mio. DM zugesagt, die im Wesentlichen aus der Lieferung von weiteren 150 Kampfpanzern »Leopard 1« bestand.

Die Verknüpfung von Rüstungshilfe an die Türkei mit anderen außen- oder europapolitischen Zielen der Bundesregierung zeigte sich erneut, als sich Ende des Jahres 1990 die Frage stellte, wie die Bundesrepublik ihre Weigerung zur militärischen Beteiligung am Golfkrieg allianzpolitisch kompensieren könnte. Unter anderen Maßnahmen bestand diese Kompensation in einem zusätzlichen Finanzkredit für die Türkei von 260 Mio. DM in den Jahren 1990 und 1991 und in einem neuen Paket an militärischer Materialhilfe im Umfang von 1,5 Mrd. DM. Dafür wollte die Bundesrepublik zwischen 1990 und 1994 nach einer entsprechenden Überholung und z.T. auch Modernisierung der Systeme u.a. weitere 100 Kampfpanzer »Leopard-1«, 131 Panzerhaubitzen und 46 von der Bundeswehr ausgemusterte »Phantom RF-4« Flugzeuge in der Aufklärerversion liefern.

Allerdings wurde diese umfangreiche deutsche Hilfe von der türkischen Öffentlichkeit kaum wahrgenommen. Sie ging unter in der starken türkischen Verletztheit über eine etwas bizarre innerdeutsche Diskussion zu Anfang des Jahres 1991 über die Frage, unter welchen Bedingungen im Golfkrieg ein möglicher NATO-Bündnisfall zur Unterstützung der Türkei gegen eventuelle Angriffe durch den Irak eintreten würde. Dahinter stand die von allen Parteien einmütig vertretene deutsche Haltung, auf keinen Fall militärisch in den Krieg verwickelt zu werden. In der Türkei wurde diese Debatte von der Regierung und der Öffentlichkeit als deutsche Verweigerung der Bündnissolidarität gegenüber dem NATO-Partner Türkei wahrgenommen und entsprechend harsch kritisiert.

Vollends in die Krise gerieten die deutsch-türkischen Militärbeziehungen, als sich in der ersten Hälfte der 1990er Jahre in der Türkei der Kampf gegen die staatlicherseits als »separatistische Terroristen« bezeichnete PKK intensivierte und es dabei auch wiederholt zu größeren türkischen Militäraktionen auf irakischem Boden kam. Die Bundesregierung sah sich daher zunehmender Kritik an ihrer Militärhilfe für Ankara ausgesetzt, weil in deutschen Medien immer öfter der Vorwurf erhoben wurde, dass die türkischen Streitkräfte auch deutsche Rüstungsgüter gegen die Kurden einsetzen würden. Ankara wies diese Vorwürfe zurück, und die Bundesregierung sah sich auch nicht in der Lage, die Medienberichte mit absoluter Sicherheit zu bestätigen.

Doch wurde durch diese vornehmlich innenpolitisch motivierte deutsche Debatte das Verhältnis zum türkischen Bündnispartner erheblich belastet. Türkische Politiker bemängelten vor allem, dass die Bundesrepublik zu wenig Verständnis für die Bedrohung der nationalen türkischen Sicherheit durch den kurdischen Separatismus aufbringe, ja sogar dazu tendiere, diesen zu unterstützen. Letztlich führten die Auseinandersetzungen dazu, dass Bundesverteidigungsminister Volker Rühe 1995 das Ende der deutschen Verteidigungshilfe für die Türkei nach Abwicklung der Anfang der 1990er Jahre eingegangenen Verpflichtungen verkündete. Offizielle Begründung war, dass diese angesichts der veränderten strategischen Lage nach dem Ende des Ost-West-Konflikts sowie der erheblich verbesserten türkischen Fähigkeit, die Verteidigung des Landes aus eigenen Kräften zu gewährleisten, in der bisherigen Form nicht mehr notwendig sei.

Wie sehr die deutsche Hilfe für die Türkei zuletzt ein Produkt selbst auferlegter außenpolitischer Zwänge gewesen ist, verdeutlichte der Staatsminister im Auswärtigen Amt, Helmut Schäfer, der im Februar 1995 im Bundestag erklärte, man müsse wissen, »dass die Bundesregierung im Zusammenhang mit dem Golfkrieg Versprechungen machen musste, weil sie sich an anderer Stelle zurück halten musste. Dafür hat sie aber der Türkei einiges geben müssen.« Damit wurde klar, dass jener Teil der deutsch-türkischen Beziehungen, der als »Waffenbrüderschaft« begonnen hatte, als Bestandteil nüchterner außen- und allianzpolitischer Überlegungen zu Ende ging. Seitdem gibt es deutsche Waffenlieferungen an die Türkei nur noch im Rahmen kommerzieller Rüstungsexportgeschäfte deutscher Unternehmen, wenn sie aus der Türkei entsprechende Aufträge und von den zuständigen deutschen Stellen die Genehmigung zum Export erhalten.

9.2 Wirtschaftlicher Vorzugspartner

Finden »Waffenbrüderschaft« und Verteidigungshilfe wegen ihres außen- und sicherheitspolitischen Bezuges immer eine gewisse öffentliche Aufmerksamkeit, so gedeihen Wirtschaftsbeziehungen eher im Verborgenen. Gleichwohl ist ihr Effekt auf die bilateralen Beziehungen in der Regel nachhaltiger, vor allem, wenn sie eine gewisse Dimension erreichen. Es entstehen dadurch eine Vielzahl konkreter, individueller deutsch-türkischer Kontakte und Interessengemeinsamkeiten, die von politischen Konjunkturen in den Beziehungen relativ unberührt bleiben und so ein verlässliches Fundament für diese Beziehungen abgeben. Im gleichen Sinn wirkt natürlich der äußerst hohe Grad wirtschaftlicher Verbindungen zwischen der Türkei und der EU in Zeiten politischer Krisen während des langen Beitrittsprozesses.

Deutschland konnte relativ rasch nach dem Ersten Weltkrieg wieder an seine bedeutende Rolle für die türkische Wirtschaft seit dem Beginn des 19. Jahrhunderts anknüpfen. Dabei halfen viele der nach der Republikgründung an deutschen Hochschulen ausgebildeten türkischen Fachleute. Deutschland war zudem, anders als Großbritannien oder Frankreich, die auf die Situation ihrer Kolonien Rücksicht nehmen mussten, in der Lage, in großen Mengen die türkischen Agrarausfuhren aufzunehmen. Im Gegenzug lieferte es die für die nationale wirtschaftliche Entwicklung der neuen Republik benötigten Ausrüstungsgüter. Dieser Austausch wurde ab 1933 durch das infolge der Weltwirtschaftskrise eingeführte System der Verrechnungsabkommen für den Außenhandel quasi institutionalisiert: Neben den Agrarerzeugnissen bezog das Deutsche Reich vor allem das für die Rüstungswirtschaft wichtige Chromerz. So wurde Deutschland in dieser Zeit zum mit Abstand bedeutendsten europäischen Handelspartner der Türkei. Diese Beziehungen erfuhren allerdings durch die Umorientierung der türkischen Außenpolitik auf die Alliierten zu Ende des Zweiten Weltkriegs einen deutlichen Rückgang.

Doch gelang es nach dem Krieg der jungen Bundesrepublik, ziemlich bald wieder an die frühere Lage anzuknüpfen, und bereits Mitte der 1950er Jahre war Deutschland wieder der größte Handelspartner der Türkei unter den europäischen Ländern. Diese Position konnte die Bundesrepublik über die Jahrzehnte bis heute behaupten. Dabei nahm der Handel insbesondere seit Mitte der 1980er Jahre eine rasante Entwicklung, nachdem die Türkei mit einem umfassenden wirtschaftspolitischen Kurswechsel zu Beginn der 1980er unter der Regierung von Ministerpräsident Turgut Özal die Öffnung des Landes zum Weltmarkt und eine gezielte Förderung der Exporte betrieb. Hatte der deutsch-türkische Handel 1979 noch ein Volumen von 893 Mio. Dollar aufgewiesen, so belief sich dieses 1986 auf 3,6 Mrd. Dollar (das waren etwa 42 Prozent des gesamten EU-Handels mit der Türkei). Im Jahre 2007 war der deutsch-türkische Handel auf 24,8 Mrd. Euro gewachsen. Ein besonderes Kennzeichen dieses Handels ist ein kontinuierlicher deutscher Exportüberschuss, was auch den unterschiedlichen Entwicklungsstand beider Volkswirtschaften zum Ausdruck bringt.

Doch hat sich die Zusammensetzung der gehandelten Güter im Laufe der Zeit grundlegend verändert. Bis in die 1970er Jahre gab es ein ziemlich komplementäres Muster: Die Türkei lieferte im Wesentlichen Agrarprodukte, Rohstoffe, Textilien und einige industrielle Vorprodukte, während die Bundesrepublik vor allem Industriegüter aller Art für den Aufbau der türkischen Industrien lieferte. Heute dagegen kann man mit einiger Berechtigung davon sprechen, dass zwischen Deutschland und der Türkei ein Handel mit industriellen Fertigwaren stattfindet. Natürlich spielen Agrarerzeugnisse im türkischen Export immer noch eine gewisse Rolle, doch den überwiegenden Teil bilden Haushaltsgeräte vom Kühlschrank bis zum Fernseher, Textil- und Bekleidungsprodukte, Automobilteile und Automobilzubehör und zunehmend auch elektrische und elektronische Produkte. Aus Deutschland bezieht die Türkei nach wie vor hauptsächlich hochwertige Kapitalgüter wie Maschinen und Maschinenteile sowie elektrische Erzeugnisse. Dieses Muster prägt im Übrigen heute den gesamten Warenaustausch der Türkei mit den meisten Ländern der EU.

Neben der starken Position im Handel zwischen der EU und der Türkei äußerte sich die deutsche Führungsrolle in den europäischen Wirtschafts- und Finanzbeziehungen zu diesem Land vor allem im Bonner Engagement für die westliche Finanzhilfe an Ankara. Im Interesse an einer schnellen Wiedererlangung der starken deutschen Vorkriegsposition in der türkischen Wirtschaft nahm die Bundesregierung bald nach der erneuten Aufnahme der diplomatischen Beziehungen 1951 auch die Gewährung von Bürgschaften und Garantien zur Unterfütterung des Handels wieder auf. Diese erreichten bis September 1954 bereits einen Umfang von 533 Mio. DM.

Unter erheblichem amerikanischen Einfluss wurde die Bundesrepublik dann gegen Ende der 1950er Jahre in die Position gedrängt, die Koordination der multilateralen Finanzhilfe im Rahmen der Organisation für europäische wirtschaftliche Zusammenarbeit (OEEC) zu übernehmen. Damit verbunden war die Erwartung, sich auch mit erheblichen Mitteln an dieser Hilfe zu beteiligen, wenngleich die USA bereit waren und von Bonn auch dazu gedrängt wurden, jeweils den größten Einzelbetrag im Rahmen der vereinbarten Hilfeleistungen zu stellen. Die Bundesrepublik übernahm im Sommer 1962 dann den Vorsitz im »Türkei-Konsortium« der Organisation für wirtschaftliche Zusammenarbeit und Entwicklung (OECD), wie die OEEC nach ihrer Umgründung 1961 nunmehr hieß.

Bis zum Ende der 1970er Jahre leistete die Bundesrepublik in diesem Rahmen mit etwa 170 Mio. DM jährlich »ihren Beitrag« zur Unterstützung der türkischen

Wirtschaftsentwicklung. Zwar war diese Hilfe im Rahmen der OECD hinsichtlich ihres Umfangs multilateral abgestimmt, der jeweilige Betrag und seine konkrete Bestimmung wurden jedoch jeweils in bilateralen deutsch-türkischen Finanzprotokollen umgesetzt. Diese deutsche Rolle trug entscheidend dazu bei, dass die türkische Regierung in der Bundesrepublik nicht nur einen »Vorzugspartner« in Europa sah, sondern Bonn zunehmend als europäischer Sachwalter türkischer Interessen angesehen wurde.

Das wurde Ende der 1970er Jahre besonders deutlich, als die Türkei infolge der innenpolitischen Krise und der weltwirtschaftlichen Verwerfungen nach der ersten Ölpreiskrise von 1973/74 an den Rand des Staatsbankrotts geriet. Präsident Carter brachte Bundeskanzler Helmut Schmidt dazu, dass Deutschland die Führungsrolle bei der Organisation eines umfassenden internationalen finanziellen Hilfsprogramm übernahm. Dies geschah, wiederum im Rahmen des OECD-Konsortiums, 1979 durch den seinerzeitigen niedersächsischen Finanzminister und CDU-Politiker Walter Leisler-Kiep und dann 1980 durch Bundesfinanzminister Hans Matthöfer. Beiden gelang es mit erheblichem persönlichen Einsatz eine OECD-Hilfe von 989 Mio. US-Dollar (1979) bzw. 1,16 Mrd. US-Dollar (1980) zu organisieren, von der die Bundesrepublik jeweils etwa ein Viertel trug.

Das hinter den deutschen Bemühungen stehende Interesse brachte Finanzminister Matthöfer 1980 in einem Bericht über seine Anstrengungen zur Koordinierung der internationalen Rettungsaktion klar zum Ausdruck: »... Zwischen Deutschland und der Türkei bestehen seit jeher enge freundschaftliche Bindungen. ... Eine Million türkischer Gastarbeiter in der Bundesrepublik tragen zu unserem Wohlstand bei und können erwarten, dass wir den Problemen ihrer Heimat nicht gleichgültig gegenüberstehen. Die außen- und sicherheitspolitische Bedeutung der Türkei für das westliche Bündnis ist unbestritten und spätestens seit den Vorgängen in Afghanistan jedem einsichtig. Es ist auch gerade für unsere Sicherheit von ganz entscheidender Bedeutung, dass dieses strategisch wichtige ... Land nicht nur weiterhin im westlichen Bündnis verbleibt, sondern auch wirksam und eindrucksvoll zu seiner Verteidigung beiträgt. ... Die wirtschaftliche Gesundung ist die Voraussetzung dafür, dass die Türkei auch in Zukunft ein stabiler Eckpfeiler der NATO bleibt.«

Die internationale Hilfe wurde danach in verringertem Umfang und vor allem in Form von mehrjährigen Beistandskrediten des Internationalen Währungsfonds (IWF) fortgesetzt. In der Bundesrepublik geriet der deutsche Beitrag zur OECD-Hilfe wegen der innenpolitischen und menschenrechtlichen Defizite in der Türkei nach dem Militärputsch vom September 1980 zunehmend in die Kritik. Dennoch konnte die Bundesregierung unter Verweis auf die sicherheitspolitische Bedeutung einer Stützung des NATO-Partners in einer kritischen internationalen Lage sowohl 1981 als auch 1982 eine beträchtliche deutsche Hilfe für die Türkei im Umfang von 460 Mio. DM bzw. 394 Mio. DM im Bundestag durchsetzen. Diese bilateralen Kredite wurden zunehmend weniger als »freie« Finanzhilfe denn als Entwicklungshilfe mit Bindung an konkrete Projekte gegeben.

Die deutsche Hilfe konzentrierte sich dabei hauptsächlich auf die allgemeine Förderung von Klein- und Mittelbetrieben getreu dem deutschen wirtschaftspolitischen Credo, dass ein »gesunder« Mittelstand langfristig die beste Gewähr für wirtschaftliche und politische Stabilität ist. Daneben wurden Infrastrukturprojekte gefördert wie Abwassersysteme in der Südosttürkei oder ein Kraftwerk bei Elbistan in Zentralanatolien, mit dem die erheblichen türkischen Braunkohlevorkommen mit Hilfe deutscher Technologie für die Stromerzeugung genutzt werden sollten. Entwicklungskredite und Exportbürgschaften stellte die Bundesrepublik auch in größerem Umfang für den Bau des Keban-Staudammes am Oberlauf des Euphrat in Südostanatolien zu Verfügung, mit dem die türkische Stromerzeugung aus »nationalen Quellen« unterstützt wurde. Die seit den 1980er Jahren vehement einsetzende wirtschaftliche Entwicklung der Türkei hat dann dazu geführt, dass das Land im Laufe der Zeit seinen damaligen Stellenwert als zweitwichtigster Empfänger deutscher Hilfe verloren hat. So erhielt es in jüngster Zeit regelmäßig Entwicklungshilfe in der Größenordnung von jährlich 10-15 Mio. Euro.

Die Türkei findet aber auch als Investitionsstandort für deutsche Unternehmen immer größeren Anklang. Diese stellen, gemessen an der Zahl, die größte Gruppe ausländischer Firmen in der Türkei. Die führenden deutschen Industrieunternehmen wie Siemens, MAN, Mercedes-Benz oder Henkel sind schon seit langem mit Niederlassungen, Vertretungen und Joint Ventures ansässig. Doch auch mittelständische Firmen entdeckten im letzten Jahrzehnt den türkischen Markt, zumeist im Wege der Zusammenarbeit mit einem türkischen Partner. Ein Indiz für das Vertrauen in die Nachhaltigkeit der jüngsten rasanten türkischen Wirtschaftsentwicklung ist die Ansiedlung von großen deutschen und europäischen Handelskonzernen, die in den großstädtischen Ballungszentren in rascher Folge zahlreiche Verbrauchermärkte eröffnet haben. Mit den Firmenniederlassungen und -vertretungen entsteht vor allem im Raum Istanbul, aber auch in Ankara und Izmir eine Art »deutsche Gemeinde« aus den dort in der Regel für einige Jahre tätigen Angestellten. Seit Jahren nimmt in diesem Umfeld die Deutsch-Türkische Industrie- und Handelskammer (AHK) in Istanbul eine Mittlerrolle zwischen der deutschen und der türkischen Wirtschaft wahr. In jüngster Zeit ist durch das in Berlin angesiedelte Büro der türkischen Unternehmervereinigung TÜSİAD eine Art türkisches Pendant in Deutschland entstanden.

9.3 Deutsche Gelehrtenmigration – türkische Arbeitskräftemigration

Jedermann kennt heute die türkische Arbeitsmigration nach Deutschland seit Anfang der 1960er Jahre und ihre zahlreichen Konsequenzen für das deutsch-türkische Verhältnis. Kaum jemand weiß jedoch, dass etwa dreißig Jahre früher unter unvergleichlich schlechteren Rahmenbedingungen eine, wenn auch sehr viel kleinere Migrationsbewegung in umgekehrter Richtung stattgefunden hat: die erzwungene Emigration einer Vielzahl deutscher Hochschullehrer und ihrer Familienmitglieder in die Türkei. Damit setzte sich unter äußerst bedrückenden Umständen eine Entwicklung fort, die einen Vorläufer im Ersten Weltkrieg hatte, denn schon in den Jahren 1915-1918 gab es eine erste größere Zahl von Berufungen deutscher Wissenschaftler an die reformierte *Darülfünun* (Haus der Wissenschaft) in Istanbul, die zentrale universitäre Einrichtung des Osmanischen Reiches. Sie blieb allerdings weitgehend folgenlos, da die deutschen Gelehrten sich von ihren türkischen Kollegen nicht »angenommen« fühlten und ihre Reformbemühungen nur all zu oft ins Leere liefen. Die Niederlage der Achsenmächte setzte dann auch diesem Kapitel deutsch-türkischer Wissenschaftsbeziehungen ein Ende. Es sollte unter ganz anderen Vorzeichen eine Fortsetzung finden.

Die Arisierungspolitik der Nationalsozialisten an den deutschen Universitäten brachte 1933 mit dem »Gesetz zur Wiederherstellung des Berufsbeamtentums« für fast alle nicht-arischen und »politisch unzuverlässigen« deutschen Hochschullehrer das Ende ihrer Tätigkeit – begleitet oder gefolgt von einer zunehmenden Unsicherheit auch der persönlichen Lage. Die meisten zogen ins Ausland. Genau zu dieser Zeit unternahm das kemalistische Regime einen weiteren Schritt auf dem Weg zur Schaffung der modernen türkischen Nation. Die alte *Darülfünun* wurde geschlossen und ein Drittel der Professorenschaft entlassen. An ihre Stelle trat die neu gegründete Universität Istanbul, an der die wissenschaftliche Elite der neuen Republik und damit die künftigen »Lehrer« des türkischen Volkes nach zeitgenössischen Methoden und Inhalten ausgebildet werden sollten. Dafür war der Import von wissenschaftlichen Fachkräften aus dem Ausland notwendig, die in der Lage waren, die zeitgenössische Wissenschaft »im Original« zu lehren.

In dieser Situation entschlossen sich etwa 150 deutsche von den Nationalsozialisten entlassene Hochschullehrer und Wissenschaftler, in die Türkei zu gehen – ein Land, das ihnen weitgehend fremd war. Für die neu gegründete Universität Istanbul war das ein hoch willkommener Zufall. Weitere Wissenschaftler kamen 1938 nach dem »Anschluss« und der Reichskristallnacht aus Österreich und Deutschland. Ihnen folgten nach Kriegsausbruch 1939 noch einige wenige ins wissenschaftliche türkische Exil. Dabei gilt, dass auf Seiten der deutschen Wissenschaftler das individuelle Empfinden eines politisch-humanitären Aktes der Türkei überwog, die türkischen Stellen jedoch mindestens ebenso sehr aus einer Notwendigkeit mit Blick auf die neue Universität und die ihr staatlicherseits gestellte Aufgabe handelten. Dies wird auch daran deutlich, dass neben den aus politischen Gründen gekommenen Wissenschaftlern zur gleichen Zeit auch von der Reichsregierung auf türkische Anfrage offiziell entsandte deutsche Wissenschaftler an türkischen Hochschulen arbeiteten.

Es gibt kaum einen Fachbereich an dessen Gestaltung die deutschen Emigranten nicht maßgeblich mitgewirkt haben. Ähnliches gilt für die in Ankara angesiedelten Fachhochschulen, die später Teil der dortigen Universität wurden. Dies unterschied die deutschen Wissenschaftler in der Türkei von ihren Kollegen, die als Emigranten in die USA oder nach England gingen: Während diese sich in funktionierende Hochschulen integrieren konnten, galt es in der Türkei oft, die Fakultäten erst aufzubauen bzw. zu reformieren, einschließlich der Beschaffung der dafür notwendigen Apparate und Literatur. In diesem Sinn leisteten viele deutsche Hochschullehrer zusammen mit ihren türkischen Kollegen tatsächlich Pionierarbeit. Das galt zum Beispiel für die Philosophische Fakultät, da Philosophie im westlichen Sinn an der *Darülfünun* nicht gelehrt wurde. Hier hat sich neben anderen Hans Reichenbach, der zuvor einen Lehrstuhl für Naturphilosophie und Physik in Berlin innehatte, erhebliche Verdienste erworben.

Besonders bedeutsam war jedoch das Wirken der Wirtschaftswissenschaftler, die an der 1936 neu gegründeten Fakultät die Mehrheit der Lehrstühle innehatten. Die erste Nachkriegsgeneration türkischer Wirtschaftswissenschaftler wurde so hauptsächlich von ihren deutschen Lehrern geprägt. Die bis in die 1950er Jahre benutzten Lehrbücher waren in der Mehrzahl von den deutschen Emigranten geschrieben. Zu diesen gehörten mit Alexander Rüstow, Wilhelm Röpke und Fritz Neumark herausragende Vertreter, die nach dem Krieg auch die Entwicklung des Faches in Deutschland maßgeblich mit geprägt haben, waren sie doch alle eindeutige Anhänger marktwirtschaftlicher Ideen. Diese dominierten das wirtschaftspolitische Denken in der Türkei während der DP-Ära unter Menderes und wurden erst nach dem Militärputsch von 1960 von den dann wieder stärker in Mode kommenden etatistisch-planerischen Tendenzen etwas in den Hintergrund gedrängt.

Unter den deutschen Exilanten, die als Experten an türkischen Ministerien arbeiteten, erlangte Ernst Reuter einen besonderen Ruf. Der 1933/1934 zweimal kurzzeitig im KZ Lichtenburg internierte frühere SPD-Reichstagsabgeordnete und Oberbürgermeister von Magdeburg kam 1935 in die Türkei und wurde dort ab 1938 zum Begründer der Stadtforschung und Kommunalwissenschaften an der Hochschule für Politische Wissenschaften in Ankara. Diese war – und ist es zum Teil noch immer – die Kaderschmiede der höheren Verwaltungsbeamten der Republik. Reuters Tätigkeit war also nicht nur in wissenschaftlicher, sondern ebenso stark in praktisch-politischer Hinsicht von großer Bedeutung, da zahlreiche spätere hohe Beamte, Provinzgouverneure oder Bürgermeister von ihm mit ausgebildet wurden. Nach seiner Rückkehr nach Deutschland vermittelte Reuter als Regierender Bürgermeister Berlins (West) Anfang der 1950er Jahre einige Exilwissenschaftler wie den Juristen Ernst E. Hirsch oder den Philologen Georg Rohde an die Freie Universität Berlin. Die besondere Stellung Reuters spiegelt sich heute in der 2006 von den Außenministern beider Länder ins Leben gerufenen »Ernst-Reuter-Initiative zur Förderung des deutsch-türkischen Dialogs«. Mit ihr sollen unter Einbeziehung auch der Zivilgesellschaft die deutsch-türkischen kulturellen Beziehungen auf allen Ebenen intensiviert werden.

Die deutschen Exilwissenschaftler kamen in ein Land, das ihnen fremd war und entsprechend groß waren für viele von ihnen die Eingewöhnungsschwierigkeiten. Das begann schon mit der Sprache und setzte sich mit den weiteren Umständen des Alltagslebens fort. Doch auch an der Universität war das Umfeld zunächst fremd und ungewohnt, und nicht alle türkischen Kollegen waren kooperativ. Schließlich nahmen die deutschen Professoren einigen von ihnen die Lehrstühle weg bzw. verhinderte deren Ankunft eine entsprechende eigene Berufung. Dabei spielte es kaum eine Rolle, dass alle Ankömmlinge vom türkischen Staat ordentlich auf ihre neuen Positionen berufen worden waren.

Das Sprachproblem wurde nur von einer Minderheit bewältigt, die in der Lage war, relativ rasch so weit Türkisch zu lernen, dass sie Prüfungen abnehmen und in einigen Fällen auch ihre Lehrveranstaltungen auf Türkisch halten konnte. Für alle anderen blieb nur die Möglichkeit, sich auf die Übersetzungsfähigkeiten ihrer deutschsprachigen Assistenten zu verlassen. Dennoch war die Lehrtätigkeit sehr erfolgreich, wenn man bedenkt, dass viele ihrer Schüler in den 1950er Jahren selbst eine türkische Hochschulkarriere gemacht haben. Ebenso wurden die zahlreichen, von den deutschen Professoren verfassten Lehrbücher ins Türkische übersetzt und bildeten auch nach dem Weggang der meisten Exilanten nach Kriegsende in mehreren Fächern für längere Zeit den Grundstock der türkischen Lehre.

Erleichtert wurde den Exilanten das Dasein in Istanbul durch die Existenz einer rudimentären »deutschen Infrastruktur«. Als Folge des Aufbaus enger deutsch-türkischer Beziehungen im Laufe des 19. Jahrhunderts waren immer mehr Deutsche für längere Zeit in die Türkei gekommen – neben den Militärs auch Geschäftsleute und Techniker. Dadurch entstanden im Istanbuler »Ausländerviertel« Pera (heute *Beyoğlu*) deutsche Treffpunkte wie die Gesellschaft »Teutonia«, die in der Nähe des Galata-Turmes ein Vereinshaus mit Versammlungsräumen erwarb (das heute noch existiert und gelegentlich für kulturelle Veranstaltungen des Goethe-Instituts genutzt wird), aber auch deutsche evangelische und katholische Gemeinden sowie eine Schule, ein Krankenhaus und Altenheim. Für die deutschen Wissenschaftler gab es also die Möglichkeit, über diese oder die vergleichbaren österreichischen Einrichtungen Kontakte zu Landsleuten zu finden. Das wurde allerdings zum Teil dadurch erschwert, dass hier auch die »offiziell«, d.h. mit Genehmigung der Reichsregierung, in die Türkei entsandten Deutschen verkehrten. Diese waren in der Mehrheit Mitglieder der auch in Istanbul vertretenen Auslandsorganisation der NSDAP und daher nicht gerade die von den Exilanten erwünschte Gesellschaft. Letztlich muss aber konstatiert werden, dass die Mehrheit der Exilwissenschaftler in der Türkei keine Wurzeln schlug und das Land gegen Kriegsende oder unmittelbar danach wieder verließ – sei es in Richtung USA oder zurück nach Deutschland.

Das türkische Exil der deutschen Wissenschaftler geriet bald in Vergessenheit. Verständlicherweise ist die Erinnerung an diese Menschen und ihr Wirken in der Türkei länger in Erinnerung geblieben als in Deutschland. Doch beschränkte sich dieses Wissen und das Erinnern weitgehend auf die akademische Welt. Heute ist der deutsche Traditionsstrang bei der Begründung moderner türkischer Wissenschaft aus dem weiteren akademischen Bewusstsein in Deutschland und der Türkei praktisch verschwunden. Seit den 1960er Jahren setzte sich auch an den türkischen Universitäten die Dominanz der anglo-amerikanischen Wissenschaftswelt durch. Erst mit dem nach 1999 verstärkt einsetzenden Beitrittsprozess zur Europäischen Union geriet Europa wieder mehr ins Blickfeld des türkischen akademischen Lebens. Seit die entsprechenden Programme der EU auch auf die Türkei Anwendung finden, ist der akademische Austausch, auch auf der Studentenebene, wieder gewachsen.

Er könnte entscheidend verstärkt werden durch die im Rahmen der »Ernst-Reuter-Initiative« betriebenen Errichtung einer Türkisch-Deutschen Universität in Istanbul. Diese soll in vier Fakultäten zweisprachig ausbilden und würde das in der Stadt im Universitäts- und Gymnasialbereich bereits vorhandene deutschsprachige Lehrangebot, wie die schon erwähnte deutsche Schule, das mit einem deutschsprachigen Zweig auf Naturwissenschaften konzentrierte *Istanbul Lisesi* oder die auf Deutsch lehrende betriebswirtschaftliche Abteilung der Marmara Universität »nach oben« abrunden. Zugleich könnte sie der z.T. schon seit Jahrzehnten existierenden deutsch-türkischen Hochschulkooperation neue Impulse verleihen, in deren Rahmen Fakultäten verschiedener türkischer Universitäten im ganzen Land enge Kontakte zu deutschen Hochschulen aufgebaut haben.

Ist die deutsche Gelehrtenmigration heute fast vergessen, so ist die seit Anfang der 1960er Jahre einsetzende türkische Arbeitsmigration nach Deutschland im öffentlichen Bewusstsein beider Länder deutlich präsent. 1961 kamen die ersten türkischen Gastarbeiter in die Bundesrepublik. Ende 2007 lebten 1,7 Mio. Migranten mit türkischer Staatsangehörigkeit in Deutschland. Hinzu kommen noch etwa 800 000 türkeistämmige Menschen (»türkeistämmig« und nicht »türkischstämmig«, weil dazu auch alle Personen kurdischer Herkunft gezählt werden), die im Laufe der Zeit die deutsche Staatsangehörigkeit erworben haben. Waren in den ersten Jahren die aus der Türkei kommenden Arbeitsmigranten vorwiegend alleinstehende Männer, so wird die »türkische« Bevölkerungsgruppe in Deutschland heute überwiegend von Familien gebildet. Diese verteilen sich inzwischen über drei Generationen, d.h. eine große Zahl von ihnen ist bereits in Deutschland geboren oder als Kind hierher gekommen und aufgewachsen.

Diese Menschen bilden heute entgegen der ursprünglichen Migrationsphilosophie, die noch vom Gedanken einer späteren Rückkehr der Zuwanderer in die Türkei geprägt war, einen festen Bestandteil der deutschen Gesellschaft. Sie prägen mit ihrer Existenz und ihren Problemen gleichzeitig einen Teilbereich der deutsch-türkischen und der EU-Türkei Beziehungen. Die deutschen migrations- und integrationspolitischen Probleme stehen in diesem Sinn stellvertretend für die ähnlich gelagerten Probleme in anderen EU-Ländern. Das ist nicht zuletzt auch deshalb so, weil über 50 Prozent der ungefähr 4 Mio. türkischen Migranten in der EU in Deutschland leben. Mit erheblichem Abstand folgen Frankreich, die Niederlande, Österreich, Großbritannien und Belgien als weitere EU-Staaten mit einer nennenswerten »türkischen Gemeinschaft«.

Diese bilden im Gegensatz zur Gastarbeitergeneration der 1960er Jahre auch längst keine homogene Gemeinschaft mehr. Sie sind in sich genau so differenziert wie die deutsche gesellschaftliche Umgebung, von der sie ein Teil sind. Das berufliche Spektrum reicht vom erfolgreichen Unternehmer über Akademiker, Künstler, Angehörige freier Berufe, Dienstleister, Facharbeiter, Hilfsarbeiter und Rentner bis zum Arbeitslosen. Genau so gibt es unter ihnen Personen, die gut integriert sind, und solche, die schlecht integriert sind, bis hin zu jenen, die als »assimiliert« gelten können. Dennoch gibt es bestimmte »Besonderheiten«. Dazu zählen u.a. eine im Vergleich zur deutschen Bevölkerung überproportional hohe Arbeitslosigkeit und ein unterdurchschnittliches Bildungsniveau ebenso wie eine höhere Kriminalitätsrate unter männlichen Jugendlichen als bei gleichaltrigen deutschen Jugendlichen. Die aktuelle Diskussion in Deutschland dreht sich darum, ob und wie diese Fakten zusammen hängen und wo die Ursachen dafür zu suchen sind.

In diesen Zusammenhang gehört auch die Debatte über das notwendiger Maß und die »richtige« Art der Integration in die deutsche (europäische) Gesellschaft. Sie zielt vor allem auf das Problem der Überwindung/Bewahrung traditioneller Lebensformen in der türkeistämmigen Gemeinschaft. Die Diskussion um das Kopftuch, generell um die angemessene Lebensform der Mädchen und Frauen, ist ein wichtiger Bestandteil dieser Auseinandersetzung. Sie hat durch die von Bundesinnenminister Schäuble eingerichtete »Islamkonferenz« inzwischen auch die Ebene der »hohen Politik« erreicht. Dabei zeigt sich, dass es in der Gemeinschaft eine ähnlich große Vielfalt an Positionen und eine ähnlich scharfe Polarisierung gibt, wie sie die aktuelle Konfrontation in der Türkei über die »richtige Republik« kennzeichnet. Beide Debatten drehen sich um vergleichbare Fragen und ihre Vertreter bilden ein Segment der »transstaatlichen« deutsch/europäisch-türkischen Gesellschaft (s. unten, S. 152).

Trotz dieser internen Vielfalt und Differenzierung hat sich in der deutschen Gesellschaft ein relativ klares und vereinfachtes Bild von der »türkischen Gemeinschaft« verfestigt, das häufig negative Konnotationen aufweist, indem ihre Angehörigen in der Regel als »fremd« wahrgenommen werden. Dabei hat sich in der kollektiven Wahrnehmung insofern eine gewisse Verschiebung ergeben, als seit den Anschlägen vom 11. September 2001 das Bild »der Türken« zunehmend mit dem Bild »vom Islam, bzw. der Muslime« vermengt oder von ihm überlagert und die negative Einstellung gegenüber dieser Gruppe verstärkt wird. Das schlägt sich auch in der Meinung der deutschen Bevölkerung zur Frage des türkischen Beitritts zur EU nieder: Nach Österreich gibt es in Deutschland die größte Zahl von ablehnenden Stimmen. Ein wesentlicher Faktor in dieser Ablehnung ist die Verbindung von negativem Türkenbild und EU-Freizügigkeit. Es herrscht die verbreitete Furcht, dass nach einem türkischen Beitritt eine Welle von Zuwanderung aus der Türkei vornehmlich nach Deutschland erfolgen und dadurch die Integrationsproblematik über alle Maßen verschärfen würde.

Eine sachliche Erörterung der Freizügigkeitsproblematik ist wegen der dabei unterschwellig oder offen zum Tragen kommenden Ressentiments gegen die heutige »türkische Gemeinschaft« in Deutschland außerordentlich schwer. Nicht einfacher wird sie dadurch, dass sie letztlich nicht auf der Grundlage von allseits akzeptierten oder akzeptierbaren Fakten geführt werden kann. Denn niemand kennt die Faktoren genau, die in etwa fünfzehn bis zwanzig Jahren das eventuelle türkische Migrationsverhalten bestimmen werden – und das ist der Zeithorizont, in dem die EU-Freizügigkeit im Fall der Türkei frühestens wirksam werden kann. Zwar gibt es Zahlen über die wahrscheinlich zu erwartende Migration, doch sind diese ohne Ausnahme das Ergebnis von Modellrechnungen. Und diese Ergebnisse werden vor allem von den Annahmen über die verschiedenen Wirkungsfaktoren der Migration beeinflusst, die in die jeweiligen Modelle einbezogen werden. Entsprechend weit gehen die Ergebnisse auseinander.

Eine andere Besonderheit der heutigen türkischen Migration nach Europa sind die engen Bindungen, die viele der Migranten an das Herkunftsland behalten haben und pflegen. Die modernen Kommunikationsmittel sowie die zahlreichen und relativ weit entwickelten Verbindungen zwischen der Türkei und der EU in vielen Bereichen von der Wirtschaft über die Kultur, den Sport bis in die Politik haben dazu geführt, dass heute Migration nicht mehr Auswanderung im klassischen Sinn bedeutet, mit dem zwangsweisen Abbrechen der Brücken zur Heimat. In der Folge sind in Deutschland nicht nur die im öffentlichen Diskurs oft bemängelten sog. türkischen Parallelwelten oder -gesellschaften entstanden, sondern es hat sich eine sog. »transstaatliche« oder transnationale Gesellschaft herausgebildet, in der Elemente der Türkei und Deutschlands über die türkischen Migranten zusammenwirken, in beide Gesellschaften und politischen Systeme hineinwirken und so auch die bilateralen Beziehungen beeinflussen.

Türkische Migrantenorganisationen sind nicht nur als »folkloristische« Vereine zur Bewahrung der Erinnerung an die türkische Heimat entstanden, sondern häufig auch als deutsche »Ableger« türkischer Organisationen religiöser oder politischer Natur mit institutionalisierter Verbindung zum Herkunftsland. So haben oder hatten z.B. die Republikanische Volkspartei und die Nationalistische Aktionspartei eigene Organisationen in Deutschland, die auch regelmäßig von führenden Parteivertretern aus der Türkei besucht werden. Das gleiche gilt für zahlreiche religiöse Organisationen wie die staatliche Religionsbehörde mit ihrem deutschen Ableger DİTİB, die aus Erbakans Nationaler Heilspartei hervorgegangene Islamische Gemeinschaft Milli Görüş oder die dem »Orden« der *Süleymancılar* nahestehenden Moscheenvereine des Verbandes der Islamischen Kulturzentren. Daneben existieren kemalistische, nationalistische oder eher liberale Vereine ebenso wie Organisationen, die der aktuellen Regierungspartei AKP nahe stehen. Eine wichtige Rolle in der Transmission türkischer Politik und Gesellschaft in die »türkische Gemeinschaft« in Deutschland und aus Deutschland in die Türkei kommt den zahlreichen türkischen Medien zu, die in der Bundesrepublik z.T. größere Redaktionen unterhalten und auch hier ko-produziert werden, d.h. in ihrer »Europa-Ausgabe« mit einem in Deutschland produzierten Teil zusätzlich zu den aus der türkischen Zentrale bezogenen Teilen erscheinen. Gelegentlich werden aber auch Artikel aus dem »Deutschland-Teil« in die türkischen Ausgaben übernommen.

All dies führt dazu, dass in den deutsch-türkischen Beziehungen eine »Zwischenwelt« entsteht, die für die wechselseitige Wahrnehmung und das Bild im jeweils anderen Land von Bedeutung ist. Doch bleiben die Elemente dieser transstaatlichen Gesellschaft ihren jeweiligen nationalen Herkunftsbezügen stark verhaftet. Das äußert sich dann in der bei zahlreichen deutsch-türkischen Begegnungen immer und immer wieder zu hörenden Klage über die mangelhafte wechselseitige Kenntnis und Information. Es äußert sich aber auch in der regelmäßig durch großes Erstaunen gekennzeichneten deutschen Medienreaktion, über »unangemessene« oder »übertriebene« türkische Reaktionen angesichts von Vorfällen wie Brandanschlägen auf türkische Einrichtungen oder Bürger, wie es z.B. der Fall war, als im März 2008 in Ludwigshafen neun türkische Bewohner bei einem Hausbrand ums Leben kamen. In vergleichbarer Weise fällt es türkischen Medien und Politikern schwer, den in ihrer Sicht an Kollaboration grenzenden deutschen, von liberal-rechtsstaatlichen Grundsätzen geprägten Umgang mit der kurdischen PKK zu verstehen. Die jeweilige Beurteilung solcher Ereignisse bleibt jedoch nicht auf den bilateralen Rahmen beschränkt, sondern wird fast immer mit der Frage des türkischen EU-Beitritts in Verbindung gebracht und im jeweilig politisch opportunen Sinn interpretiert. Deutsch-türkische Beziehungen lassen sich heute in aller Regel nicht mehr losgelöst von diesem weiteren Bezugsfeld erörtern.

10 Der lange Weg in die Europäische Union

Seit fast 45 Jahren bemüht sich die Türkei, Mitglied in der europäischen Integrationsorganisation zu werden, die 1958 als Europäische Wirtschaftsgemeinschaft (EWG) begann und sich mittlerweile zur Europäischen Union (EU) entwickelt hat. Dabei ist sie von seinerzeit sechs Gründungsmitgliedern auf nunmehr 27 Mitgliedstaaten gewachsen, von denen die meisten nach einer relativ kurzen Zeit der Kandidatur aufgenommen wurden. Mit Blick auf ihre »Wartezeit« ist das Verhältnis der Türkei zur EU daher einzigartig.

Das hängt damit zusammen, dass die Mehrzahl der EU-Mitglieder die Beziehungen zur Türkei nie als genuinen Teil des europäischen Integrationsprozesses angesehen hat. Die Türkei wurde immer als ein Partner Europas betrachtet, mit dem vor allem aus sicherheitspolitischen Interessen besondere Beziehungen zu unterhalten sind. Obwohl dieses Interesse dazu führte, dass im Assoziationsvertrag von 1964 in Artikel 28 die Option eines späteren türkischen Beitritts zur damals noch EWG genannten EU aufgenommen wurde, war die Türkei in der Sicht der großen Mehrheit der Bevölkerung in den Mitgliedstaaten nicht in den europäischen Integrationsprozess eingeschlossen.

Es ist allerdings – trotz aller Behauptungen des Gegenteils – fraglich, ob und wie weit die türkische Führung ihr Land selbst so gesehen hat. Die Geschichte kann auch so gedeutet werden, dass die türkische Regierung ihre Politik der organisatorischen Westbindung nach dem Zweiten Weltkrieg vor allem in Berücksichtigung der jeweils vorherrschenden außen- und sicherheitspolitischen Konstellationen und weniger aus politisch-konzeptioneller Überzeugung betrieben hat. Schon der Kriegseintritt im November 1944 an der Seite der Alliierten erfolgte vor allem, um der Mitgliedschaft in den Vereinten Nationen teilhaftig werden zu können und nach der absehbaren Niederlage der Achsenmächte nicht auch von den Siegern isoliert da zu stehen.

Zuvor hatte die Türkei es mit ihrer Politik der multiplen vertraglichen Rückversicherung bei allen europäischen Kriegsparteien erfolgreich verstanden, ihren »nationalen Weg« ohne größere Beeinträchtigungen durch die Kriegsereignisse auch nach Atatürks Tod 1938 fortsetzen zu können. Die türkische Grundlinie, die Entwicklung im Innern gegen mögliche äußere Störungen abzusichern, hatte schon zuvor noch unter Atatürk mit dem 1934 geschlossenen Balkanpakt und dem 1937 unterzeichneten Vertrag von Saabadad ihren außenpolitischen Niederschlag gefunden. Im Balkanpakt versicherten sich die Türkei, Griechenland, Jugoslawien und Rumänien gegenseitig die Unverletzlichkeit ihrer Grenzen – nicht zuletzt gegen virulenter werdende bulgarische Revisionsbestrebungen auf dem Balkan. Vergleichbares sollte der Nichtangriffs-Vertrag von Saadabad im Osten mit dem Irak, Iran und Afghanistan bewirken. Es erscheint allerdings übertrieben, in dieser kemalistischen Außenpolitik nach dem Motto »Frieden zu Hause – Frieden in der Welt« (*Yurtta sulh – cihanda sulh*) einen Vorläufer der späteren Blockfreienbewegung zu sehen.

Angesichts der sich gegen Kriegsende abzeichnenden internationalen Entwicklungen wurde sich die türkische Regierung unter Präsident İsmet İnönü zunehmend bewusst, dass eine Fortsetzung dieser Politik Atatürks der vertraglich gesicherten Nichteinmischung in das politische Geschehen der Nachbarregionen mit sehr hohen Risiken verbunden gewesen wäre. Vor allem der zunehmende sowjetische Druck auf eine Revision der Meerengenkonvention von Montreux (1936), mit dem Moskau den ungehinderten Zugang zum Mittelmeer erzwingen wollte, ließ in Ankara die Alarmglocken schrillen. Dabei mag auch die Erinnerung an die unheilvolle Rolle Russlands bei der langen Demontage des Osmanischen Reiches seit Mitte des 18. Jahrhunderts eine wichtige Rolle gespielt haben. Die Außensicherung der türkischen Entwicklung bedurfte einer neuen Grundlage.

Deshalb begrüßte die Regierung İnönü vorbehaltlos die mit der Truman-Doktrin (1947) und dem Marshall-Plan (1948) verbundene Schutz- und Vormachtrolle der USA als der unumstrittenen westlichen Führungsmacht in Europa, im Mittelmeerraum und im Nahen Osten. Allerdings sollte damit auch die Politik der ungestörten nationalen Entwicklung auf kemalistischer Grundlage ein Ende finden. Die sicherheitspolitische Bindung an die USA war nur um den Preis der Öffnung der Türkei gegenüber dem Westen und der damit verbundenen amerikanischen Einflussnahme auf die wirtschaftliche und militärische Entwicklung des Landes zu haben. Der Sieg der Demokratischen Partei in den Parlamentswahlen von 1950 und die damit verbundene endgültige Etablierung eines Mehrparteiensystems in der Türkei verstärkte diese Entwicklung.

Die enge Verbindung zu den USA wurde in den folgenden Jahren durch die türkische Teilnahme am Koreakrieg und die anschließende Aufnahme des Landes in die NATO (1952) gefestigt. Auf Drängen Washingtons zeigte sich Ankara auch bereit, 1955 mit dem Irak, Iran, Pakistan und Großbritannien den Bagdadpakt als Verteidigungsbündnis zu schließen. Er ergänzte als mittelöstliches Regionalbündnis die NATO und schloss die Sowjetunion auch vom Zugang zum Persischen Golf und Indischen Ozean ab. Bis in die Mitte der 1960er Jahre war »der Westen« für die Türkei nicht mehr Europa, sondern die Vereinigten Staaten. Von dort kam die stärkste wirtschaftliche und militärische Unterstützung, nach dort zog es vor allem die junge akademische Generation in steigendem Maß. Amerikanische politische und wirtschaftliche Ideen (Demokratie und Marktwirtschaft) wurden, wie im restlichen »freien« Europa auch, zum Leitbild der Entwicklung.

Doch war der Türkei, auch unter Berücksichtigung ihrer geostrategischen Lage, von den USA eine klar definierte Rolle im »europäischen Teil« des Atlantischen Bündnissystems zugewiesen. Als »Riegel« gegen das Ausgreifen der Sowjetunion in den Mittelmeerraum und damit auch auf die nahöstliche Ölregion, wurde die Türkei auch in Sicht der europäischen Bündnispartner zum »Südostpfeiler« der NATO. Allerdings hatte sie sich diese Rolle mit Griechenland zu teilen. Vor dem Hintergrund der konfliktreichen, mit wechselseitigen Traumata belasteten Geschichte der Ägäisanrainer erforderte dies in türkischer Sicht eine besondere Beachtung von Äquivalenz in der Politik der NATO-Staaten gegenüber diesen Partnern.

Diese Auffassung Ankaras wurde durch die seit Mitte der 1950er Jahre wieder gewaltsam aufgeflammten griechisch-türkischen Auseinandersetzungen auf und um Zypern verstärkt, in denen die Türkei ihre Interessen durch die USA und ihre europäischen Partner nicht angemessen gewürdigt sah. Als daher Athen im Juni 1959 einen Antrag auf Assoziation mit der EWG stellte, folgte die Türkei nur wenige Wochen später, nicht zuletzt, um zu verhindern, dass der Rivale jenseits der Ägäis sich eine vorteilhafte Position im Verhältnis zu Europa verschaffen könnte.

10.1 Vom Assoziationsabkommen zur Zollunion

Am 12. September 1963 unterzeichneten in Ankara die Vertreter der EWG und der Türkei das Assoziationsabkommen. Dabei erklärte der Präsident der EWG-Kommission, Walter Hallstein: »Die Türkei ist ein Teil Europas. ... Die Türkei soll vollberechtigtes Mitglied der Gemeinschaft sein: Dieser Wunsch und die Tatsache, dass wir in ihm mit unseren türkischen Freunden einig sind, sind der stärkste Ausdruck unserer Gemeinsamkeit.« In einem ganz ähnlichen Sinn äußerte sich bei dem gleichen Anlass der niederländische Außenminister Joseph Luns als Vertreter der Mitgliedstaaten.

Beide EWG-Repräsentanten überdeckten damit jedoch, gewollt oder ungewollt, dass zwischen den EWG-Ländern erhebliche Meinungsunterschiede über Sinn und Zweck der Türkei-Assoziation bestanden. Zudem riefen sie auf türkischer Seite unrealistische Erwartungen über die Kooperationsbereitschaft der europäischen Partner hervor, die bis heute nachwirken. Man darf aber heute nicht übersehen, dass in jener Zeit Personen wie Hallstein oder Luns unter »Europa« natürlich nur das »freie« Europa verstanden, das ein fester Teil der westlichen Allianz war – und hier gehörte die Türkei selbstverständlich dazu. Europäische Identität wurde damals, anders als heute, in Abgrenzung zum »kommunistischen Machtbereich«, nicht aber primär in der Abgrenzung zur »islamischen Welt« definiert.

Die vierjährigen, teils äußerst mühsamen Verhandlungen über das Abkommen waren auf türkischer Seite von kaum erfüllbaren Wünschen und auf europäischer Seite von erheblichen Differenzen zwischen den Mitgliedstaaten geprägt. Ankara erwartete von den Europäern vor allem zwei Dinge: Einmal sollte der strategische türkische Beitrag zur Verteidigung des Westens gegen die sowjetische Bedrohung durch eine bedingungslose wirtschaftliche Unterstützung der sich in einer tiefen Krise befindenden Türkei gewürdigt werden. Des weiteren sollte die vollgültige Akzeptanz der Türkei im westlichen (europäischen) System durch eine Gleichbehandlung mit Griechenland unterstrichen werden. Dies hatte sich im Abschluss weitgehend identischer Assoziationsverträge mit den beiden Ägäisstaaten zu zeigen.

Deutschland und die Beneluxländer waren aus vorrangigen sicherheitspolitischen Interessen bereit, der Türkei in ihren Erwartungen sehr weit entgegen zu kommen. Vor allem für die Bundesrepublik als zentralem »Frontstaat« des Kalten Krieges spielten in der Türkeipolitik dieser Zeit fast ausschließlich Überlegungen eine Rolle, die um die Eindämmung und Abwehr der sowjetischen Bedrohung kreisten. Daher war Bonn auch bereit, dem amerikanischen Drängen auf Lastenteilung in der Allianz durch verstärkte Unterstützung des türkischen NATO-Partners nachzugeben. Ganz anders sah es bei Frankreich und Italien aus. Italien ging es vor allem darum, potentielle Konkurrenz für seine landwirtschaftlichen Exporte in die anderen EWG-Länder vom europäischen Markt fern zu halten. Deshalb bestand es sowohl gegenüber der Türkei als auch Griechenland auf möglichst geringen Einfuhrpräferenzen und auf weitgehender Reziprozität im Zollabbau.

Frankreich dagegen hatte eine komplexere Interessenlage. Zwar erkannte auch Paris die sicherheitspolitische Bedeutung der Türkei durchaus an, doch wollte man deshalb keineswegs akzeptieren, dass die EWG zum »wirtschaftlichen Erfüllungsgehilfen« amerikanischer strategischer Interessen im Mittelmeerraum würde. Frankreichs eigene regionalen strategischen Ambitionen, die von Präsident de Gaulle verfolgte Schaffung eines »bloc méditerranéen« unter französischer Führung, und seine in der NATO verfolgte Politik der militärischen Unabhängigkeit wurden so zu einem Beurteilungsparameter bei der Gestaltung der Türkei-Assoziation. Beidem begegnete Ankara mit großer Skepsis. Hinzu kam, dass die französische Diplomatie davon überzeugt war, dass die Türkei Teil einer »europafremden« Kultur war. Das äußerte sich für sie schon darin, dass die türkischen Unterhändler sich unfähig zeigten, die Grundprinzipien des Gemeinsamen Marktes und der mit ihm angestrebten Assoziation überhaupt zu begreifen. Deshalb verfocht auch Paris gegenüber Ankara eine Haltung, die im wirtschaftlichen Bereich auf strikte Reziprozität der Zugeständnisse drängte – vorgeblich, um die grundlegenden Prinzipien des Gemeinsamen Marktes der noch jungen EWG nicht durch unnötige und falsche Abweichungen in den Assoziationsbeziehungen aufzuweichen. Vor allem aber sollten zu weit gehende und zu definitive Festlegungen über den weiteren Verlauf der Assoziation zu einem so frühen Zeitpunkt vermieden werden.

Die politischen Differenzen zwischen den Mitgliedstaaten, der Militärputsch vom 27. Mai 1960 und seine unmittelbaren Folgen in der Türkei, die fehlende Praxis der EWG für die Gestaltung von Assoziationsverhandlungen, einschließlich erheblicher Meinungsunterschiede über die Rolle und Kompetenzen der verschiedenen Institutionen dabei, waren dafür verantwortlich, dass die Verhandlungen mit der Türkei sich so lange hinzogen. Das Ergebnis war angesichts all dieser Hindernisse dann für Ankara doch erstaunlich erfreulich, denn letztlich setzte sich, mit starker argumentativer Unterstützung der EWG-Kommission, die pro-türkische, primär sicherheitspolitisch argumentierende Gruppierung unter den Mitgliedstaaten durch.

Genau wie das Assoziationsabkommen mit Griechenland sieht auch der »Vertrag von Ankara«, wie das Abkommen nach dem Ort seiner Unterzeichnung auch genannt wird, die Errichtung einer Zollunion zwischen der EWG und der Türkei vor. Damit war dem türkischen Interesse nach Gleichbehandlung entsprochen. Den Bedenkenträgern unter den EWG-Mitgliedern kam entgegen, dass der sog. »Übergangsphase«, in der die Zollunion verwirklicht werden sollte, eine »Vorbereitungsphase« zur Stärkung der türkischen Wirtschaft von mindestens fünf Jahren Dauer vorgeschaltet wurde. In dieser Zeit erhielt die Türkei nur geringe Handelspräferenzen für ihre Ausfuhren in die EWG. Die Einzelheiten der daran anschließenden »Übergangsphase« mussten erst dann vereinbart werden. Außerdem wurde festgehalten, dass die Zollunion »auf Grund gegenseitiger und gegeneinander ausgewogener Verpflichtungen« gestaltet werden sollte. Sie sollte prinzipiell in einem Zeitraum von zwölf Jahren nach dem Inkrafttreten der entsprechenden Vereinbarungen vollendet sein. Damit war den Skeptikern in Paris und Rom der Weg nicht versperrt, aus ihrer Sicht ungünstigen künftigen Entwicklungen Einhalt zu gebieten, denn alle Beschlüsse über die Ausgestaltung der Zollunion mussten einstimmig getroffen werden.

Aus türkischer Sicht war jedoch am wichtigsten, dass das Abkommen in Artikel 28 explizit die Möglichkeit in Aussicht stellt, nach Vollendung der Zollunion, in der sog. »Endphase« der Assoziation, bei Vorliegen der notwendigen Voraussetzungen eine Mitgliedschaft der Türkei in der Gemeinschaft zu prüfen. Da ein Beitritt zur Gemeinschaft nach Artikel 239 des EWG-Vertrages nur für »europäische« Staaten möglich war, wurde der Türkei so implizit dieses »Gütesiegel« verliehen – und mit einer weitaus größeren Verbindlichkeit als es in den letztlich rein politischen Äußerungen von Präsident Hallstein oder Außenminister Luns anlässlich der Unterzeichnung des Abkommens geschah.

Damit war gewährleistet, dass das Land nicht von der weiteren Entwicklung Europas ausgeschlossen blieb und die Assoziation gegenüber der eigenen Bevölkerung als ein Schritt zur Erreichung des von Atatürk vorgegebenen Ziels der zeitgenössischen westlichen Zivilisation ausgegeben werden konnte. Wirtschaftliche, politische und ideologische Interessen der kemalistischen Staatselite, die mit dem Militärputsch 1960 wieder an die Macht gelangt war, konnten so in dieser Maßnahme gebündelt werden. Zu kritisieren war aus der türkischen Sicht allenfalls, dass die EWG sich bei der Unterstützung der wirtschaftlichen Entwicklung der Türkei sehr zurückhielt und auch die Gleichstellung mit Griechenland zwar im Grundsätzlichen, nicht aber in allen Details erreicht werden konnte.

Die Assoziation nahm nach ihrem Inkrafttreten am 1. Dezember 1964 einen eher enttäuschenden Verlauf. Die Vorbereitungsphase konnte keine wesentlichen Impulse für die Entwicklung der türkischen Wirtschaft geben. Dennoch kamen die Vertragsparteien überraschend überein, nach der vorgesehenen Mindestdauer von fünf Jahren 1968 in Verhandlungen über die konkrete Ausgestaltung der »Übergangsphase« einzusteigen. Diese zogen sich bis November 1970 hin und waren vom Andauern der Interessengegensätze gekennzeichnet: Die Türkei wollte möglichst umfangreiche EG-Hilfen, einen freien Marktzugang für ihre Agrarerzeugnisse und einen langen Zollschutz für ihre Industrien. Die Gemeinschaft tendierte in all diesen Punkten eher zum Gegenteil: Schutz des gemeinsamen Agrarmarktes, Öffnung des türkischen Marktes für Industrieprodukte und eine wesentlich geringere Finanzhilfe.

Das Verhandlungsergebnis wurde am 23. November 1970 in Brüssel in einem Zusatzprotokoll zum Vertrag von Ankara fixiert. Es sah vor, dass die EG – so wurde die Gemeinschaft nach der 1967 erfolgten Fusion der Organe der ursprünglich drei Gemeinschaften (Europäische Gemeinschaft für Kohle und Stahl, Europäische Wirtschaftsgemeinschaft und Europäische Atomgemeinschaft) nun allgemein bezeichnet – ihre Zölle für türkische Industriewaren bei Inkrafttreten des Protokolls beseitigt, während die Türkei dieses schrittweise im Laufe von zwölf Jahren tun sollte. Für etwa 45 Prozent der EG-Exporte konnte sie ihren Markt sogar bis zu 22 Jahre schützen. Im gleichen Rhythmus sollte der türkische Außenzoll gegenüber Drittländern mit dem EG-Außenzoll vereinheitlicht werden. Diese Rücksichtnahme der Gemeinschaft auf den geringen wirtschaftlichen Entwicklungsstand des Partnerlandes wurde allerdings dadurch beträchtlich entwertet, dass einmal Importbeschränkungen für türkische Textilwaren bestehen blieben und zum anderen der türkische Agrarexport in die EG erst nach 22 Jahren und entsprechenden Anpassungsmaßnahmen in der türkischen Agrarpolitik von Einfuhrhindernissen befreit werden sollte. Überall da, wo die Türkei halbwegs wettbewerbsfähig war, wurde ihr der Marktzugang also schwer gemacht.

Die Ratifikation des Zusatzprotokolls verzögerte sich wegen innenpolitischer Schwierigkeiten in einigen Mitgliedstaaten der EG und infolge des erneuten Eingreifens des türkischen Militärs vom 12. März 1971 beträchtlich, so dass es erst am 1. Januar 1973 in Kraft treten konnte. Eine besondere Erwähnung bedarf noch der Umstand, dass die in Deutschland beginnende Debatte über die zu große Zahl von Gastarbeitern sich weder in den Verhandlungen noch bei der Ratifizierung des Protokolls niederschlug: Vielmehr wurde in Artikel 36 vereinbart, dass die Freizügigkeit der Arbeitnehmer bis zum 1. Dezember 1986 schrittweise hergestellt werden sollte. Dabei wollte man sich von den einschlägigen Artikeln 48-50 des EWG-Vertrages leiten lassen. Für die Finanzhilfe wurden jeweils über fünf Jahre laufende sog. Finanzprotokolle vereinbart, mit deren Hilfe die türkische Wirtschaft entwickelt und so allmählich für den Wettbewerb auf dem Gemeinsamen Markt der EG fit gemacht werden sollte.

Zwischen 1964 und 1981 wurden der Türkei in drei Finanzprotokollen insgesamt 705 Mio. Dollar zu relativ günstigen Bedingungen zu Verfügung gestellt. Die Umsetzung eines im Frühjahr 1981 vereinbarten vierten Finanzprotokolls über 600 Mio. Dollar konnte dann wegen der Folgen des Militärputsches von 1980 und der nach dem Beitritt einsetzenden griechischen Obstruktionspolitik in der Assoziation nicht erfolgen. Bis zum Beginn der Beitrittsphase ab Dezember 1999 erhielt die Türkei von der EU aus verschiedenen politischen Gründen kaum noch Finanzhilfe, wenngleich immer wieder entsprechende Abkommen unterzeichnet wurden.

Auch nach dem Eintritt in die »Übergangsphase« entwickelte sich in der Beziehung der Türkei zur EG keine rechte Dynamik. Es kam im Gegenteil zu einer langsamen, aber kontinuierlichen Entfremdung zwischen beiden Seiten. Die EG war vor allem mit ihrer eigenen Entwicklung beschäftigt, die bis weit in die 1990er Jahre durch verschiedene Zyklen von Erweiterung um neue Mitglieder und nachfolgende Anstrengungen zur internen Konsolidierung ihrer Institutionen und Entscheidungsverfahren gekennzeichnet war. In diesem Zusammenhang spielte die Türkei nur selten eine gewichtige Rolle, so zum Beispiel, als die Entscheidung über den Beitritt Griechenlands zu fällen war.

Dieses stellte gegen Ende der 1970er Jahre in enger zeitlicher Verbundenheit mit Spanien und Portugal nach dem Ende der in den drei südeuropäischen Ländern bis dato herrschenden Militärregime den Antrag auf Beitritt zur Gemeinschaft. Die damals bereits neun Mitgliedstaaten der EG setzten sich über Bedenken der Kommission hinweg, die wegen der gespannten Lage zwischen den Ägäisstaaten auf mögliche negative Auswirkungen der griechischen Mitgliedschaft für die Beziehungen der EG zur Türkei hinwies. Der Streit um Zypern, der fast zeitgleich mit dem Abschluss des Assoziationsabkommens wegen der Aufkündigung des Verfassungskompromisses von 1960 durch die griechisch-zyprische Seite bedrohlich eskaliert war, hatte mit der türkischen Besetzung des Inselnordens im Sommer 1974 nach der Vertreibung des zyprischen Präsidenten Erzbischof Makarios durch griechische Putschisten eine neue Zuspitzung erfahren. Das wirkte sich auch negativ auf die Auseinandersetzung zwischen Athen und Ankara um die Hoheitsrechte in der Ägäis aus. Unter starkem französischen Druck beschlossen die EG-Staaten dennoch, Griechenland zügig aufzunehmen und fanden für die türkischen Vorbehalte nur eine Reihe verbaler Beschwichtigungen, denen zu Folge dieser Schritt keine Belastungen des Verhältnisses der EG zur Türkei mit sich bringen sollte.

Die Türkei sah sich außer Stande, die EG von diesem Schritt abzuhalten. Sie befand sich Ende der 1970er Jahre in einer tiefen Krise, die durch instabile Regierungen wechselnder Koalitionen von kurzer Dauer, eine zunehmende Verschlechterung der Wirtschaftslage und wachsende politische Gewalt zwischen Gruppierungen der äußersten Rechten und Linken gekennzeichnet war. Die Beziehungen zur EG waren Teil der innenpolitischen Auseinandersetzungen zwischen dem bürgerlich-liberalen Lager um die Gerechtigkeitspartei (*Adalet Partisi*/AP) von Süleyman Demirel und dem kemalistisch-sozialdemokratischen Lager der CHP unter Führung von Bülent Ecevit. Auf der einen Seite waren die Verfechter einer zügigen Integrationspolitik, um die wirtschaftliche und gesellschaftliche Modernisierung des Landes über den Wettbewerb im Gemeinsamen Markt voran zu treiben. Ihnen gegenüber standen jene Kräfte, die die Politik der nationalen Abgrenzung verteidigten, um so zu einer stärkeren Ausgangsposition für einen erfolgreichen Wettbewerb mit der überlegenen Wirtschaft der EG zu kommen. Dieser Gegensatz zeigte sich auch innerhalb der Regierungsadministration, in der das Außen- und das Handelsministerium eher integrationsfreundlich, das Staatliche Planungsamt und das Industrieministerium eher skeptisch eingestellt waren.

Gemeinsam war beiden Lagern die Kritik an einer zunehmenden Benachteiligung der Türkei durch die Gemeinschaft. Sie bezog sich vor allem auf die angesichts der schwierigen Lage der Türkei für völlig unzureichend erachteten Finanzhilfe und auf die relative Verschlechterung der türkischen Präferenzen im Gemeinsamen Markt durch die seit Mitte der 1970er Jahre vor allem auf französisches und italienisches Drängen betriebene Präferenzpolitik der EG gegenüber den südlichen Mittelmeeranrainern. In der Folge setzte die Türkei einseitig die im Zusatzprotokoll von 1973 eigentlich vorgesehenen Maßnahmen zur Zollreduzierung aus.

Das EG-kritische Lager der linken Mitte wurde sowohl durch die islamistischen Kräfte der Nationalen Heilspartei (*Milli Selamet Partisi*/MSP) unter Führung Necmettin Erbakans und der Nationalistischen Aktionspartei (*Milliyetçi Hareket Partisi*/MHP) von Alparslan Türkeş gestärkt. Da die AP für ihre Koalitionsregierungen auf die MSP und/oder MHP angewiesen war, konnte die Türkei in dieser Zeit praktisch keine konstruktive EG-Politik betreiben. So musste zum Beispiel Demirel im Sommer 1980 ohnmächtig zusehen, wie sein ehemaliger Koalitionspartner MSP in der Nationalversammlung einen Misstrauensantrag gegen den AP-Außenminister einbrachte, weil dieser ernsthaft erwog, einen Beitrittsantrag bei der EG zu stellen.

Der Putsch vom 12. September 1980, mit dem das türkische Militär die immer stärker aus dem Ruder laufende innenpolitische Krise beendete, brachte in der Folge eine weitere Verschlechterung im Verhältnis der EG zur Türkei. Politik und Öffentlichkeit in der EG übten heftige Kritik an den Schritten des Nationalen Sicherheitsrates zur totalen Neugestaltung der politischen Landschaft in der Türkei durch das Verbot aller alten Parteien und die Ausarbeitung einer neuen, sehr vom Gedanken des Staatsschutzes bestimmten Verfassung. Diese europäische Kritik stieß jedoch bei der türkischen Militärführung und der von ihr eingesetzten neuen politischen Elite auf verbreitete Ablehnung. Das Aussetzen der politischen Kontakte von Seiten des Europäischen Parlaments und der Kommission wurde ebenso als anti-türkische Geste gewertet wie das Einfrieren der Finanzhilfe. Der generelle Vorwurf der türkischen Seite an die EG war, dass sie die innere Lage in der Türkei völlig falsch einschätze und zu viel Solidarität mit jenen Kreisen zeige, die zum Ruin der türkischen Demokratie beigetragen und dadurch erst das Eingreifen des Militärs provoziert hätten.

Auch die Rückkehr zu parlamentarischen Verhältnissen nach den Wahlen vom November 1983 mit dem überraschenden Sieg des von der Militärführung in dieser Rolle eigentlich nicht vorgesehenen Turgut Özal und seiner Mutterlandspartei (*Anavatan Partisi*/AnaP) brachte keine Erleichterung. Von weiten Teilen der europäischen Politik und Öffentlichkeit, besonders im sozialdemokratischen und sonstigen linken Lager, wurde der Zustand in der Türkei als »gelenkte Demokratie« oder als »Demokratie unter Militäraufsicht« gewertet. Das hing damit zusammen, dass die »Junta des 12. September« nach wie vor als Nationaler Sicherheitsrat und damit Kontrollorgan für die Regierung amtierte. Ebenso verkörperte Kenan Evren, der seinerzeitige Generalstabschef und Führer der Junta, nunmehr als Staatspräsident die Kontinuität des 12. September.

Erst allmählich normalisierten sich die Beziehungen, vor allem unter dem Einfluss konservativ-bürgerlicher Kreise in der EG, die unter Betonung der anhaltend wichtigen sicherheitspolitischen Bedeutung der Türkei dazu übergingen, die positiven Schritte bei der vorsichtigen Demokratisierung im Partnerland hervorzuheben. Äußere Zeichen dieser Normalisierung waren der Besuch von Bundeskanzler Helmut Kohl in der Türkei im September 1985 und der unmittelbar anschließende Besuch des belgischen Außenministers Leo Tindemans. Kohl ging es u.a. auch darum, der Türkei zu signalisieren, dass die Bundesregierung das Inkrafttreten der Arbeitnehmerfreizügigkeit, das nach Artikel 12 des Ankara-Abkommens und Artikel 36 des Zusatzprotokolls von 1972 zum 1. Dezember 1986 stattfinden sollte, in jedem Fall verhindern werde, dafür um Verständnis bei der Regierung Özal zu werben und Möglichkeiten der Kompensation auszuloten. Diese wurden im Feld der deutschen bilateralen Militärhilfe gefunden (s. oben 9.1, S. 143).

Doch auch sonst kamen die Beziehungen zwischen der EG und der Türkei nur langsam voran, was unter anderem auch daran lag, dass Griechenland nach seinem Beitritt im Jahre 1981 sich im Verhältnis der Gemeinschaft zu Ankara immer deutlicher in der Rolle des Bremsers profilierte. So konnte wegen einer durch die bilateralen Konflikte motivierten entsprechenden Weigerung Athens die Assoziation mit der Türkei formal nicht an die durch die Süderweiterung der EG entstandene neue Lage angepasst werden. Gleichermaßen sperrte sich Athen lange gegen die Wiederaufnahme formeller Kontakte im Rahmen des Assoziationsrates unter Verweis auf den immer noch unbefriedigenden Zustand der türkischen Demokratie und auf die seit 1974 andauernde völkerrechtswidrige Besetzung Nordzyperns durch türkische Truppen. Ebenso negativ für die Türkei war aber auch die vor allem auf Drängen der Bundesrepublik im Herbst 1986 zustande gekommene Weigerung der EG, entsprechende Schritte für die eigentlich zum 1. Dezember des Jahres herbeizuführende Freizügigkeit für türkische Arbeitnehmer zu unternehmen. Das Thema liegt seitdem auf Eis.

Die sich so abzeichnende Ausweglosigkeit, im Rahmen der Assoziationsbeziehungen substantielle Fortschritte in den Beziehungen zur EG erreichen zu können, veranlasste die Regierung Özal, sich stärker mit dem Gedanken eines Beitritts zur Gemeinschaft zu beschäftigen. Zwar gaben alle EG-Regierungen mehr oder weniger deutlich zu verstehen, dass sie einen solchen Schritt Ankaras nicht wünschten, doch überreichte der türkische Staatsminister für Europafragen, Ali Bozer, dennoch am 14. April 1987 dem seinerzeitigen Präsidenten des Ministerrates der EG, Leo Tindemans, den offiziellen türkischen Beitrittsantrag.

Doch auch damit begann keine neue Phase in den Beziehungen, denn die Kommission legte im Dezember 1988 eine Stellungnahme zum Antrag vor, in der sie feststellte, dass die Gemeinschaft derzeit nicht in der Lage sei, ihn anzunehmen. Er solle aber auch nicht definitiv abgelehnt werden. Vielmehr könne die EG bis zur gerade unter den Mitgliedstaaten vereinbarten Vollendung des gemeinsamen Binnenmarktes im Jahre 1993 überhaupt keine weiteren Beitritte akzeptieren. Die Türkei komme also weiterhin prinzipiell für eine Mitgliedschaft in der EG in Frage, doch sei eine Entscheidung darüber erst zu einem späteren Zeitpunkt zu fällen, wenn die Gemeinschaft ihre interne Konsolidierung vollendet habe. Bis dahin sollten sich beide Seiten auf den Ausbau der Assoziation und konkret auf die möglichst rasche Vollendung der Zollunion konzentrieren. Allerdings versäumte die Kommission auch nicht darauf hinzuweisen, dass die Türkei noch erhebliche Fortschritte bei ihrer Demokratisierung machen müsse und dass auch der ungelöste Konflikt mit Griechenland über die Hoheitsrechte in der Ägäis und über die türkische Besetzung Nordzyperns ein erhebliches Beitrittshemmnis darstelle. Dieser Haltung schloss sich der Ministerrat im Februar 1989 einstimmig an. Der erste türkische Anlauf zum Beitritt war damit gescheitert.

Die mit dem Abkommen von Ankara eigentlich vorgezeichnete intensive Annäherung zwischen der EG und der Türkei kam während der 1970er und 1980er Jahre vor allem deshalb nicht voran, weil zum einen die Türkei durch wiederholte, sich über Jahre hinziehende wirtschaftliche und politische Krisen daran gehindert war, die für die Annäherung notwendigen wirtschaftlichen und innenpolitischen Veränderungen überhaupt gezielt in Angriff zu nehmen. Und die EG war andererseits durch ihren andauernden Zyklus von Erweiterung und anschließender interner Konsolidierung nur in der Lage, sich gerade so weit um die Belange der Assoziation zu kümmern, dass diese nicht endgültig scheiterte. Das musste vor allem aus den unveränderten sicherheitspolitischen Interessen an einer anhaltenden Westbindung der Türkei verhindert werden, die in ihrem Kern trotz allem Auf und Ab in der Entwicklung des Ost-West-Konflikts unverändert blieben. Ein Abdriften der Türkei, sei es in die Neutralität, sei es durch eine Annäherung an die Sowjetunion, hätte die sicherheitspolitische Balance in Europa grundlegend zum Nachteil des Westens verändert.

Das sollte sich nach 1989 ändern, jedoch nicht zum Vorteil für die Türkei. Der mit der deutschen Vereinigung einsetzende Zusammenbruch des sowjetischen Machtbereichs in Mittel- und Osteuropa veränderte die geopolitische Grundlage der Beziehungen zwischen der Türkei und der EG nachhaltig. Gleichzeitig schufen das verstärkte Aufflammen des kurdischen Separatismus in Form des PKK-Terrorismus und das Erstarken des politischen Islam in Form der Wahlgewinne der Wohlfahrtspartei (*Refah Partisi*/RP) von Necmettin Erbakan Anfang der 1990er

Jahre den Nährboden für eine politische Restauration im Zeichen national-kemalistischer Interessen. Zunehmend bestimmte – bei Aufrechterhaltung der politisch-parlamentarischen Oberfläche – die Militärführung die Grundlinien der Innenpolitik. Sie waren ausschließlich auf die Abwehr der »separatistischen und islamistischen Gefährdung« der säkularen Republik im kemalistischen Sinn durch den massiven Einsatz staatlicher Repressionsinstrumente gerichtet.

Der Wechsel von Turgut Özal vom Amt des Ministerpräsidenten auf den Stuhl des Staatspräsidenten im Jahre 1991 beschleunigte den Abstieg seiner AnaP im politischen Feld der Türkei. Nach seinem plötzlichen Tod 1993 und der Wahl Süleyman Demirels, des 1987 wieder zur aktiven Politik zugelassenen Vorsitzenden der bürgerlich-liberalen Partei des Rechten Weges (*Doğru Yol Partisi*/DYP), zum Staatspräsidenten brachte die nachfolgende Parlamentswahl eine Rückkehr zum System der Koalitionsregierungen. Dieses sollte sich im Laufe der 1990er Jahre als genauso problematisch erweisen wie die vorangegangenen Koalitionsperioden in den 1960er und1970er Jahren.

Die Europäische Union (EU), wie die EG seit dem Vertrag von Maastricht (1992) genannt wird, wurde Anfang der 1990er Jahre mit zwei großen Herausforderungen konfrontiert, die die Beziehungen zur Türkei – wieder einmal – in den Hintergrund drängten: Einmal ging es darum, den gemeinsamen Binnenmarkt durch die Schaffung der Europäischen Währungsunion mit der gemeinsamen Währung, dem Euro, zu ergänzen. Diese verstärkte Integration im wirtschaftlichen Bereich war besonders aus französischer Sicht wichtig, um Deutschland nach der durch den Zusammenbruch des Sowjetsystems sich ergebenden neuen Öffnung Europas nach Osten auch weiter fest in die »westliche« europäische Integration einzubinden. Zum zweiten ging es darum, auf diesen Zusammenbruch »des Ostens« zu reagieren. Der dafür nach einigem Zögern gewählte Weg war die Osterweiterung des militärischen und wirtschaftlich-politischen westlichen Bündnissystems, von NATO und EU.

Das Dilemma für die Türkei bestand darin, dass kein EU-Staat, aber auch keiner der neuen Beitrittskandidaten, daran dachte, sie in die neue Erweiterungsrunde einzubeziehen. Dies war für Ankara um so schmerzlicher, als dieser Prozess in der politischen Öffentlichkeit der EU und der ost-/mitteleuropäischen Staaten auch mit der Formel von der »Wiedervereinigung Europas« beschrieben wurde. Offensichtlich wurde die Türkei nicht mehr zu Europa gezählt. Insbesondere in Deutschland wuchs sowohl in Kreisen der christlich-liberalen Koalitionsregierung von Bundeskanzler Helmut Kohl als auch bei der sozialdemokratischen und »grünen« Opposition der Widerstand gegen einen türkischen EU-Beitritt – hauptsächlich wegen der sich in der Türkei im Gefolge des Kampfes gegen die PKK allgemein wieder verschlechternden Menschenrechtslage, aber auch wegen vor allem im christdemokratischen Lager wachsenden Zweifeln am »Europäertum« der Türkei.

Vor diesem Hintergrund muss es als Fortschritt gewertet werden, dass sich die EU und die Türkei im März 1995 auf die Vollendung der Zollunion als »Endphase« der Assoziation gemäß Artikel 2 und 5 des Ankara-Abkommens einigten. Die Türkei verpflichtete sich dabei, alle Regeln der EU zu übernehmen, die den freien und völlig ungehinderten Handel mit Industriegütern zwischen beiden Seiten ermöglichen. Gleichzeitig wurde sie verpflichtet, im Handel mit Drittländern die dafür gültigen EU-Regeln in vollem Umfang anzuwenden. Durch diesen Schritt erreichte die türkische Wirtschaft das höchstmögliche Niveau der Integration mit dem Gemeinsamen Markt unterhalb der Schwelle der Mitgliedschaft. Gleichzeitig gab Ankara einen erheblichen Teil seiner wirtschaftspolitischen Souveränität an die Union ab. Die politische Verbindung zwischen beiden Seiten wurde durch die Einführung eines intensiven politischen Dialogmechanismus »auf hoher Ebene« ebenfalls enger gestaltet, mit dem mehrere regelmäßige Treffen pro Jahr zwischen den Außenministern und hohen Beamten der Türkei und der EU-Troika (amtierende EU-Präsidentschaft und das jeweilige Vorgänger- und Nachfolgerland) vereinbart wurden. Ferner sollte die Türkei künftig regelmäßig offiziell über die Ergebnisse der Sitzungen der wichtigsten politischen Institutionen der EU unterrichtet werden. Und schließlich wollte die EU die Finanzhilfe für die Türkei wieder aufnehmen, die seit 1981 eingefroren war. Es war eine Größenordnung von über eine Mrd. Euro für die nächsten fünf Jahre im Gespräch.

Allerdings gab es zwischen den EU-Ländern und der Türkei erhebliche Meinungsunterschiede über die Bedeutung dieser Entwicklung. Während die Zollunion für Ankara der logische letzte Schritt vor dem Beitritt war, stellte sie aus Sicht der meisten EU-Mitglieder das auf absehbare Zeit maximal erreichbare Niveau der Beziehung dar. Vor allem Deutschland sah darin eine kompensatorische Maßnahme, die Ankara vor allem mit der anstehenden Osterweiterung versöhnen sollte. Es ging den EU-Staaten aber auch darum, die Bindung der Türkei mit Europa zu festigen, angesichts einer nach dem Zusammenbruch der Sowjetunion und dem Ende des Kalten Krieges unübersichtlicher werdenden internationalen Ordnung. Dies brachte der seinerzeitige französische Minister für Europafragen, Alain Lamassoure, als Vertreter der amtierenden Präsidentschaft zum Ausdruck, als er nach der Einigung über die Zollunion im Europäischen Parlament erklärte, die EU wünsche sich »eine stabile, wohlhabende und demokratische Türkei, die in Europa verankert und Teil der europäischen Sicherheitsarchitektur ist.« Die Vollendung der Zollunion wurde seitens der EU also – wie bereits die ganze bisherige Assoziation – vor allem als sicherheitspolitisches Instrument gesehen und nicht als ein Schritt genuiner Integration der Türkei in die Union.

Dies wurde ganz deutlich, als die EU-Staaten auf dem Treffen des Europäischen Rates (i.e. die Staats- und Regierungschefs der EU-Mitgliedstaaten) in Luxemburg im Dezember 1997 die Türkei unmissverständlich von der bei dieser Gelegenheit offiziell beschlossenen nächsten Erweiterungsrunde ausschlossen. Sie verwarfen damit explizit einen von der türkischen Regierung seit dem Frühjahr 1996 mit Nachdruck vorgetragenen Wunsch. Zwar wurde die Tür nach Europa nicht endgültig zugeschlagen, denn Ankara wurde stattdessen ein »Europa-Abkommen« angeboten, mit dem der Prozess der Vorbereitung auf einen späteren Beitritt weiter voran getrieben werden sollte. Deutlich wurde dabei auch, dass insbesondere die deutsche Regierung eine türkische EU-Mitgliedschaft auf unbestimmte Zeit hinausschieben wollte.

Die Türkei fühlte sich auch als NATO-Partner von der Union zutiefst diskriminiert, die mit zehn ehemaligen kommunistischen Ländern Mittel- und Osteuropas einen Beitrittsprozess begann. Noch schlimmer war in türkischer Sicht, dass auch mit Zypern Beitrittsverhandlungen eröffnet wurden. Dies wurde als eklatante Missachtung der Interessen der türkischen Zyprer angesehen, die sich mit türkischer

Unterstützung seit Jahren gegen die EU-Kandidatur der Regierung der Republik Zypern gewehrt hatten. Die Regierung von Ministerpräsident Mesut Yılmaz beschloss deshalb, mit Ausnahme der Zollunion alle Beziehungen zur EU einzufrieren und die politischen Beziehungen ausschließlich auf den bilateralen Rahmen mit den einzelnen Mitgliedstaaten zu beschränken. Ein neuer Tiefpunkt der türkisch-europäischen Beziehungen war erreicht.

10.2 Der Beitrittsprozess mit ungewissem Ausgang

Somit kam es dann ziemlich überraschend, dass die EU auf dem Europäischen Rat von Helsinki im Dezember 1999 der Türkei offiziell den Status eines Beitrittskandidaten zuerkannte und damit das Tor zu einer späteren Mitgliedschaft des Landes so weit wie nie zuvor öffnete. Ausschlaggebend dafür war eine Kehrtwende in der deutschen Türkeipolitik. Die im Oktober 1998 ins Amt gewählte Rot-Grüne Koalitionsregierung ließ relativ rasch erkennen, dass sie die Linie ihrer Vorgängerin in einem wichtigen Punkt nicht weiter verfolgen wollte: Die Absonderung der Türkei von den anderen Beitrittskandidaten aus vorwiegend »kulturellen« (religiösen) Motiven sollte beendet werden.

Festgehalten wurde jedoch an dem Grundsatz, dass für die Türkei dieselben Bedingungen wie für alle anderen Kandidaten gelten müssten: die Erfüllung der Kopenhagener Kriterien. Hierzu hatte der Europäische Rat im Juni 1993 mit Blick auf die anstehende Osterweiterung der EU beschlossen, dass Beitrittskandidaten folgende Kriterien erfüllen müssen:

(a) »Eine institutionelle Stabilität als Garantie für demokratische und rechtstaatliche Ordnung, für die Wahrung der Menschenrechte sowie die Achtung und den Schutz von Minderheiten«,
(b) »eine funktionsfähige Marktwirtschaft sowie die Fähigkeit, dem Wettbewerbsdruck und den Marktkräften innerhalb der Union standzuhalten«,
(c) die Übernahme der »aus einer Mitgliedschaft erwachsenden Verpflichtungen«, einschließlich »der Ziele der politischen Union sowie der Wirtschafts- und Währungsunion«.

Hinzugefügt wurde, dass auch »die Fähigkeit der Union, neue Mitglieder aufzunehmen … einen wichtigen Gesichtspunkt« bildet. (*http://www.consilium.europa.eu/ueDocs/cms_Data/docs/pressData/de/ec/72924.pdf*; Zugriff: 21.4.2008)

Die Regierung Schröder/Fischer stieß mit ihrem Politikwechsel in der Türkei auf positive Resonanz, und Ministerpräsident Bülent Ecevit erklärte in einem Brief an den Bundeskanzler, dass seine Regierung sich der für einen Beitritt notwendigen Bedingungen bewusst sei und entsprechende Reformen durchführen werde. Doch konnte Deutschland während seiner EU-Präsidentschaft im ersten Halbjahr 1999 noch keinen Durchbruch erzielen. Es bedurfte erst eines ähnlich dramatischen Schwenks Griechenlands im Verhältnis zum türkischen Nachbarn im Laufe des Sommers, damit der Europäische Rat im Dezember in Helsinki nach einem längeren EU-internen Ringen um die genauen Formulierungen des Angebots die Türkei offiziell zum Beitrittskandidaten erklären konnte.

Die schließlich unter den Fünfzehn ausgehandelten Formulierungen trafen bei der türkischen Regierung zunächst auf erhebliche Bedenken, die insbesondere über die in der EU-Erklärung hergestellte Verbindung von türkischem Beitrittsprozess und der Zypernfrage unzufrieden war. (*http://www.consilium.europa.eu/ueDocs/cms_Data/docs/pressData/de/ec/00300-r1.d9.htm*; Zugriff: 21.4.2008)

Eine Blitzreise von Kommissionsmitglied Günter Verheugen und des neuen Hohen Repräsentanten für die Gemeinsame Außen- und Sicherheitspolitik der EU, Javier Solana, noch während des Gipfels in die türkische Hauptstadt konnte Ministerpräsident Ecevit und seine Berater davon überzeugen, dass damit keine über die Kopenhagener Kriterien hinaus gehenden formalen Vorbedingungen für den Beitritt gemeint wären. Dies wurde auch in einem Schreiben betont, das der amtierende Vorsitzende des Europäischen Rates, Finnlands Ministerpräsident Lipponen, bei dieser Gelegenheit an Ecevit schickte. Hingegen wurde von Ankara akzeptiert, dass wegen der erheblichen Demokratiedefizite, die in EU-Sicht die Lage in der Türkei immer noch kennzeichneten, an einen Beginn von Beitrittsverhandlungen noch nicht zu denken war.

Die weitere Entwicklung des Beitrittsprozesses zeigte jedoch, wie wenig die Türkei und ihre politische Führung auf den so lange herbei gewünschten Status des EU-Beitrittskandidaten vorbereitet waren. Die seit dem Frühjahr 1999 amtierende türkische Dreierkoalition aus der links-nationalen Demokratischen Linkspartei (*Demokratik Sol Partisi*/DSP) von Ministerpräsident Ecevit, der bürgerlich-liberalen AnaP von Mesut Yılmaz und der rechts-nationalistischen MHP von Devlet Bahçeli zeigte wenig Neigung, die für die Erfüllung der politischen Kriterien von Kopenhagen notwendigen innenpolitischen Reformen in Angriff zu nehmen. Sie war auch nicht bereit, die etablierte türkische Politik in der Zypernfrage zu überdenken. Insbesondere für die DSP und die MHP bedeutete ein Eingehen auf die EU-Wünsche kaum zu akzeptierende Zugeständnisse. Nur die AnaP zeigte in allen Punkten eine größere Flexibilität.

Dies wurde besonders deutlich, als der Oberste Rat für die Koordinierung der Menschenrechte beim Ministerpräsidenten im Sommer 2000 einen Bericht über die verfassungsrechtlichen, gesetzlichen und administrativen Maßnahmen vorlegte, die für die Erfüllung der politischen Kriterien von Kopenhagen für notwendig erachtet wurden. In diesem, nach seinem Verfasser so genannten Demirok-Bericht wurde u.a. gefordert, die Meinungsfreiheit erheblich auszuweiten, die Todesstrafe abzuschaffen, die Unabhängigkeit der Justiz zu stärken und die politische Rolle des Militärs erheblich einzuschränken. Kollektive politische Rechte für die Kurden wurden abgelehnt. Dennoch stieß der Bericht bei der MHP, in Kreisen der DSP und bei der Militärführung auf Widerstand.

Dieser fand neue Nahrung, als die EU im November des Jahres ihr Dokument über die Beitrittspartnerschaft vorlegte, in dem sie formulierte, welche Maßnahmen die Türkei aus ihrer Sicht in den kommenden Jahren zu ergreifen hätte, damit es zur Aufnahme von Beitrittsverhandlungen kommen könnte. Der nationalistische Flügel der Koalition, aber auch die Militärführung und die Anhänger kemalistischer Prinzipien in der hohen Beamtenschaft fürchteten, dass die von der EU geforderten Maßnahmen die nationale Einheit der Türkei und damit die Existenz der Republik gefährden könnten. Das galt besonders für die Forderungen nach Gewährleistung des Rechts auf Meinungsfreiheit, der Verbesserung der Vereinigungs- und Versammlungsfreiheit, der Abschaffung der Todesstrafe, der Bekämpfung von Folter, der Ermöglichung von Rundfunk- und Fernsehsendungen in anderen Sprachen als Türkisch und generell der Verbesserung der Lage in den südöstlichen Kurdengebieten sowie einer Beschneidung der politischen Rolle der Militärführung. Überwölbt wurden diese Einzelpunkte durch die Forderung der EU, die Verhältnisse in der Türkei ganz generell mit den Vorschriften der Europäischen Menschenrechtskonvention in Einklang zu bringen. (*http://eur-lex.europa.eu/LexUriServ/LexUriServ.do?uri=OJ:L:2001:085:0013:0023:DE:PDF*; Zugriff: 21.4.2008)

Diese Forderungen berührten wesentliche Elemente des kemalistisch geprägten Selbstverständnisses der Republik. Insbesondere die Forderung nach der Anerkennung der kulturellen Vielfalt der türkischen Gesellschaft, verbunden mit der Ermöglichung nicht-türkischer Fernseh- und Rundfunkprogramme und der Öffnung des Erziehungswesens, traf auf deutlichen Widerstand der Nationalisten und der Militärführung. Für sie waren und sind solche Ansinnen ein Angriff auf den nationalen Zusammenhalt und die territoriale Unversehrtheit der Türkei und mit den Prinzipien von Nationalismus und Populismus im kemalistischen Sinn unvereinbar.

Auf eine positive Resonanz stieß die EU mit ihren Ansinnen allerdings bei den liberal-demokratischen Kräften in der türkischen Zivilgesellschaft, die sich für eine grundlegende Neufassung der als restriktiv empfundenen Verfassung von 1982 einsetzten. Sie plädierten für die Verabschiedung einer neuen, »zivilen Verfassung«, in der der Staat nicht mehr der Gesellschaft vorgeordnet ist, sondern eine klar dienende Funktion für die Bürger erhält. Diese Forderungen gingen aber selbst den EU-freundlichen Kräften in den etablierten politischen Parteien zu weit. Sie wollten vielmehr durch gezielte Reformen in einzelnen Bereichen wie der Verfassung, dem Strafrecht, dem Parteiengesetz oder dem Vereinigungs- und Versammlungsrecht die türkische Demokratie verbessern, ohne jedoch an den Grundlagen des Systems zu rütteln.

Fortan kreiste die Debatte in der Türkei immer wieder um Fragen wie: Wie viel Veränderung kann man im Interesse der Mitgliedschaft akzeptieren, ohne wesentliche Grundlagen der Republik preiszugeben? Ist es möglich der Union beizutreten und das bisherige türkische Modell der politischen und gesellschaftlichen Modernisierung von oben beizubehalten? Auf diese Fragen haben die zivilen Gralshüter des Kemalismus und die Militärführung bis jetzt keine Antwort gefunden. Das zeigte sich auch im Nationalen Programm für die Anpassung an den Gemeinschaftlichen Besitzstand vom 19. März 2001, mit dem die türkische Regierung auf das EU-Dokument zur Beitrittspartnerschaft antwortete. Für alle sensitiven Punkte gab es nur halbherzige und unzureichende Absichtserklärungen, die die Erwartungen sowohl der EU als auch der europäisch orientierten Kreise der türkischen Öffentlichkeit enttäuschten. (*http://www.abgs.gov.tr/index.php?p=195&l=2*; Zugriff: 21.4.2008)

Im Herbst 2001 kam es dann zu einer ersten umfassenden Reform der Verfassung mit der Abmilderung von mehreren, das politische Leben stark einschränkenden Artikeln und zu einer grundlegenden Reform des türkischen Zivilrechts, mit der vor allem die Rechte der Frauen europäischen Standards angepasst wurden. In den sensitiven politischen Fragen (Abschaffung der Todesstrafe, Verbesserung der Lage der Kurden durch die Gewährung kultureller Rechte und Einschränkung der Rolle des Militärs) dauerte die innere Blockade der Dreierkoalition jedoch an. Nach wie vor trat nur Yılmaz' Mutterlandspartei uneingeschränkt für die EU-Reformen ein.

Auch zwei weitere Reformpakete vom 6. Februar und 26. März 2002 brachten im Wesentlichen nur eine Anpassung von Gesetzen an die geänderte Verfassung. Sie veranlassten den als stellvertretenden Ministerpräsidenten für den EU-Beitrittsprozess zuständigen Yılmaz aber, die EU zur Nennung eines Datums für den Beginn der Beitrittsverhandlungen zu drängen. Allerdings war die Brüsseler Reaktion hierauf relativ kühl. Es bedurfte erst einer Partei- und Regierungskrise im Sommer 2002, die zum Ende der Koalition und zu vorgezogenen Neuwahlen führte, damit Bewegung in den Beitrittsprozess kam.

Führungsstreitigkeiten in der DSP führten zu einer Regierungskrise, die auf Drängen der MHP mit Hilfe von Neuwahlen gelöst werden sollte. In dieser Situation traten Yılmaz und die vom zurückgetretenen Außenminister İsmail Cem und anderen DSP-Abtrünnigen gegründete »Neue Türkei-Partei« (*Yeni Türkiye Partisi*/YTP) die Flucht nach vorn an. Sie unterbreiteten dem vor der Auflösung stehenden Parlament ein seit Wochen in der Koalition wegen des internen Streits auf Eis liegendes, weit reichendes politisches Reformpaket. Die anderen Parteien, mit Ausnahme der MHP, wollten sich aus wahltaktischen Gründen nicht »EU-feindlich« zeigen. So wurde ziemlich überraschend in den frühen Morgenstunden des 3. August 2002 in der Nationalversammlung das Paket mit einer großen Mehrheit verabschiedet.

Es sah die endgültige Abschaffung der Todesstrafe ebenso vor wie die Einführung von Rundfunk- und Fernsehsendungen »in verschiedenen Sprachen und Dialekten, die traditionell von türkischen Bürgern im Alltag benutzt werden.« Desgleichen sollten in privaten Lehreinrichtungen auch Kurse in diesen »Sprachen und Dialekten« möglich sein. Damit wurde faktisch der Gebrauch des Kurdischen jenseits des Alltagslebens legalisiert. Mit diesen Beschlüssen wurde zum einen das Todesurteil gegen den 1999 verhafteten PKK-Chef und »Staatsfeind Nr. 1«Abdullah Öcalan in eine lebenslange Freiheitsstrafe umgewandelt und zum anderen wurde erstmals offiziell am bis dahin für unantastbar gehaltenen Prinzip der Einheit der türkischen Nation gekratzt. Außerdem sah das Reformpaket weitere Lockerungen im Bereich der Meinungsfreiheit und beim Vereins- und Stiftungsrecht vor.

In EU-Kreisen noch bestehende Zweifel, ob und wie weit die Reformen angesichts des ungebrochenen Widerstandes der kemalistischen Staatselite und der nationalistischen Kreise um die MHP auch tatsächlich zu Veränderungen der staatlichen und politischen Praxis in der Türkei führen würden, wurden dann am 3. November 2002 mit dem überragenden Wahlsieg der konservativ-religiösen »Partei für Gerechtigkeit und Entwicklung« (*Adalet ve Kalkınma Partisi*/AKP) des früheren Istanbuler Oberbürgermeisters Recep Tayyip Erdoğan ausgeräumt. Die AKP errang fast zwei Drittel der Sitze in der Nationalversammlung. Die Partei war aus der Spaltung des politischen Islam nach dem Verbot der Tugendpartei (*Fazilet Partisi*/FP) durch das Verfassungsgericht erst im Jahre 2001 entstanden und hatte ihren Wahlkampf ganz im Zeichen der EU-Orientierung geführt. In wirtschaftlicher Hinsicht wurde ein Festhalten am IWF-gestützten Reformprogramm des früheren Wirtschaftsministers Kemal Derviş zur Überwindung der schweren Wirtschaftskrise von

2001 angekündigt. Beide Leitlinien versprachen eine Entwicklung der Türkei im Sinne der für einen EU-Beitritt erforderlichen Notwendigkeiten.

Erdoğans Versuch, den von vielen in der EU mit dem Wahlsieg der AKP wahrgenommenen »Neuanfang« in der Türkei dafür zu nutzen, von den EU-Mitgliedern auf dem Europäischen Rat von Kopenhagen im Dezember 2002 ein Datum für den Beginn von Beitrittsverhandlungen zu erhalten, schlug jedoch fehl. Nicht zuletzt trug dazu bei, dass sich der Führer der türkischen Zyprer, Rauf Denktaş, nicht dazu bereit finden konnte, in Verhandlungen über einen von VN-Generalsekretär Kofi Annan vorgelegten Plan zur Regelung des Zypernkonflikts einzutreten. Die Unionsmitglieder verständigten sich unter deutscher und französischer Führung dann lediglich darauf, im Dezember 2004 aufgrund eines Berichtes der EU-Kommission eine Entscheidung in dieser Frage zu fällen.

Als Antwort darauf erhöhte die AKP-Regierung das Reformtempo spürbar. In rascher Folge wurden bis zum Herbst 2004 fünf weitere »Anpassungspakete« mit zahlreichen bedeutenden Gesetzesreformen sowie eine grundlegende Überholung des türkischen Strafrechts vom Parlament verabschiedet. Vor allem änderte sich die türkische Rhetorik im Umgang mit der EU: Nun wurde von Seiten der Regierung nicht länger beklagt, dass die Union die kemalistische Republik in ihren Grundfesten erschüttern wollte, sondern eine uneingeschränkte Bereitschaft zur Durchführung der notwendigen Reformen signalisiert. Das galt auch für sensiblere Themen wie den Kampf gegen Folter, die Behandlung nicht-muslimischer Minderheiten oder die Abschaffung der gerade im politischen Strafrecht unrühmlich hervorgetretenen Staatssicherheitsgerichte. Selbst vor dem Militär machte die AKP nicht halt und setzte eine grundlegende »Zivilisierung« des Nationalen Sicherheitsrates durch. Damit verpasste Erdoğan der Türkei in rechtlicher Hinsicht einen »Europäisierungsschub« wie ihn keine seiner Vorgängerregierungen in den voran gegangenen vierzig Jahren hatte herbeiführen können.

Einen weiteren positiven Akzent konnte er in der Zypernfrage setzen. Geschickt nutzte der türkische Ministerpräsident den 2003 einsetzenden Stimmungswandel unter den türkischen Zyprern, die sich zunehmend unzufrieden mit der Blockadepolitik ihrer politischen Führung unter Rauf Denktaş zeigten. Nach dem mit einer klaren Anti-Denktaş-Programmatik errungenen Wahlsieg von Mehmet Ali Talat bei den Parlamentswahlen im Dezember 2003 konnte Erdoğan das staatliche Establishment der Türkei von einem Wechsel der türkischen Zypernpolitik überzeugen. Er unterstützte ab Anfang 2004, mit zurückhaltender Billigung der Militärführung und gegen den Widerstand national-kemalistischer Kreise und Parteien, die Bemühungen des VN-Generalsekretärs Kofi Annan, eine Regelung auf der Insel herbeizuführen. Doch scheiterten Erdoğans Bemühungen, den »Stolperstein Zypern« endgültig aus dem Weg des türkischen Beitrittsprozesses zu räumen, als am 24. April 2004 in einem getrennten Referendum in beiden Teilen der Insel die griechischen Zyprer den vom VN-Generalsekretär vorgelegten Plan (Annan-Plan) mit einer Dreiviertelmehrheit ablehnten, während ihm zwei Drittel der türkischen Zyprer zustimmten.

Allerdings konnte Erdoğan den moralischen Sieg für sich verbuchen, und die EU-Staaten taten sich fortan schwer, das ungelöste Zypernproblem als Hinderungsgrund für die Aufnahme von Beitrittsverhandlungen ins Spiel zu bringen. Dennoch trat am 1. Mai 2004, wie seinerzeit in Kopenhagen im Dezember 2002 ebenfalls beschlossen, die geteilte Insel im Zuge der sog. Osterweiterung um zehn Staaten der EU als neues Mitglied bei. Dadurch blieb das Zypernproblem in nunmehr veränderter Qualität als ein wesentlicher Bestimmungsfaktor für das Verhältnis EU-Türkei bestehen. Das sollte sich im Zuge des Ringens um die Entscheidung über den Beginn von Beitrittsverhandlungen im Herbst 2004 in aller Deutlichkeit zeigen.

Die entschiedene Politik der AKP-Regierung zur Erfüllung der EU-Bedingungen für die Aufnahme von Beitrittsverhandlungen erhöhte den Druck auf die Brüsseler Institutionen, den Beschluss des Europäischen Rates vom Dezember 2002 umzusetzen. Die Europäische Kommission legte am 6. Oktober 2004 dazu einen Bericht und eine Empfehlung vor. Darin gelangte sie zum Schluss, dass die Türkei die von der EU gestellten Bedingungen für die Eröffnung der Verhandlungen in einem ausreichenden Maß erfüllt hätte und empfahl den Beginn von Verhandlungen.

Sie verband diese Empfehlungen jedoch mit einer Reihe weiter führender Überlegungen und Bedingungen für die Durchführung der Verhandlungen, die in dieser Form so noch nie mit Blick auf Beitrittsverhandlungen formuliert worden waren. Dazu gehörten u.a. der Hinweis, dass das Ergebnis der Verhandlungen nicht im Vorhinein feststehe, sowie der Vorbehalt, dass die EU in sensitiven Bereichen wie der Freizügigkeit dauerhafte Schutzklauseln vorsehen könne. Außerdem wurde indirekt klar gestellt, dass die Verhandlungen nicht vor 2013 zu Ende gehen könnten, da über die finanziellen Folgen eines türkischen Beitritts erst im Rahmen der ab 2014 gültigen mittelfristigen Finanzvorschau entschieden werden sollte. Ferner sollte die Umsetzung des gesamten EU-Rechts durch die Türkei während des Beitrittsprozesses verstärkt kontrolliert werden. Besonders betont wurde die Voraussetzung, dass die EU selbst für den Beitritt der Türkei so vorbereitet sein müsse, dass von ihm keine negativen Folgen für die Funktionsfähigkeit der Union ausgehen könnten. Schließlich sollten die Verhandlungen bei schwer wiegenden türkischen Verstößen gegen die Wertegrundlagen der EU ausgesetzt werden können. (*http://ec.europa.eu/enlargement/pdf/turkey/st20002_05_tr_framedoc_en.pdf*; Zugriff: 4.5.2008)

Diese neuen strategischen Überlegungen der Kommission für Beitrittsverhandlungen mit der Türkei waren die Folge der kontroversen öffentlichen Diskussion in mehreren EU-Staaten und kommissionsinterner Debatten, die dem Bericht vorausgingen. Dabei ging es weniger um die Frage, ob und wieweit die Türkei die an sie gestellten Bedingungen erfüllt hätte, sondern fast ausschließlich um die Frage, ob die Türkei überhaupt zu Europa gehöre und darum, ob die EU in der Lage sei, die von einem türkischen Beitritt zu erwartenden Belastungen zu verkraften. Für die Beitrittsgegner war die Türkei letztlich zu groß, zu arm und zu fremd (muslimisch), um erfolgreich in die EU integriert werden zu können. Die Befürworter hingegen sahen zwar auch, allerdings überwindbare, politische und wirtschaftlich-soziale Probleme, doch stand für sie die strategische Bedeutung der Türkei in zahlreichen für die EU vitalen sicherheitspolitischen Zusammenhängen im Vordergrund, verbunden mit dem Argument, dass die Union zu ihren seit 1964 gegenüber Ankara wiederholt eingegangenen Verpflichtungen in Richtung Mitgliedschaft stehen müsse.

Ein wichtiger Auslöser dieser Debatten war eine Erklärung des damaligen Vorsitzenden des Konvents über die Zukunft Europas (Verfassungskonvent) und früheren französischen Staatspräsidenten Valéry Giscard d'Estaing in der Tageszeitung »Le Monde« vom 9. November 2002, dass eine EU-Mitgliedschaft der Türkei »das Ende der Europäischen Union« bedeute. Der deutsche Historiker Hans-Ulrich Wehler hatte bereits in der Wochenzeitung »Die Zeit« vom 12. September 2002 kategorisch erklärt: »Nach geographischer Lage, historischer Vergangenheit, Religion, Kultur, Mentalität ist die Türkei kein Teil Europas.« In dieser Sicht wurde er vom früheren Bundeskanzler Helmut Schmidt bestätigt.

Diese Bedenken werden in der einen oder anderen Weise von der Mehrheit der Bevölkerung der Mitgliedstaaten geteilt, die in verschiedenen Umfragen der letzten Jahre sich stets gegen einen türkischen Beitritt ausgesprochen hat. Die christdemokratische Opposition in Deutschland brachte mit dem Konzept der »privilegierten Partnerschaft« eine von ihr bevorzugte Alternative zum Beitritt ins Gespräch und trat dafür ein, in den Verhandlungen offen über beide Möglichkeiten zu reden. Sie stieß damit allerdings auf den entschiedenen Unwillen der deutschen und der türkischen Regierung.

Das Alternativkonzept der CDU/CSU wurde von der französischen Regierungspartei *Union pour un Mouvement Populaire* (UMP) aufgegriffen. Insbesondere Innenminister Nicolas Sarkozy nutzte das Türkeithema, um sich gegen Präsident Chirac politisch zu profilieren und als möglicher Kandidat für den Präsidentschaftswahlkampf im Jahre 2007 in Stellung zu bringen. Deutliche Abneigung wurde auch in Österreich artikuliert, wobei sich Widerstand gegen eine türkische Mitgliedschaft in allen Parteien, mit Ausnahme der Grünen, zeigte. Doch konnte und wollte sich die Koalition aus »Österreichischer Volkspartei« (ÖVP) und FPÖ trotz der mehrheitlichen Gegnerschaft in ihren Reihen nicht auf ein eindeutig ablehnendes politisches Signal an die anderen EU-Partner einlassen.

Befürwortet wurde der Beginn von Beitrittsverhandlungen, wenn die dafür notwendigen Bedingungen erfüllt wären, von den Regierungen Großbritanniens, Italiens, Spaniens und Portugals, die sich dabei auch auf eine zumindest relative Mehrheit ihrer Öffentlichkeit stützen konnten. Auch die Bundesregierung, der französische Staatspräsident Chirac sowie die Regierung Griechenlands traten dafür ein, wenn auch gegen den Widerstand einer klaren Mehrheit ihrer Bevölkerung. In der dänischen und niederländischen Regierung gab es eine Reihe von Skeptikern, doch zeigten sich die Hauptvertreter der niederländischen Präsidentschaft, Ministerpräsident Balkenende und Außenminister Bot, entschlossen, der Vorgabe des Europäischen Rats vom Dezember 2002 zu folgen und bei Vorliegen einer Empfehlung der Kommission auf einen entsprechenden Beschluss des Europäischen Rates hin zu arbeiten.

Die entschiedenen Befürworter argumentierten vor allem mit der nach den Anschlägen vom 11. September 2001 und dem dadurch ausgelösten, US-geführten »Krieg gegen den internationalen islamistischen Terrorismus« gestiegenen strategischen Bedeutung der Türkei. So formulierte der frühere deutsche Außenminister Joschka Fischer: »So wichtig die Militärmacht der Türkei während des Kalten Krieges für die Sicherheit Westeuropas auch immer gewesen sein mag, so ist heute, nach dem 11. September 2001 und angesichts der strategischen Gefahr, die potentiell von der unmittelbaren Nachbarregion des Nahen und Mittleren Ostens für Europa ausgeht, die feste Verankerung der Türkei und ihre gelungene Modernisierung für die europäischen Sicherheitsinteressen geopolitisch noch um Faktoren wichtiger.« In diesem Zusammenhang gewann das Argument von der Türkei als »Brücke« in die Islamische Welt und als Modell für eine demokratische Entwicklung muslimischer Gesellschaften zunehmend an Bedeutung.

In der Türkei lösten der Bericht und die Empfehlung der Kommission eher Bestürzung als Erleichterung aus. In Politik und Öffentlichkeit überwog der Eindruck, der Türkei seien neue, nur schwer annehmbare Bedingungen gestellt worden, die sie gegenüber den früheren Kandidatenländern diskriminierten. Insbesondere der Hinweis darauf, dass Beitrittsverhandlungen nicht im Vorhinein ein positiver Ausgang garantiert werden könne sowie Überlegungen zu dauerhaften Einschränkungen der Freizügigkeit und zur vorübergehenden Suspendierung der Verhandlungen stießen auf heftigen Widerstand.

Gegen Erdoğan wurde von der EU-skeptischen Opposition der Vorwurf erhoben, wichtige türkische Interessen auf dem Altar des EU-Beitritts zu opfern oder angesichts der zu erwartenden einschränkenden Klauseln im EU-Beschluss den Status eines »Mitglieds zweiter Klasse« zu akzeptieren.

Denn inzwischen hatte sich ein zweiter Komplex gebildet, der den Erfolg von Erdoğans Bemühungen ernsthaft gefährden konnte: der Streit um die Anerkennung Zyperns durch die Türkei vor Beginn der Verhandlungen. Der griechisch-zyprische Präsident Tassos Papadopoulos erklärte, dass er auf dem Europäischen Rat dem Beginn von Verhandlungen nur zustimmen könne, wenn die Türkei vorher die Frage der Anerkennung geregelt habe und darüber hinaus verbindlich ihre Bereitschaft zum Abzug aller Truppen aus Nordzypern sowie zur Rücksiedelung aller nach 1974 auf die Insel gekommenen anatolischen Siedler auf das Festland erklärt habe.

Für die türkische Regierung stellte diese Haltung angesichts der griechischen Ablehnung des Annan-Plans und der Blockade jeden Fortschritts bei der Erleichterung der Lage Nordzyperns durch die griechisch-zyprische Regierung in den Gremien der EU eine kaum hinnehmbare Herausforderung dar. Ministerpräsident Erdoğan und Außenminister Gül wurden denn auch nicht müde zu betonen, dass die Zypernfrage nicht Teil der Kopenhagener Kriterien für die Beurteilung der Verhandlungsreife der Türkei im Sinne des Beschlusses vom Dezember 2002 sei und dass für Ankara sich die Frage der Anerkennung des griechischen Teilstaates auf Zypern nur im Rahmen einer Gesamtlösung für das Zypernproblem stelle.

Entsprechend schwierig gestaltete sich das Treffen in Brüssel. Zwar konnten sich die Staats- und Regierungschefs der EU am Abend des 16. Dezember 2004 relativ rasch und problemlos auf den Schlusstext verständigen, mit dem der Türkei der Beginn von Beitrittsverhandlungen am 3. Oktober 2005 angeboten wurde. Allerdings enthielt der Text auch all jene Elemente, die aus der Empfehlung der Kommission vom 6. Oktober als für die türkische Seite schwer hinnehmbar bekannt waren. Außerdem war eine Verpflichtung der türkischen Regierung vorgesehen, ein Zusatzprotokoll zum Assoziationsabkommen zu unterzeichnen, mit dem dieses auf alle zum 1. Mai 2004 der EU neu beigetretenen Staaten ausgedehnt würde.

Nach dramatischen nächtlichen Verhandlungen wurde schließlich eine Formulierung in den Text eingefügt, worin die türkische Regierung bestätigte, »dass sie bereit ist, das Protokoll zur Anpassung des Abkommens von Ankara vor Beginn der eigentlichen Beitrittsverhandlungen und nach der Vereinbarung und Fertigstellung der angesichts der derzeitigen Zusammensetzung der Europäischen Union erforderlichen Anpassungen zu unterzeichnen.« (*http://www.consilium.europa.eu/ueDocs/cms_Data/docs/pressData/de/ec/83221.pdf*; Zugriff: 21.4.2008)

So konnte Erdoğan behaupten, er habe die Anerkennung der Republik Zypern vermeiden können, während Papadopoulos das gesichtswahrende Argument vortrug, er habe die Verpflichtung der Türkei zur Anerkennung seines Staates erreicht. Wie schon zu Beginn im Dezember 1999 in Helsinki erwies sich das ungelöste Zypernproblem erneut als äußerst gefährlicher Sprengsatz für eine konstruktive Gestaltung des Beitrittsprozesses.

Im Juli 2005 unterzeichnete die Regierung Erdoğan zwar, wie in Brüssel vereinbart, das Zusatzprotokoll zum Assoziationsvertrag. Sie verband dies aber mit einer Erklärung, dass dieser Akt keineswegs die Anerkennung der Republik Zypern beinhaltete. Sie weigerte sich in der Folge dann auch, das Protokoll gegenüber Nikosia anzuwenden und hielt die türkischen Häfen und Flughäfen weiterhin für Schiffe und Flugzeuge aus der Republik Zypern geschlossen. Dieser Schritt konnte von der EU so nicht hingenommen werden, bedeutete er doch die Diskriminierung eines Mitgliedstaates.

Nur mit Mühe konnten sich die EU-Staaten deshalb auf einen Kompromiss verständigen, der es ermöglichte, am 3. Oktober 2005 mit den offiziellen Beitrittsverhandlungen zu beginnen. In einer Erklärung stellten sie klar, dass die Türkei das EU-Mitglied Zypern vor einem eventuellen Beitritt anerkennen müsse und forderten Ankara erneut auf, das Zusatzprotokoll auf alle neuen Mitgliedstaaten anzuwenden. Sollte das bis Ende 2006 nicht geschehen sein, könne das den Fortgang der Beitrittsverhandlungen beeinträchtigen.

Die Türkei blieb jedoch bei ihrer Weigerung und wollte sich nur bewegen, wenn die EU gleichzeitig Schritte unternähme, um die im April 2004 zugesagten Hilfen für die Türken in Nordzypern endlich in Gang zu setzen. Dies war bislang an der Weigerung der Regierung Papadopoulos gescheitert, die von der Kommission hierfür gemachten Vorschläge zu akzeptieren, weil sie darin eine verdeckte Anerkennung der in internationaler Sicht illegalen Administration im türkisch besetzten Teil der Insel sah. Das galt insbesondere für die von türkischer Seite geforderte Aufnahme von direkten Handelsbeziehungen zwischen den EU-Ländern und dem Inselnorden. Folglich beschloss der Ministerrat der EU im Dezember 2006, acht von den insgesamt 35 Kapiteln der Beitrittsverhandlungen vorläufig so lange auf Eis zu legen, bis die Türkei ihrer Verpflichtung zur Anwendung des Zusatzprotokolls nachgekommen wäre. Dies waren Kapitel, die jene Teile des Gemeinsamen Besitzstandes betreffen, die für die Durchführung der Zollunion relevant sind.

Dieser Streit führte im Herbst 2006 in den EU-Ländern erneut zu einer großen öffentlichen Aufmerksamkeit für die Türkei-Verhandlungen, die in der Regel die Front der Beitrittsgegner stärkte, da sich das Bild einer uneinsichtigen Türkei verdichtete, die so kaum Mitglied der EU werden könnte. Die der türkischen Haltung zugrunde liegenden EU-Versäumnisse in Sachen Zypern wurden dabei kaum wahrgenommen. Ebenso kritisch vermerkten die politischen Kreise der EU, dass der Elan der Regierung Erdoğan zur Fortsetzung des umfassenden politischen Reformprozesses seit Anfang 2005 deutlich erlahmt war.

Die europäischen Zweifel am türkischen Beitrittsinteresse wuchsen und die ablehnenden Stimmen wurden wieder lauter. Hinzu kam, dass mit dem Regierungswechsel in Deutschland auf Seiten der EU ein wichtiger »Treiber« für den türkischen Beitritt ausfiel. Das Lager der Beitrittsgegner wurde dann 2007 durch die Wahl von Nicolas Sarkozy zum französischen Staatspräsidenten deutlich verstärkt, der aus seiner Meinung kein Hehl machte, dass die Türkei nicht zu Europa und damit auch nicht in die EU gehöre. Uneingeschränkte Unterstützer fand Ankara nur noch in Großbritannien, Italien, den iberischen Ländern und in Schweden und Finnland. Die neuen Mitglieder sprachen sich nicht gegen einen Beitritt aus, entfalteten aber auch keine besonderen pro-türkischen Initiativen.

Die Beitrittsverhandlungen laufen seit ihrem Beginn daher ohne großen Elan auf der technischen Ebene, weil ihnen jeglicher politischer Rückenwind fehlt. Bisher konnten deshalb nur acht der 35 Verhandlungskapitel geöffnet werden. Dynamik kommt auch nicht aus der Türkei. Die Regierung Erdoğan ignorierte alle Ermahnungen seitens der EU-Kommission, die Bemühungen um weitere demokratische Reformen, insbesondere mit Blick auf die Meinungsfreiheit, die Stellung der nicht-muslimischen Minderheiten, die Kurdenfrage und die zivil-militärischen Beziehungen, zu verstärken. Sie unternahm auch kaum ernsthafte Schritte gegen die seit dem Frühjahr 2005 in der Türkei wieder aufflammenden nationalistischen Sentiments, die mit fremdenfeindlichen und anti-westlichen Attitüden einhergingen und in der Ermordung des armenischstämmigen türkischen Journalisten Hrant Dink im Januar 2007 ihren unrühmlichen Höhepunkt fanden.

Diese Entwicklung war u.a. eine Reaktion auf die pro-armenischen Erklärungen in zahlreichen europäischen Staaten zum 90. Jahrestag der Massaker von 1915, die in einem französischen Gesetz gipfelten, das die Leugnung des Völkermordes an den Armeniern unter Strafe stellte. Allerdings ist das Gesetz bis jetzt nicht in Kraft getreten. Weitere Gründe für den türkischen »Volkszorn« gegen »den Westen« sind die »einseitige« Haltung der EU in der Zypernfrage und vor allem die amerikanische Irakpolitik. Diese wurde von vielen Türken als eine ernsthafte Beschneidung des türkischen Kampfes gegen die terroristische PKK gesehen, die sich jenseits der irakischen Grenze relativ ungehindert bewegen konnte. Nationalistische und kemalistische Gruppierungen, aber auch die Militärführung, sahen die nationalen Interessen der Türkei von den westlichen Verbündeten missachtet. Entsprechend kletterte nicht nur der Anti-Amerikanismus auf Spitzenwerte, gleichzeitig sank auch die Zustimmung zum EU-Beitritt in der türkischen Bevölkerung auf unter 50 Prozent. Die Erfahrung mit ähnlichen Vorfällen in der Vergangenheit lehrt aber, dass diese öffentlichen Stimmungen in der Türkei sehr volatil sind: Sie gehen bei einer Änderung der zugrunde liegenden Konstellation genau so schnell zurück wie sie entstehen. Doch zeigt die Erfahrung auch, dass sie latent stets vorhanden und daher bei gegebenem Anlass auch schnell politisch mobilisierbar sind.

Der Beitrittsprozess ist damit nicht in eine echte Krise geraten, doch ist die Zukunft des türkisch-europäischen Verhältnisses auch drei Jahre nach dem Beginn der Verhandlungen immer noch höchst ungewiss. Weder die EU noch die Türkei sind sich bisher hinreichend klar darüber geworden, ob und wie ernsthaft sie das Ziel des Beitritts ansteuern sollen, auch wenn sie zunächst auf dem eingeschlagenen Weg weiter gehen. Doch unabhängig davon lässt sich nicht leugnen, dass sich die Türkei in den seit 1959 vergangenen 49 Jahren über Assoziation und Beitrittsprozess allmählich immer stärker in die EU integriert hat. Trotz aller noch bestehenden Unterschiede, vor allem hinsichtlich des gesellschaftlichen Wertesystems, gehen Westernisierung und Europäisierung als unvermeidliche Konsequenz der kontinuierlichen wirtschaftlichen und politischen Modernisierung, der sich das Land seit der Gründung der Republik ausgesetzt hat, weiter.

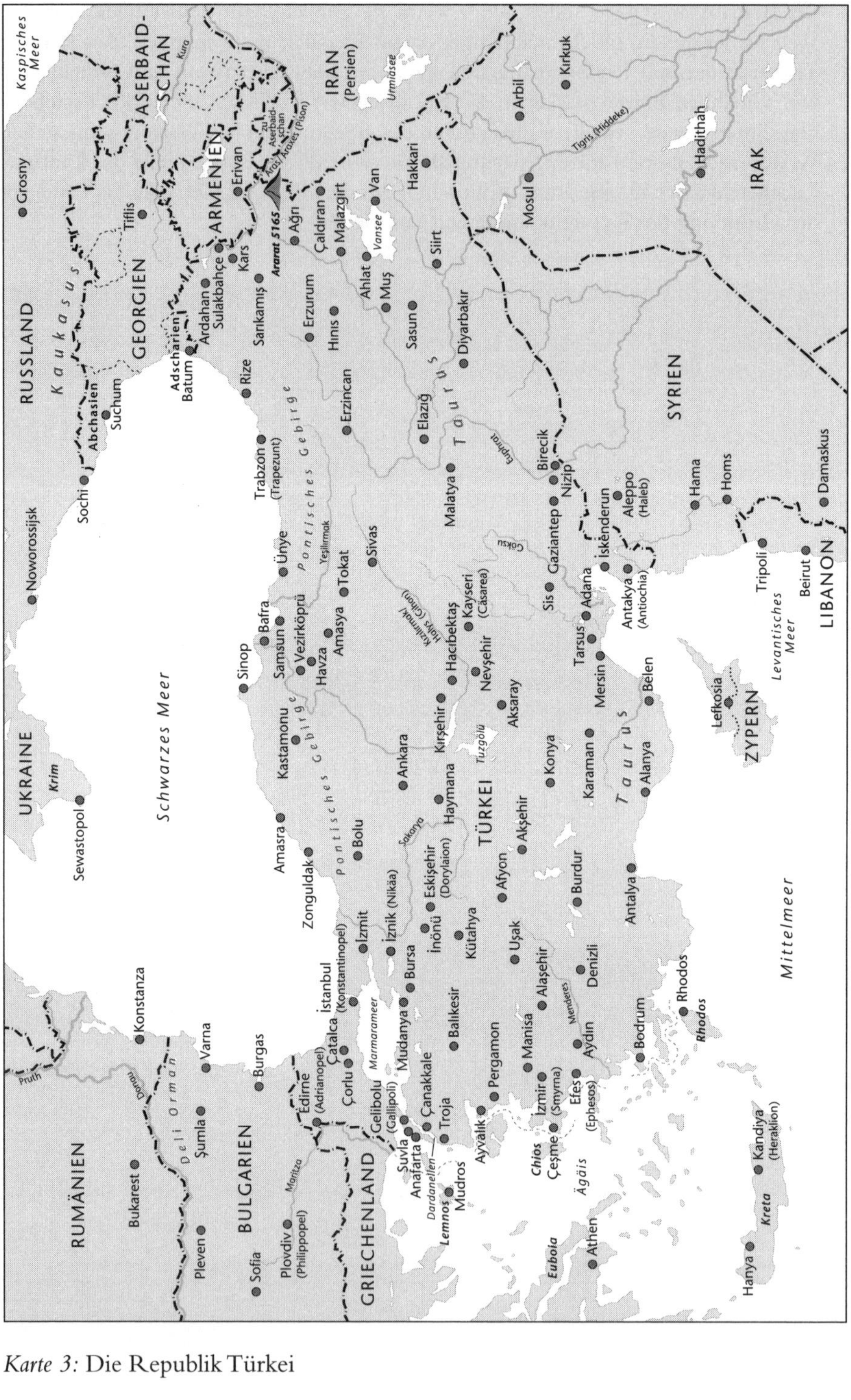

Karte 3: Die Republik Türkei

Nachwort: Noch einmal zurück zur Gretchenfrage

Schon im Vorwort haben wir ausgeführt, dass wir uns des Interesses der meisten Leser bewusst sind, mehr darüber erfahren zu wollen, ob die Türkei ein Mitglied in der Europäischen Union sein kann und soll. Zugleich haben wir schon sehr früh unsere Zweifel geäußert, dass die Beziehungsgeschichte zwischen Europa und der Türkei auf diese Frage eine eindeutige Antwort geben kann.

Unser Gang durch die Geschichte der türkisch-europäischen Beziehungen lässt nämlich eines deutlich werden: Es gibt weder aus noch wegen dieser Geschichte ein Argument, das prinzipiell *gegen* einen türkischen Beitritt zur Europäischen Union spricht. Es gibt aber – und das sei ebenso betont – auch keine geschichtliche Begründung *für* einen Beitritt. Gewiss gibt es gerade in der jüngeren Geschichte dieser Beziehung Elemente wie den Armenier-Genozid oder die verwickelten griechisch-türkischen Beziehungen, die einer Klärung vor dem Beitritt bedürfen, wenn sie nicht zu ständigen Spannungen innerhalb der EU führen sollen. Doch lassen sich diese Probleme durchaus überwinden, wenn alle Beteiligten dies wollen. Sie sind kein zwingender Ausschlussgrund.

Auffallend an der (derzeit etwas abgeflauten) Beitrittsdebatte in Deutschland ist, dass sich grundsätzliche Vorbehalte am hörbarsten von Historikern wie Hans-Ulrich Wehler und Heinrich August Winkler vernehmen lassen, die als hervorragende Kenner der deutschen Nationalgeschichte im europäischen Kontext ausgewiesen sind. Neben finanziellen und demokratiepolitischen Einwänden begründen sie ihre Ablehnung vor allem mit »identitätspolitischen« Erwägungen und historischen Argumenten: Mit einem Beitritt der Türkei werde der über Jahrtausende hinweg gewachsene Charakter Europas verleugnet und die kulturell-zivilisatorische Grenze zur islamischen Türkei verharmlost.

Der Grund für diesen tiefen Argwohn, wie ihn etwa Wehler und Winkler hegen, liegt unserer Ansicht nach weniger in der besonderen Türkeikenntnis dieser Historiker, sondern hat mit den der deutschen Geschichtsschreibung eigenen Eigenschaften eines ausgeprägten Eurozentrismus und der Tradition des »Historismus«, der die Entfaltung der Weltgeschichte nur im Kontext Europas erkennen will, zu tun. Man kann als Historiker aber auch zu ganz anderen Einschätzungen kommen: Der Frühneuzeithistoriker Winfried Schulze sprach schon vor dreißig Jahren von einem »Erbfeindsyndrom«, das das christliche Europa für sich gegenüber der Türkei geschaffen habe.

Für die Vermutung eines solchen Erbfeindsyndroms spricht einiges, wird doch der »kulturelle Unterschied« von einem großen Teil der europäischen Öffentlichkeit, insbesondere in Deutschland, immer wieder als Grund für die Ablehnung der türkischen EU-Mitgliedschaft genannt. Wenn auch weitgehend unklar bleibt, worin dieser Unterschied bestehen soll, so kann man doch sehr wohl vermuten, dass in der Zugehörigkeit der Türken zur islamischen Religion ein entscheidender Grund liegen muss.

Nun lässt sich nicht bestreiten, dass eine puristische Auslegung der religiösen Vorschriften bei einem Teil der in Deutschland lebenden »türkeistämmigen Gemeinschaft«, insbesondere hinsichtlich der Gestaltung des Familienlebens und der Teilnahme der Frauen und Mädchen am öffentlichen Leben, zu Verhaltensweisen führt, die in der deutschen Mehrheitsgesellschaft »fremd« wirken. Andererseits gibt es zahlreiche Angehörige der türkeistämmigen Gemeinschaft, deren Lebensweise zeigt, dass muslimische Religionszugehörigkeit und »deutsches Alltagsleben« durchaus mit einander zu vereinbaren sind.

Es geht beim »kulturellen Unterschied« also nicht um die islamische Religion »an sich«, sondern um das jeweils gegebene Religionsverständnis. Dieses ist jedoch nicht ein und für alle Mal festgelegt, sondern kann sich ändern. Damit ist auch der »kulturelle Unterschied« kein »gottgegebenes« Schicksal. Eine wirksam und sensibel betriebene Integrationspolitik auf beiden Seiten kann im Laufe der Zeit dazu beitragen, den Unterschied zu verkleinern und weniger bedeutsam erscheinen zu lassen. Im Übrigen zeigt gerade die Beziehungsgeschichte zwischen Europa und der Türkei, dass kulturelle Differenz die europäischen Staaten und das Osmanische Reich nicht grundsätzlich und zu allen Zeiten in eine absolute Gegnerschaft zu einander gebracht hat.

Darüber hinaus muss bedacht werden, dass dieser »kulturelle Unterschied« ja nur dort eine unmittelbare Bedeutung für den türkischen EU-Beitritt entfaltet, wo es zu einem direkten längerfristigen Zusammenleben von Türken und Bewohnern anderer EU-Staaten kommt. In einem solchen Fall aber tritt um so mehr die Frage in den Vordergrund, welchen Umfang die türkische Arbeitsmigration nach dem Beitritt im Rahmen der EU-Freizügigkeit annehmen könnte und sollte.

Geht es jedoch um die Frage, ob und inwieweit die Vertreter des türkischen Staates und der gesellschaftlichen Organisationen, die in den Gremien der Europäischen Union mitwirken würden, in der Lage sind, die dabei zu übernehmende Rolle im Geflecht multinationaler Politik auszufüllen, dann ist kaum ersichtlich, dass und in welcher Weise sich ein »kultureller Unterschied« negativ auswirken könnte. Der Prozess in den EU-Gremien ist ein vorrangig politischer und damit ist er primär interessengeleitet. Die seit über vierzig Jahren gesammelten Erfahrungen mit türkischen Vertretern in den Assoziationsgremien weisen durchaus auf Mängel in deren Rollenverständnis hin; keinesfalls aber ist damit bewiesen, dass kulturell bedingte unüberwindbare Grenzen das Funktionieren der EU entscheidend behindern würden.

Bisher waren es übrigens besonders die Vertreter kemalistischer Grundpositionen, die im Umgang mit der Europäischen Union besonders große Schwierigkeiten hatten, obwohl doch gerade sie das Ideal der »Westernisierung« der Türkei, also den Stand der »zeitgenössischen Zivilisation« erreichen zu wollen, nachdrücklich vertreten. Personen und Gruppen hingegen, die weniger deutlich auf ein bestimmtes Verständnis der kemalistischen Grundlagen der Republik festgelegt sind – seien es liberal-demokratisch orientierte Kreise oder »moderne« Muslime –, scheinen eher in der Lage zu sein, sich an den durch eine erhebliche politisch-gesellschaftliche

Offenheit und Unbestimmtheit gekennzeichneten EU-Integrationsprozess anpassen und hier auch Kompromisse schließen zu können.

Dennoch zeigt der Blick in die Geschichte der Beziehungen zwischen der Türkei und der Europäischen Union, insbesondere seit dem Beginn des Beitrittsprozesses im Dezember 1999, dass die türkische Gesellschaft insgesamt sich von den durch die Entwicklung der Republik bedingten ideologischen Verkrustungen wie dem exzeptionalistischen Nationsverständnis oder dem homogenisierten Gesellschaftsbild lösen muss, wenn sie die mit der vollständigen Übernahme des »Gemeinschaftlichen Besitzstandes« auch in politisch-gesellschaftlicher Hinsicht zwangsläufig verbundenen Veränderungen ohne größere Probleme bewältigen will. Je schneller und je nachhaltiger ihr dies gelingt, desto größer dürften die Chancen für einen erfolgreichen Abschluss des Beitrittsprozesses in absehbarer Zeit sein.

Wir haben gesehen, dass sowohl Europa als auch die Türkei ihr jeweils eigenes und bis heute fortwirkendes »Erbfeindsyndrom« besitzen. Während viele Europäer beim Gedanken an einen türkischen EU-Beitritt immer noch an die Bedrohung des Abendlandes durch die osmanischen Belagerungen von Wien denken, so fällt die türkische Seite bei jeder kleineren oder größeren Auseinandersetzung mit einzelnen oder mehreren europäischen Staaten auf ihr Selbstbild des »heldenhaften Opfers« beziehungsweise des »opferbereiten Helden« zurück. Um so wichtiger ist es, dass wir Europa und die Türkei nicht als feststehende Entitäten verstehen, denn damit würde die grundlegende türkische Erfahrung des »Einer allein gegen alle anderen« beziehungsweise das mitteleuropäische Dogma des angeblichen »Alle gemeinsam gegen diesen einen« in einer fatalen Weise immer wieder belebt und gestärkt.

Die europäische Diskussion um einen türkischen EU-Beitritt hat deutlich werden lassen, dass es dabei mindestens so sehr um das Bild von Europa geht wie um das Bild der Türkei. Die im Text erwähnten Äußerungen von Giscard d'Estaing oder von Hans-Ulrich Wehler zeigen dies deutlich.

Doch stellt sich die Frage, ob die Türkei von der Europäischen Union ausgeschlossen bleiben muss, weil sich die Europäer über ihre eigenen Vorstellungen von der letztendlichen Bestimmung der EU nicht einigen können. Die deutschen Gegner des türkischen Beitritts haben in der Regel ein Bild von der Europäischen Union im Kopf, das diese weitgehend in den Kategorien eines staatsähnlichen, geschlossenen politischen Systems deutet. Die Europäische Union bedürfe demnach zu ihrem optimalen Funktionieren einer eigenen »Identität«.

Beitrittsbefürworter dagegen gehen von einem eher funktionalen Verständnis der EU aus, wenn sie die herausragende Bedeutung der Türkei für die Gestaltung und Gewährleistung der europäischen Sicherheit im globalen Kontext hervorheben. In dieser Sicht hat die EU vorrangig Aufgaben zu erfüllen, die ihre Mitglieder allein nicht mehr in ausreichender Weise erfüllen können. Wieviel dabei an einem europäischen politischen System oder eben auch einem europäischen Staat notwendig ist, folgt aus den gemeinsam zu bewältigenden Aufgaben und deren funktionalen Notwendigkeiten. Dieses Verständnis der Europäischen Union findet sich heute vor allem in Großbritannien, den skandinavischen Staaten und der Mehrzahl der neuen Mitgliedsländer.

Die grundlegenden Meinungsverschiedenheiten zur Frage »Was soll aus der EU werden?« beeinflussen auch die Sicht auf die politischen Probleme, die in der öffentlichen Debatte über den türkischen EU-Beitritt immer wieder angesprochen werden: Ist die große Bevölkerung der Türkei längerfristig für die Union von Vor- oder von Nachteil? Sprengt das Wohlstandsgefälle zwischen dem Westen und dem Osten der Türkei die finanziellen Ausgleichsmöglichkeiten der EU, d.h. wird der Beitritt zu teuer? Kann die EU es sich politisch leisten, das regionale Kurdenproblem im Mittleren Osten zu einer unmittelbaren Frage ihrer Außenpolitik werden zu lassen, selbst wenn die Türkei ihre nationale Kurdenfrage zum Zeitpunkt des Beitritts gelöst hat, wie es die EU von ihr erwartet? Die Antworten auf diese und andere Fragen fallen unterschiedlich aus, je nachdem wie »europäisch« oder funktionalistisch in diesem Kontext die Europäische Union gedacht wird.

Jedenfalls ist die Türkei das bei weitem am besten gerüstete Land von allen Staaten der europäischen Peripherie, die noch nicht Mitglied der Europäischen Union geworden sind. Schließlich hat sie seit mehr als zwei Jahrhunderten an ihrer Annäherung an Europa gearbeitet – und das ist im Land nicht ohne Spuren geblieben.

Andererseits wird die Türkei wegen ihrer geographischen Lage und wegen ihrer nicht ausschließlich europazentrierten Geschichte immer auch eine eigenständige Politik verfolgen, die des öfteren weit über das Beispiel der atlantischen Bindung Großbritanniens hinausgehen wird. Entscheidend wird hier sein, ob und wie weit diese Politik mit den Interessen der anderen europäischen Staaten in Einklang gebracht werden kann bzw. wie sehr sie da, wo dies nicht der Fall sein wird, Interessen der Europäischen Union schaden kann.

Auch diese Frage kann der Blick in die Geschichte der Beziehungen nicht zweifelsfrei beantworten. Doch lässt er zumindest erkennen, dass die Türkei in jüngerer Zeit durchaus in der Lage war, ihre nationalen Interessen mit den Erfordernissen des westlichen Sicherheitsbündnisses der NATO so weit vereinbar zu halten, dass dessen Funktionsfähigkeit nicht grundlegend gefährdet wurde. Warum sollte ein EU-Mitglied Türkei dazu nicht in der Lage sein?

Der Beitritt oder eben auch Nicht-Beitritt der Türkei zur Europäischen Union wird immer eine politische Entscheidung sein müssen. Es muß daher klar sein: Die Geschichte kann nicht unumstößliche Argumente für eine bestimmte Entscheidung bereitstellen. Wir können nicht die Geschichte in Haftung nehmen für politische Entscheidungen, die wir heute treffen müssen. Zugleich kann und darf die Geschichtsschreibung niemanden von seiner Verantwortung für eigenes politisches Handeln entbinden.

Damit soll nicht gesagt sein, dass erlebte Konflikte, Gefahren und Leiden, aber auch Vorstellungskomplexe, wie die »Türkenkriege« der Mitteleuropäer, das »türkische Joch« der Südosteuropäer und der »nationale Unabhängigkeitskampf« der Türkei einfach als »Mythen« oder als politisch manipulierte Projektionen abzutun wären. Das sind sie zwar auch, doch muss man sich der Bedeutung und Wirkungsweise der »kollektiven Gedächtnisse« auf allen Seiten bewusst sein, um dann um so mehr die Sachfragen in den Beziehungen in den Vordergrund zu rücken.

Kommentierte Bibliographie

Die kommentierte Bibliographie soll die weiterführende Literatur erschließen, dient aber zugleich als Wegweiser zu den Werken, aus denen dieses Buch zum großen Teil seine Informationen und Anregungen bezogen hat. Es handelt sich hier keineswegs um eine erschöpfende Literaturliste, sondern nur um eine zum Teil sicherlich willkürliche Auswahl, die manche Standardwerke nicht berücksichtigen kann. Sie finden in der Bibliographie auch den Nachweis zu den im Text wiedergegebenen Zitaten. Um den Lesefluss nicht zu hemmen, wurden Auslassungen bzw. leichte Veränderungen in den Zitaten nicht gekennzeichnet. Ein großer Teil der Standardwerke erscheint mittlerweile in englischer Sprache. Wo Übersetzungen ins Deutsche vorhanden sind, werden diese angeführt; die Nennung des Originaltitels folgt in Klammern. Die sehr reichhaltige wissenschaftliche Literatur in türkischer Sprache läßt sich über die Bibliographien der hier angegebenen Bücher erschließen.

1. Zur Einführung: Die Stärke von FRANCO CARDINI, *Europa und der Islam: Geschichte eines Mißverständnisses.* München: Beck 2000 (*Europa e Islam. Storia di un malinteso,* 1991), liegt in der Darstellung der intellektuellen Rezeption des Islams in der europäischen Geistesgeschichte. Ein Klassiker ist BERNARD LEWIS, *Die Welt der Ungläubigen: Wie der Islam Europa entdeckte.* Frankfurt: Propyläen 1983 (*The Muslim Discovery of Europe,* 1982), der allerdings recht unvermittelt von der klassischen islamischen Zeit zum Osmanischen Reich springt. EDWARD SAID, übrigens bis zu seinem Tod 2003 der große intellektuelle Gegenspieler von BERNARD LEWIS in den USA, hat mit seinem anspruchsvollen Buch *Orientalismus.* Fankfurt/M. u.a.: Ullstein 1981 (*Orientalism,* 1978), die Diskussionen der letzten dreißig Jahre entscheidend geprägt. Zur Einführung in den Europa-Begriff siehe JACQUES LE GOFF: *Das alte Europa und die Welt der Moderne.* München: Beck 1996. In die Tradition religiöser Streitgespräche führen ein BERNARD LEWIS / FRIEDRICH NIEWÖHNER (Hrsg.): *Religionsgespräche im Mittelalter.* Wiesbaden: Harrassowitz 1992. Zu Ebu Sehil siehe ERICH PROKOSCH (Hrsg.): *Molla und Diplomat: Der Bericht des Ebû Sehil Nu'mân Efendi über die österreichisch-osmanische Grenzziehung nach dem Belgrader Frieden 1740/41.* Graz u.a.:Verlag Styria 1972 (Zitat S. 92f). **[1.1]** Einen Überblick zu den geographischen Europa-Definitionen gibt HANS-DIETRICH SCHULTZ, »Die Türkei: (k)ein Teil des geographischen Europas?«, in: CLAUS LEGGEWIE (Hrsg): *Die Türkei und Europa. Die Positionen.* Frankfurt a.M.: Suhrkamp 2004, S. 39-53 (Zitat von THEODOR KRAUS auf S. 50).

2. Die Osmanen und europäische Weltgeschichte: [2.1] Eine Einführung in die nomadische Lebensweise gibt FRED SCHOLZ: *Nomadismus: Theorie und Wandel einer sozio-ökologischen Kulturweise.* Stuttgart: Franz Steiner 1995. Für unermüdliche

Leser mit großem Wissensdrang eignet sich PETER B. GOLDEN: *An Introduction to the History of the Turkic Peoples. Ethnogenesis and State-Formation in Medieval and Early Modern Eurasia and the Middle East.* Wiesbaden: Harrassowitz 1992. Über das ehrgeizige, aber dennoch gut lesbare Buch von CARTER VAUGH FINDLEY: *The Turks in World History,* Oxford u.a.: Oxford University Press 2005, läßt sich die gesamte aktuelle Forschungsliteratur erschließen. Das sehr lehrreiche Werk von KLAUS KREISER / CHRISTOPH K. NEUMANN: *Kleine Geschichte der Türkei,* Stuttgart: Reclam ²2008, legt den Schwerpunkt auf die innerosmanische Geschichte und die Republik Türkei, gibt aber eine ausführliche Einleitung in die vorislamische und vorosmanische Zeit der Türken. Zur türkischen Invasion Kleinasiens und ihren Auswirkungen ist nach wie vor SPEROS VRYONIS: *The Decline of Medieval Hellenism in Asia Minor and the Process of Islamization from the Eleventh through the Fifteenth Century.* Berkeley u.a.: University of California Press 1971, maßgebend. Zu Byzanz kann als Einleitung RALPH-JOHANNES LILIE: *Byzanz: Geschichte des oströmischen Reiches 326-1453.* München: Beck ⁴2005, dienen. **[2.2]** KLAUS KREISER: *Der Osmanische Staat 1300-1922.* München: Oldenbourg ²2008, führt in den Forschungsstand der Osmanistik ein (mit umfassender Bibliographie). Als Beispiel für den mittlerweile sehr reichhaltigen Bestand an englischsprachigen Gesamtdarstellungen sei CAROLINE FINKEL: *Osman's Dream. The Story of the Ottoman Empire 1300-1923.* London: Murray 2006, genannt. **[2.3]** Zur Definition von »Balkan« und »Südosteuropa« siehe HOLM SUNDHAUSSEN »Europa balcanica. Der Balkan als historischer Raum«, *Geschichte und Gesellschaft. Zeitschrift für historische Sozialwissenschaft* 25. (1999), S. 626-653. RHOADS MURPHEY: *Ottoman Warfare, 1500-1700.* London: UCL Press 1999, ist eine gut lesbare Darstellung zur osmanischen Kriegstechnologie und -infrastruktur. Aus einer byzantinistischen Sicht heraus geschrieben ist KLAUS-DIETER MATSCHKE: *Das Kreuz und der Halbmond: die Geschichte der Türkenkriege.* Darmstadt: Wissenschaftliche Buchgesellschaft 2004. **[2.4]** Kara Mustafas Androhung den Wienern gegenüber findet sich in RICHARD F. KREUTEL / KARL TEPLY (Hrsg.): *Kara Mustafa vor Wien 1683 aus der Sicht türkischer Quellen.* Graz u.a.: Styria 1982 (Zitat S. 254f). Zum Dschihad siehe MICHAEL BONNER: *Jihad in Islamic history: Doctrines and Practice.* Princeton u.a.: Princeton University Press 2006. Die Zitate von Kara Mehmed und Evliya Çelebi sind RICHARD F. KREUTEL u.a. (Hrsg.): *Im Reiche des Goldenen Apfels. Des türkischen Weltenbummlers Evliya Çelebi denkwürdige Reise in das Giaurenland und in die Stadt und Festung Wien anno 1665.* Wien: Styria 1987, entnommen (Zitate S. 193, 89f, 169, 161). Zu Evliya Çelebi liegt jetzt die grundlegende Arbeit von ROBERT DANKOFF: *An Ottoman Mentality: The World of Evliya Çelebi.* Boston: Brill 2004, vor. Zur Bulle von Papst Nikolaus V. siehe ARNO STROHMEYER: »Das Osmanische Reich – ein Teil des europäischen Staatensystems der Frühen Neuzeit?«, in: MARLENE KURZ u.a. (Hrsg.): *Das Osmanische Reich und die Habsburgermonarchie.* München u.a.: Oldenbourg 2005, S. 149-164 (Zitat S. 149). Der Entlarvung des Türkenkriegskomplexes als Propagandainstrument widmen sich WINFRIED SCHULZE: *Reich und Türkengefahr im späten 16. Jahrhundert. Studien zu den politischen und gesellschaftlichen Auswirkungen einer äußeren Bedrohung.* München: Beck 1978, sowie ALMUT HÖFERT: *Den Feind beschreiben: »Türkengefahr« und europäisches Wissen über das Osmanische Reich 1450-1600.* Frankfurt am Main: Campus-Verlag 2003 (Zitat S. 65). Kenntnisreich zu den geistesgeschichtlichen Hintergründen äußert sich DIETER MERTENS: »Europäischer Friede und Türkenkrieg im Spätmittelalter«, in: HEINZ DUCHHARDT (Hrsg.): *Zwischenstaatliche Friedenswahrung im Mittelalter und Früher Neuzeit.* Köln u.a.: Böhlau 1991, S. 45-90. Luthers Kritik an der päpstlichen Türkenpolitik findet sich bei ERICH MEUTHEN: »Der Fall von Konstantinopel und der lateinische Westen«, *Historische Zeitschrift* 237. (1983), S. 1-35, (Zitat S. 18, Fußnote 58). Ahmed Resmis Kommentare zu Berlin sind WILLI BEY-BOLLAND (Hrsg.): *Eine Türkische Botschaft an Friedrich den Grossen, von Ahmed Ressmi Effendi.* Istanbul: Otto Keil 1903 (Zitat S. 24) entnommen. Siehe auch VIRGINIA AKSAN: *An Ottoman Statesman in War and Peace. Ahmed Resmi Efendi, 1700-1783.* Leiden: Brill 1995. Die Erwähnung von *Calvinoturcismus* und *Turcopapismus* findet sich bei DOROTHY M. VAUGHAN: *Europe and the Turk. A Pattern of Alliances 1350-1700.* Liverpool: At the University Press 1954 (S. 191f). Zum Komplex Luther-Türken siehe MARTIN BRECHT: »Luther und die Türken«, in BODO GUTHMÜLLER / WILHELM KÜHLMANN (Hrsg): *Europa und die Türken in der Renaissance.* Tübingen 2000, S. 9-27. **[2.5]** Zur Militärgrenze siehe KARL KASER: *Freier Bauer und Soldat: die Militarisierung der agrarischen Gesellschaft an der kroatisch-slawonischen Militärgrenze (1535-1881).* Wien u.a.: Böhlau 1997. **[2.6]** Naimas Interpretation des Vertrages von Karlowitz findet sich wiedergegeben bei RIFAAT ABOU-EL-HAJ: »Ottoman Attitudes Toward Peace Making: The Karlowitz Case«, *Der Islam* 51. (1974), S. 131-137. **[2.7]** Eine erste Einführung in die Geschichte Südosteuropas gibt MARK MAZOWER: *Der Balkan.* Berlin: Berliner Taschenbuch-Verlag 2002 (*The Balkans.* 2000). MARIA TODOROVA: *Die Erfindung des Balkans: Europas bequemes Vorurteil.* Darmstadt: Wissenschaftliche Buchgesellschaft 1999 (*Imagining the Balkans,* 1997) (vor allem das letzte Kapitel) und GUNNAR HERING: »Die Osmanenzeit im Selbstverständnis der Völker Südosteuropas«, in: HANS GEORG MAJER (Hrsg): *Die Staaten Südosteuropas und die Osmanen.* München: Südosteuropa-Gesellschaft 1989, S. 355-380, analysieren die heutige Sicht des osmanischen Erbes in Südosteuropa. Das serbische Memorandum von 1913 findet sich bei NOEL MALCOLM: *Kosova. A Short History.* London: Macmillan 1998 (Zitat S. XXXI).

3. Gegeneinander, Miteinander, Nebeneinander: Zur Einbettung des Osmanischen Reichs in die europäische Weltgeschichte siehe SURAIYA FAROQHI: *The Ottomans and the World Around it.* London, New York: Tauris 2004, sowie VIRGINIA H. AKSAN (Hrsg.): *The Early Modern Ottomans: Remapping the Empire.* Cambridge u.a.: Cambridge University Press 2007. Der Erfahrungsbericht des Osman Ağa findet sich bei RICHARD KREUTEL / OTTO SPIES (Hrsg.): *Der Gefangene der Giauren. Die abenteuerlichen Schicksale des Dolmetschers Osman Ağa aus Temeschwar, von ihm selbst erzählt.* Graz u.a.: Styria 1962. Einen umfassenden Überblick zu Wanderungsbewegungen in das Osmanische Reich gibt RALF C. MÜLLER: *Franken im Osten. Art, Umfang, Struktur und Dynamik der Migration aus dem lateinischen Westen in das Osmanische Reich des 15./16. Jahrhunderts auf der Grundlage von Reiseberichten.* Leipzig: Eudora 2005. Über die Pest im östlichen Mittelmeerraum der Neuzeit berichtet DANIEL PANZAC: *La peste dans l'empire ottoman 1700-1850.* Löwen: Peeters 1985. **[3.1]** Weit über den engen Titel des Buches hinaus geht FERNAND BRAUDEL: *Das Mittelmeer und die mediterrane Welt in der Epoche Philipps II.* 3 Bde. Frankfurt am Main: Suhrkamp 1998 (*La méditerranée et le monde méditerranéen à l'époque de Philippe II,* 1949). Anspruchsvoll ist das massive Werk von PEREGRINE HORDEN / NICHOLAS

Purcell: *The Corrupting Sea: A Study of Mediterranean History*. Oxford u.a.: Blackwell 2005, das den neuesten Forschungsstand verarbeitet. **[3.2]** Zu Venedig und Dubrovnik siehe Gerhard Rösch: *Venedig: Geschichte einer Seerepublik*. Stuttgart u.a.: Kohlhammer 2000, und Robin Harris: *Dubrovnik: A History*. London: Saqi 2003. **[3.3]** Dem Phänomen der Renegaten widmen sich Bartholome Bennassar / Lucile Bennassar: *Les Chrétiens d'Allah: l'histoire extraordinaire des renégats, XVI*[e]*-XVII*[e] *siècles*. Paris: Perrin 1989; Robert C. Davis' anschauliches Buch *Christian Slaves, Muslim Masters: White Slavery in the Mediterranean, the Barbary Coast, and Italy, 1500-1800*. Basingstoke: Palgrave Macmillan 2003, ist wegen seiner Vergleiche zum amerikanischen Slavenhandel kritisiert worden. **[3.4]** Nach Palmira Brummett: *Ottoman Seapower and Levantine Diplomacy in the Age of Discovery*. New York: State University of New York Press 1994, hatte Handel immer Vorrang vor der Religion. Zum osmanischen Handel mit Venedig siehe Cemal Kafadar: »A Death in Venice (1575): Anatolian Muslim Merchants Trading in the Serenissima«, *Journal of Turkish Studies* 10. (1986), S. 191-218. **[3.5]** Einen direkten Vergleich zwischen dem Los der Juden in der christlichen und islamischen Welt unternimmt Mark Cohen: *Unter Kreuz und Halbmond: die Juden im Mittelalter*. München: Beck 2005 (*Under Crescent and Cross*. 1994). Die Entwicklung der jüdischen Gemeinden in der islamischen Frühzeit und im Osmanischen Reich betrachtet Bernard Lewis: *Die Juden in der islamischen Welt: vom frühen Mittelalter bis ins 20. Jahrhundert*. München: Beck 2004 (*The Jews of Islam*. 1984). Lady Montagus Zitat findet sich in Robert Halsband (Hrsg.): *The Complete Letters of Lady Mary Wortley Montagu*, vol. 1: 1708-1720. Oxford: Clarendon Press 1965 (Zitat S. 319). Maurus Reinkowski gibt einen Überblick zum Forschungsstand in »Kryptojuden und Kryptochristen im Islam«, *Saeculum. Jahrbuch für Universalgeschichte* 54.1. (Freiburg), S. 13-37. Die Aussage von Hinrich von Hagen findet sich bei Matschke 2004, S. 341. **[3.6]** Zu den Dragomanen siehe Alexander H. de Groot, »Die Dragomane 1700-1869. Zum Verlust ihrer interkulturellen Funktion«, in: Kurz 2005, S. 473-490. Grundlegend ist Jens Oliver Schmitt: *Levantiner. Lebenswelten und Identitäten einer ethnokonfessionellen Gruppe im osmanischen Reich im »langen 19. Jahrhundert«*. München: Oldenbourg 2005.

4. Das Osmanische Reich im Kreise der europäischen Mächte: [4.1] Die osmanischen Gesandtschaften nach Frankreich im 18. Jahrhundert behandelt Gilles Veinstein (Hrsg.): *Les Paradis des infidèles: Relation de Yirmisekiz Çelebi Mehmet efendi, ambassadeur ottoman en France sous la Régence*. Paris: François Maspero 1981; eine allgemeine Übersicht gibt Fatma Müge Göçek: *East Encounters West. France and the Ottoman Empire in the Eighteenth Century*. New York u.a.: Oxford University Press 1987. Siehe auch Carter Vaughn Findley: »Ebu Bekir Ratib's Vienna Embassy Narrative. Discovering Austria or Propagandizing for Reform in Istanbul?«, *Wiener Zeitschrift für die Kunde des Morgenlandes* 85. (Wien 1995), S. 41-80. **[4.2]** Niccolo Macchiavellis *Il Principe – Der Fürst* wurde hier benützt in der Ausgabe von Philipp Rippel. Stuttgart: Philipp Reclam 1986 (Zitat S. 31). Bei Ogier Ghislain de Busbecq: *Vier Briefe aus der Türkei*. Aus dem Lateinischen von Wolfram von den Steinen. Erlangen: Verlag der Philosophischen Akademie 1926 (Zitat S. 156) halten sich Interesse und Ablehnung gegenüber dem Osmanischen Reich die Waage. Wegen des vergleichenden Ausblicks auf die verschiedenen asiatischen Reiche ist Jür-

GEN OSTERHAMMEL: *Die Entzauberung Asiens. Europa und die asiatischen Reiche im 18. Jahrhundert.* München: Beck 1998, maßgebend (S. 48 Zitat von Herder). **[4.3]** GREGOR SCHÖLLGEN: *Imperialismus und Gleichgewicht. Deutschland, England und die orientalische Frage 1871-1914*, München: Oldenbourg 1984, vertritt die »klassische« These, dass sich die Orientalische Frage destabilisierend auf das europäische Mächtegleichgewicht ausgewirkt hat. Konträr dazu argumentiert MALCOLM E. YAPP: *The Making of the Modern Near East 1792-1923.* London, New York: Longman 1987. Die tagebuchartigen Einträge von Ahmed Cevdet finden sich seinen *Tezâkir,* hrsg. von CAVID BAYSUN. Ankara: Türk Tarih Kurumu 1986 (Zitat in Bd. 2, 190). **[4.4]** Informativ, aber faktenlastig ist REINHOLD SCHIFFER: *Oriental Panorama. British Travellers in 19th Century Turkey.* Amsterdam, Atlanta Rodopi 1999. PAUL DUMONT: »Le voyage en Turquie du tourisme romantique au vacancier d'aujourd'hui«, *Journal Asiatique* 270.3-4. (Paris 1982), S. 339-362, gibt viele Informationen zu Reiserouten und -zeiten. Die Modernisierung Istanbuls beschreibt ZEYNEP ÇELIK: *The Remaking of Istanbul. Portrait of an Ottoman City in the Nineteenth Century.* Seattle, London: University of Washington Press 1986. **[4.5.]** ERNST JÄCKH: »Die deutsch-türkische Waffenbrüderschaft«, in: ERNST JÄCKH (Hrsg.): *Der Deutsche Krieg. Politische Flugschriften.* Heft 24. Stuttgart, Berlin: Deutsche Verlagsanstalt 1915, ist eine Propagandaschrift mit einzelnen zutreffenden Einsichten (Zitate S. 11, 17). Aus dem Blickwinkel eines »Hofhistoriographen«, aber dennoch substantiell ist GUSTAV BERTHOLD VOLZ: »Eine türkische Gesandtschaft am Hofe Friedrichs des Großen im Winter 1763/64«, *Hohenzollern-Jahrbuch* 11. (1907), 17-54 (Zitat von Friedrich II. auf S. 40). Als wissenschaftliche Arbeit zu den preußisch-osmanischen Beziehungen im 18. Jahrhundert liegt KEMAL BEYDILLI: *Büyük Friedrich ve Osmanlılar: 18. yüzyilda Osmanlı-Prusya münâsebetleri.* Istanbul: İstanbul Üniversitesi 1985, vor. Die Zitate von Bismarck und Wilhelm II. aus dem Jahr 1898 sind nachgewiesen bei SCHÖLLGEN 1986 (S. 16, 111). Colmar von der Goltz' *Denkwürdigkeiten.* Berlin: Mittler 1929, sind in der Bearbeitung von FRIEDRICH VON DER GOLTZ und WOLFGANG FOERSTER zu großen Teile leider nur Paraphrasen der Originalunterlagen (Zitate auf den S.134 und 428). Sehr kritisch zur türkisch-deutschen Zusammenarbeit äußert sich JEHUDA L. WALLACH: *Anatomie einer Militärhilfe: Die preußisch-deutschen Militärmissionen in der Türkei 1835-1919.* Düsseldorf: Droste 1976 (auf S. 150 Bemerkung von Wilhelm II. zur Lage der türkischen Armee). FRITZ FISCHER behandelt in seinem damals großes Aufsehen erregenden Werk *Griff nach der Weltmacht. Die Kriegszielpolitik des kaiserlichen Deutschland 1914/18.* Düsseldorf: Droste 1961, auch das Verhältnis zur Türkei (siehe insbesondere die S. 780-785; auf S. 134 Zitat von Wilhelm II. aus dem Jahr 1914).

5. Im nationalen Zeitalter: Die beiden Zitate von HELMUTH VON MOLTKE finden sich in einer der zahlreichen Ausgaben des 20. Jahrhunderts, *Unter dem Halbmond. Erlebnisse in der alten Türkei 1835-1839.* Tübingen: Erdmann 1981 (S. 349f, 352). **[5.1]** Zum Import des Nationalismus in den Nahen Osten ist immer noch lesenswert ERNEST GELLNER: *Nationalismus und Moderne.* Berlin: Rotbuch 1991 (*Nations and Nationalism.* 1983). **[5.2]** Das Verhältnis der Türkei zu den europäischen Großmächten schildern Beiträge in MARIAN KENT (Hrsg.): *The Great Powers and the End of the Ottoman Empire.* London: Allen & Unwin 1984. **[5.3]** Das Zitat zu Artikel 61 des Berliner Vertrages findet sich bei Fikret Adanir / Bernd Bonwetsch (Hrsg.): *Osmanismus, Nationalismus und der Kaukasus. Muslime und Christen, Türken und Armenier im 19. und 20. Jahrhundert*. Wiesbaden: Reichert Verlag 2005 (S. 6). Yusuf Halaçoğlu: *Die Armenierfrage*. Klagenfurt: Wieser Verlag 2006 (Zitate S. 85, 95), könnte man als – deutlich seriöseren – armenischen Gegenpol Vahakn N. Dadrian: *The History of the Armenian Genocide: Ethnic Conflict from the Balkans to Anatolia to the Caucasus*. Providence u.a.: Berghahn, 1995, gegenüberstellen. Zwei Beispiele für Spezialisten mit ausgewogenem Urteil sind Hans-Lukas Kieser: *Der verpasste Friede: Mission, Ethnie und Staat in den Ostprovinzen der Türkei, 1839-1938*. Zürich: Chronos 2000, und Taner Akçam: *Armenien und der Völkermord. Die Istanbuler Prozesse und die türkische Nationalbewegung*. Hamburg: Hamburger Edition 1996. Der Artikel von Winfried Baumgart: »Die »Orientalische Frage« redivivus? Große Mächte und kleine Nationalitäten 1820-1923«, *Tel Aviver Jahrbuch für deutsche Geschichte* 28. (1999), 33-55 (Zitat S. 43) gehört eigentlich zum Themenkomplex europäische Großmächtepolitik des 19. Jahrhunderts. Der Kommentar von Wilhelm II. zur Armenierfrage findet sich bei Schöllgen 1984, 69. Bethmann Hollwegs Äußerung vom Dezember 1915 ist wiedergegeben bei Hilmar Kaiser: »Die deutsche Diplomatie und der armenische Völkermord«, in: Adanir / Bonwetsch 2005, S. 203-235 (Zitat S. 213). Die Stellungnahme von Mustafa Kemal zur Armenierfrage findet sich bei Klaus Kreiser: *Atatürk. Eine Biographie*. München: Beck 2008. Für eine Kontextualisierung der Armeniermassaker wirbt Justin McCarthy: *Death and Exile. The Ethnic Cleansing of Ottoman Muslims 1821-1922*. Princeton, New Jersey: Darwin Press 1995. **[5.4]** Das Argument von Halil İnalcik findet sich in seiner Aufsatzsammlung *Turkey and Europe in History*. Istanbul: Eren 2006 auf den S. 113, 186. Von Falih R. Atay, *Zeytindağı* (Der Ölberg), Istanbul 1932 (1957), einem autobiographischen Bericht über den Ersten Weltkrieg, gibt es keine Ausgabe in europäischer Sprache (Zitat S. 41).

6 Die Gründung der Republik Türkei: Das Zitat von Klaus-Detlev Grothusen findet sich in seinem Beitrag zum Deutschen Historikertag 1988 in Bamberg »Vom Berliner Kongress bis zur Konferenz von Lausanne (1878-1923): Höhepunkt und Ende der Orientalischen Frage«. *Zeitschrift für Türkeistudien*, 2. 2. (1989), S. 93-111 (Zitat: S. 111). **[6.1]** Das Zitat von A. Cevdet findet sich in der umfassenden Analyse der ideologischen Strömungen der jungtürkischen Ära von Niyazi Berkes: *The Development of Secularism in Turkey*. New York: Routledge 1998 (unveränd. Nachdruck der Ausgabe von Montreal, 1963); (Zitat auf S. 358). Hier findet sich auch das Kemal-Zitat zum Zivilrecht auf S. 470. Die Bedeutung der Jungtürken für die Entwicklung der Republik und des türkischen Nationalgedankens betont vor allem Erik Jan Zürcher: *The Unionist Factor. The Role of the Committee of Union and Progress in the Turkish National Movement (1905-1926)*. Leiden: Brill 1983. Ähnlich argumentieren Dietrich Jung / Wolfango Piccoli: *Turkey at the Crossroads. Ottoman Legacies and a Greater Middle East*. London: Zed Books 2001; (das Karlsbader Kemal-Zitat auf S. 79f.) Das Zitat von Klaus Kreiser findet sich bei Kreiser / Neumann 2003, S. 364.

7 Die kemalistischen Reformen: Die Literatur über den türkischen Befreiungskampf und die Gründung der kemalistischen Republik ist kaum zu überblicken.

Die im folgenden genannten Arbeiten bieten auch eine gute Grundlage für die Ausführungen in Kapitel **[6.2]**. Allerdings fehlen neuere umfassende Darstellungen in deutscher Sprache, die etwa an die früheren Arbeiten GOTTHARD JÄSCHKES anknüpfen könnten. Auf Englisch sind nach wie vor äußerst nützlich BERNHARD LEWIS: *The Emergence of Modern Turkey.* London: Oxford University Press 1961, ³2002 (hier auf S. 247 das Kemal-Zitat) sowie STANFORD J. SHAW / EZEL KURAL SHAW, *History of the Ottoman Empire,* vol. 2 *Reform, Revolution and the Republic: The Rise of Modern Turkey 1808-1975.* Cambridge u.a.: Cambridge University Press 1977. Die authentische Version dieser Zeit aus der Feder des Hauptprotagonisten ist natürlich der Text der »Rede« von 1927 in MINISTRY OF EDUCATION OF THE TURKISH REPUBLIC, ed.,: *A Speech delivered by Mustafa Kemal Atatürk 1927.* Ankara: Başbakanlık Basımevi 1981. Zur Person Kemal Atatürks, seinem Wirken und Denken gibt umfassend Auskunft die Biographie von ANDREW MANGO: *Atatürk,* London: John Murray 1999 (Zitat auf S. 386). Einen präzisen Überblick der Entwicklung der Republik bis in die heutige Zeit gibt ERIK J. ZÜRCHER: *Turkey. A Modern History.* London: I.B. Tauris ³2004. Auf Deutsch ist hier zu erwähnen UDO STEINBACH: *Die Türkei im 20. Jahrhundert. Schwieriger Partner Europas.* Bergisch-Gladbach: Lübbe 1996.

8 Kemalismus in Theorie und Praxis: Informativ zum Verständnis des Kemalismus in Theore und Praxis sind SUNA KİLİ: *The Atatürk Revolution. A Paradigm of Modernization.* Istanbul: İş Bankası Kültür Yayınları 2003; TURHAN FEYZİOĞLU (Hrsg.): *Atatürk's Way.* Istanbul: Otomarsan 1982 und ALİ KAZANCIGIL / ERGUN ÖZBUDUN (Hrsg.): *Atatürk. Founder of a Modern State.* London: Hurst 1981. Unerlässlich zum Verständnis des Rechtsrahmens der heutigen politischen Ordnung der Türkei ist CHRISTIAN RUMPF: *Das türkische Verfassungssystem. Einführung mit vollständigem Verfassungstext.* Wiesbaden: Harrassowitz 1996. (Die aktuell gültige Version der Verfassung findet sich auf Deutsch im Internet unter *http://www.tuerkei-recht.de/Verfassung.pdf*). Eine Analyse der »gewachsenen« kemalistischen Republik zu Beginn des 21. Jahrhunderts liefert ERGUN ÖZBUDUN: *Contemporary Turkish Politics: Challenges to Democratic Consolidation.* Boulder: Lynne Rienner 2000. Die Problematik des türkischen Säkularismus wird in der Regel unter dem Rubrum »Islam und Politik« abgehandelt. Klassisch hierfür ist BİNNAZ TOPRAK: *Islam and Political Development in Turkey.* Leiden: Brill 1981. Die aktuelle Debatte des Problems behandeln u.a. GÜNTER SEUFERT: *Politischer Islam in der Türkei.* Istanbul, Stuttgart: Franz Steiner 1997; M. HAKAN YAVUZ: *Islamic Political Identity in Turkey.* Oxford: Oxford University Press 2003. Aufschlussreich zum Säkularismusverständnis der AKP ist AHMET T. KURU, »Reinterpretation of Secularism in Turkey: The Case of the Justice and Development Party", in: M. HAKAN YAVUZ (Hrsg.): *The Emergence of a New Turkey. Democracy and the AK Party.* Salt Lake City: The University of Utah Press 2006, S. 136-159. Angaben über das *Diyanet* enthalten İSMAİL KARA, »Eine Behörde im Spannungsfeld von Religion und Staat: das ‚Präsidium für Religiöse Angelegenheiten'«, in: GÜNTER SEUFERT / JACQUES WAARDENBERG (Hrsg.): *Turkish Islam and Europe.* Istanbul, Stuttgart: Franz Steiner 1999, S. 209-240 und GÜNTER SEUFERT: *Staat und Islam in der Türkei.* Berlin: Stiftung Wissenschaft und Politik 2004. Zum türkischen Nationalismus und seiner Entwicklung gibt es zahlreiche Untersuchungen. Ein Klassiker ist DAVID KUSHNER: *The Rise of Turkish Nationalism,*

1876-1908. London: Frank Cass 1977. Für die Entwicklung des Nationalismus in der Republik ist immer noch lesenswert HUGH POULTON: *Top Hat, Grey Wolf and Crescent: Turkish Nationalism and the Turkish Republic*. London: Hurst 1997. Einen neuen, eher unkonventionellen Blick wagen die Beiträge in HANS-LUKAS KIESER (Hrsg.): *Turkey Beyond Nationalism: Towards Post-Nationalist Identities*. London: I.B. Tauris 2006. Zum Nationalismusbegriff allgemein ist immer noch maßgeblich BENEDICT ANDERSON: *Die Erfindung der Nation. Zur Karriere eines folgenreichen Konzeptes*. Berlin: Ullstein 1988 (*Imagined Communities: Reflections on the Origin and Spread of Nationalism*. 1991).

9 Deutschland und die Türkei im 20. Jahrhundert: [9.1/9.2] Die deutsch-türkischen Beziehungen im Zweiten Weltkrieg analysiert LOTHAR KRECKER: *Deutschland und die Türkei im Zweiten Weltkrieg*. Frankfurt: Klostermann, 1964. Einen Überblick der deutsch-türkischen Beziehungen in der Nachkriegszeit geben GÜLÜZAR GÜRBEY: *Die Türkei-Politik der Bundesrepublik Deutschland unter Konrad Adenauer (1949-1963)*. Pfaffenweiler: Centaurus 1990 und CAN ÖZREN: *Die Beziehung der beiden deutschen Staaten zur Türkei (1945/49-1963)*. Münster: LIT 1999. Einen Gesamtüberblick mit einem zeitlichen Schwerpunkt ab 1980 gibt CURD-TORSTEN WEICK: *Die schwierige Balance. Kontinuitäten und Brüche deutscher Türkeipolitik*. Münster: LIT 2001 (hier auch das Matthöfer-Zitat von 1980 auf S. 44f. und das Zitat von Staatsminister Schäfer auf S. 202). **[9.3]** Nachdem das türkische Wissenschaftlerexil lange Zeit in Vergessenheit geraten war, findet es in jüngerer Zeit in der Forschung wieder eine gewisse Aufmerksamkeit. Immer noch unverzichtbar ist die bereits 1973 von HORST WIDMANN veröffentlichte Arbeit *Exil und Bildungshilfe. Die deutschsprachige Emigration in die Türkei nach 1933. (Mit einer Bio-Bibliographie der emigrierten Hochschullehrer im Anhang)*. Frankfurt: Lang, 1973. Aus der Sicht eines Betroffenen schildert FRITZ NEUMARK die Zeit in der Türkei in *Zuflucht am Bosporus. Deutsche Gelehrte, Politiker und Künstler in der Emigration 1933-1953*. Frankfurt: Knecht, 1980. Interessante Details enthält auch der jetzt wieder herausgegebene sog. »Scurla-Bericht«, in dem der Oberregierungsrat Dr. Herbert Scurla aus nationalsozialistischer Sicht über eine Dienstreise in die Türkei im Jahre 1939 berichtet, die er im Auftrag des Reichsministeriums für Wissenschaft, Erziehung und Volksbildung unternommen hat, um die Situation der in der Türkei tätigen deutschen Wissenschaftler zu erkunden; FARUK ŞEN / DIRK HALM (Hrsg.): *Exil unter Halbmond und Stern. Herbert Scurlas Bericht über die Tätigkeit deutscher Hochschullehrer in der Türkei während der Zeit des Nationalsozialismus*. Essen: Klartext 2007. Dem vergangenen und gegenwärtigen »deutschen Leben« in Istanbul sind die meisten der Beiträge in der *Zeitschrift für Türkeistudien*, 19. (2006) gewidmet. Die Literatur zur türkischen Arbeitsmigration nach Deutschland und ihren Folgen füllt eine eigene Bibliothek. Erste Überblicke vermitteln KARIN HUNN: *»Nächstes Jahr kehren wir zurück ...« Die Geschichte der türkischen »Gastarbeiter« in der Bundesrepublik*. Göttingen: Wallstein 2005 und CANAN ATİLGAN: *Türkische Diaspora in Deutschland. Chance oder Risiko für die deutsch-türkischen Beziehungen*. Hamburg: Deutsches Orient-Institut 2002. Den weiteren europäischen Rahmen beleuchten die Beiträge in der Ausgabe 7. 1 (2006) der Zeitschrift *Turkish Studies*, »*Determinants of Immigration and Integration* *of Turkish Immigrants in the European Union«*, die Refik Erzan und Kemal Kiri·çi herausgegeben haben.

10 Der lange Weg in die Europäische Union: Zu den Beziehungen der Türkei zur Europäischen Union gibt es zahlreiche Arbeiten von türkischen Autoren. Eine umfassende Gesamtdarstellung fehlt aber noch. Alle Arbeiten zu diesem Thema haben das Problem, dass die meisten Aktenbestände aufgrund der von den Regierungen für eine Veröffentlichung verhängten Sperrfristen für die Forschung noch nicht zugänglich sind. Die vorliegenden Arbeiten stützen sich deshalb in der Regel auf andere offene offizielle Quellen und Medienberichte. Die Anfänge der türkischen Westbindung und ihre Rolle als Partner der USA schildert Bruce R. Kuniholm: *The Origins of the Cold War in the Near East.* Princeton: Princeton Univ. Press 1980. Für die Entwicklung in den 1950er Jahren liefert George S. Harris eine eindrucksvolle Analyse: *Troubled Alliance. Turkish-American Problems in Historical Perspective.* Stanford: Hoover Institution 1972. **[10.1]** Die Entstehung des Assoziationsabkommens wird in zwei jüngeren Arbeiten analysiert, die auf bereits zugänglichen Akten beruhen: Sena Ceylanoğlu: *Europäische Wirtschaftsgemeinschaft, Griechenland und die Türkei. Die Assoziationsabkommen im Vergleich (1959-1963).* Baden-Baden: Nomos 2004 und Eugen Krieger: *Die Europakandidatur der Türkei. Der Entscheidungsprozess der Europäischen Wirtschaftsgemeinschaft während der Assoziierungsverhandlungen mit der Türkei 1959-1963.* Zürich: Chronos 2006 (hier auch die Hallstein-Zitate auf S. 11 und 55). Lesenswerte Überblicke der Assoziationsbeziehungen geben Heinz Kramer: *Die Europäische Gemeinschaft und die Türkei. Entwicklung, Probleme und Perspektiven einer schwierigen Partnerschaft.* Baden-Baden: Nomos 1988; Mahmut Bozkurt: *Die Beziehungen der Türkei zur Europäischen Union.* Frankfurt u.a.: Peter Lang 1995; Mehmet Uğur: *The European Union and Turkey: An Anchor/Credibility Dilemma.* Aldershot: Ashgate 1999; Harun Arikan: *Turkey and the EU. An Awkward Candidate for EU Membership.* Aldershot: Ashgate 2003. Die Texte des Ankara-Abkommens und des Zusatzprotokolls von 1972 finden sich im *Amtsblatt der EWG*, Nr. 217, 29.12.1964 und *Amtsblatt der EG*, Nr. L 293, 29.12.1972. **[10.2]** Die wechselvolle Entwicklung des eigentlichen Beitrittsprozesses ab 1999 ist bisher nur in Zeitschriftenaufsätzen und Sammelbänden behandelt worden wie Ziya Öniş, »Luxembourg, Helsinki and Beyond: Towards an Interpretation of Recent EU-Turkish Relations«, *Government and Opposition*, 35. (2004), S. 463-483 oder Ali Çarkoğlu / Barry Rubin (Hrsg.): *Turkey and the European Union.* London: Frank Cass 2003. Die Begründung für den Wandel der deutschen Türkeipolitik findet sich im Artikel des seinerzeitigen Staatsministers im Auswärtigen Amt Ludger Volmer, »Vor einer neuen Türkeipolitik? Die deutsche Außenpolitik vor einer möglichen EU-Mitgliedschaft der Türkei«, *Zeitschrift für Türkeistudien*, 13. (2000), S. 95-102. Gut verfolgen lässt sich der Prozess auch anhand der von der EU-Kommission seit 1998 jährlich vorgelegten sog. »Fortschrittsberichte": Europäische Kommission: *Regelmässiger Bericht der Kommission über die Fortschritte der Türkei auf dem Weg zum Beitritt.* Brüssel 1998 ff. Einen Überblick der türkischen »Europäisierungspolitik« geben Ergun Özbudun / Serap Yazici: *Democratization Reforms in Turkey (1993-2004).* Istanbul: TESEV 2004. Die entscheidenden Treffen des Europäischen Rates von Kopenhagen (2002) und Brüssel (2004) schildert sehr ausführlich Peter Ludlow:

The Making of the New Europe. Brüssel: EuroComment 2004 und DERS.: *Dealing with Turkey. The European Council of 16-17 December 2004.* Brüssel: EuroComment 2005. Aus der Sicht eines Beteiligten berichtet GERHARD SCHRÖDER: *Entscheidungen. Mein Leben in der Politik.* Berlin: Ullstein Tb. 2007, S. 360-363. Einen Überblick der Türkeidebatte in verschiedenen EU-Staaten geben ANGELOS GIANNAKOPOULOS/KONSTADINOS MARAS, (Hrsg.): *Die Türkei-Debatte in Europa. Ein Vergleich.* Wiesbaden: VS Verlag 2005. Die deutsche Debatte wird repräsentativ dargestellt in LEGGEWIE 2004. Das Zitat von Außenminister Fischer findet sich in JOSCHKA FISCHER: *Die Rückkehr der Geschichte. Die Welt nach dem 11. September und die Erneuerung des Westens.* Köln: Kiepenheuer & Witsch 2005, S. 194. Die französische Debatte schildert (mit einem deutlich pro-türkischen Akzent) DIDIER BILLION: *L'enjeu turc.* Paris: Armand Colin 2006. Der Aspekt der kulturellen Differenz zwischen Europa und der Türkei wird untersucht von JÜRGEN GERHARDS (unter Mitarbeit von MICHAEL HÖLSCHER): *Kulturelle Unterschiede in der Europäischen Union. Ein Vergleich zwischen Mitgliedsländern, Beitrittskandidaten und der Türkei.* Wiesbaden: VS Verlag 2005. Die Einstellung der türkischen Öffentlichkeit zur EU und ihr Wandel werden untersucht von HAKAN YILMAZ: »Swinging between Eurosupportiveness and Euroskepticism: Turkish Public General Attitudes towards the European Union«. in: DERS. (Hrsg.): *Placing Turkey on the Map of Europe.* Istanbul: Boğazici University Press 2005, S.152-181 und KUDRET BÜLBÜL/BEKİR ÖZİPEK/İBRAHİM KALIM: «Turkish Perceptions of the West". *Insight Turkey*, 10. 1 (2008), S. 129-147. Zur Rolle des Zypernkonflikts in den EU-Türkei-Beziehungen findet sich eine umfassende Analyse bei NATHALIE TOCCI: *EU Accession Dynamics and Conflict Resolution. Catalysing Peace or Consolidating Partition in Cyprus?.* Aldershot: Ashgate 2004. Die jüngste Entwicklung mit dem Scheitern des Annan-Plans untersucht CHRISTINA WENDT: *Wiedervereinigung oder Teilung? Warum das Zypern-Problem nicht gelöst wird.* Würzburg: Ergon 2006.

Zeittafel

552-630	Erstes historisch verbürgtes türkisches Doppelreich (*kaganate*) in Zentral- und Mittelasien.
568	Zwei türkische Gesandtschaften erscheinen in Byzanz, um ein Bündnis gegen die Sassaniden zu schließen; Gegenbesuch einer byzantinischen Gesandtschaft im folgenden Jahr.
674-678	Erste Belagerung Konstantinopels durch ein arabisch-muslimisches Heer.
682-745	Zweites türkisches Doppelreich.
717-718	Zweite Belagerung Konstantinopels durch ein arabisch-muslimisches Heer.
1071	Schlacht bei Manzikert (heute Malazgirt): Ein großseldschukisches Heer im Verein mit turkmenischen Einheiten besiegt das byzantinische Heer in Ostanatolien.
1176	Eine schwere Niederlage bei Myriokephalon im Nordwesten Kleinasiens macht die Rückgewinnung Kleinasiens durch Byzanz endgültig unmöglich.
1291	Akko, der letzte Stützpunkt der Kreuzfahrer im »Heiligen Land«, geht verloren.
1326	Osman I., der Begründer der osmanischen Dynastie, stirbt. – Prusa (nun Bursa) wird eingenommen und erste Hauptstadt der Osmanen.
ca. 1361	Einnahme Adrianopels (nun Edirne), das Bursa als Hauptstadt der Osmanen ablöst.
1389	Schlacht auf dem Amselfeld / Kosovo Polje (15. Juni): Murad I. (reg. 1359-1389) schlägt die Truppen des serbischen Fürsten Lazar.
1396	Niederlage eines Kreuzritterheers bei Nikopolis (an der Donau).
1442	Ragusa (Dubrovnik) schließt einen Vertrag mit den Osmanen.
1444	Friede von Edirne und Schlacht bei Varna. – Mehmed II. Fatih, späterer Eroberer Konstantinopels, wird erstmals Sultan (bis 1446 und wiederum 1451-1481).
1453	Eroberung Konstantinopels durch Mehmed II., »dem Eroberer« (29. Mai), das als Istanbul osmanische Hauptstadt wird. – Einsetzung eines Patriarchen als Vorstand der griechisch-orthodoxen Gemeinde im Osmanischen Reich.
1456	Erfolgreiche Abwehr der osmanischen Belagerung von Belgrad (das schließlich 1521 von Süleyman I. erobert wird).
1458	Einsetzung eines Patriarchen als Vorstand der armenischen Gemeinde im Osmanischen Reich.

1461	Enea Silvio Piccolomini verfaßt als Papst Pius II. (1458-1464) die *Epistola ad Mahometem.*
1470	Das von den Venezianern gehaltene Negroponte (heute: Euböa) fällt an die Osmanen.
1475	Die Osmanen nehmen die genuesischen Handelsstützpunkte auf der Krim ein.
1479	Osmanischer Apulienfeldzug und Einnahme von Otranto (gehalten bis 1481).
1482	Cem (1459-1495), Sohn von Mehmed II. und Bruder von Bayezid II. (reg. 1481-1512), flüchtet zu den Johannitern auf die Insel Rhodos.
1492	Beginn der Aufnahme von aus Spanien vertriebenen Juden im Osmanischen Reich.
1500	Modon und Koron, die beiden »Augen« Venedigs an der Südküste der Peloponnes, fallen an die Osmanen.
1517	Selim I., »der Gestrenge« (reg. 1512-1520), erobert Damaskus und Kairo.
1520	Süleyman I. Kanuni, »der Prächtige«, wird Sultan (reg. bis 1566).
1522	Die Johanniter werden durch die Osmanen von Rhodos vertrieben und lassen sich wenig später auf Malta nieder (Malteser).
1526	Schlacht von Mohács; Tod von Ludwig II. von Böhmen und Ungarn.
1529	Erste Belagerung Wiens (26. September bis 16. Oktober).
1533-1534	Überwinterung der osmanischen Flotte im Hafen von Toulon.
1536	Erste, vermutlich nicht zum Abschluss gebrachte Vertragsverhandlungen zwischen Frankreich und den Osmanen.
1547	Osmanisch-österreichischer Friedensvertrag zwischen Ferdinand I. und Süleyman I. Österreich wird gegenüber den Osmanen tributpflichtig.
1569	Frankreich werden als erstem europäischen Staat von osmanischer Seite formell die »Kapitulationen« gewährt.
1571	Zypern fällt an die Osmanen. – Seesieg der Flotten abendländischer Mächte bei Lepanto (am Eingang zum Golf von Korinth) über die Osmanen.
1573	Osmanisch-venezianischer Friedensvertrag und Ausbau der Wirtschaftsbeziehungen.
1593-1606	»Langer Türkenkrieg« zwischen Österreich und den Osmanen.
1606	Der österreichisch-osmanische Frieden von Zsitvatorok beendet den »Langen Türkenkrieg«: Osmanische Gebietsverluste auf dem Balkan und Ende der österreichischen Tributzahlungen.
1622	Papst Gregor XV. gründet »Heilige Kongregation zur Verkündigung des Glaubens« *(Sacra Congregatio de Propaganda Fide).*
1630	Österreich erlässt die *statuta valachorum* für die Bevölkerung entlang der Militärgrenze.
1665	Gesandtschaft von Kara Mehmed Pascha nach Wien. Im seinem Gefolge befindet sich der bedeutende Reiseerzähler Evliya Çelebi.
1669	Nach längerem Krieg (seit 1645) fällt mit Iraklion (Candia/Hanya) der letzte venezianische Stützpunkt auf Kreta.

1683-1699	»Großer Türkenkrieg«.
1683	Zweite osmanische Belagerung Wiens ab dem 13. Juli. Endet mit der Schlacht am Kahlenberg am 12. September.
1684	Papst veranlasst Bildung der »Heiligen Liga« unter Beteiligung von Venedig.
1686	Osmanen verlieren die Festung Buda (Teil des heutigen Budapests) an die Österreicher und deren Verbündete.
1687	Die osmanische Niederlage bei Mohács kostet Sultan Mehmed IV. (reg. 1648-1687) seinen Thron.
1691	Markgraf Ludwig Wilhelm von Baden, der »Türkenlouis«, gewinnt die Schlacht bei Slankamen an der Donau.
1697	Eugen von Savoyen erringt Sieg bei Zenta (heute: Senta) an der Theiß.
1699	Friede von Karlowitz beendet den »Großen Türkenkrieg«. Österreich erhält Ungarn, Siebenbürgen sowie große Teile Slawoniens und Kroatiens.
1711	Osmanen schlagen Peter den Großen beim Fluss Pruth.
1715	Osmanen erobern den Peloponnes von Venedig zurück.
1718	Frieden von Passarowitz (Požarevac): Landgewinne und Handelsvorteile für Österreich und Venedig. – Beginn der »Tulpenzeit« unter Ahmed III. (reg. 1703-1730).
1720-1721	Osmanische Gesandtschaft unter Yirmisekiz Çelebi Mehmed Efendi in Paris.
1739	Nach einem erfolgreichen osmanischen Feldzug nach Serbien (ab 1737) verliert Österreich im Frieden von Belgrad u.a. die Stadt Belgrad selbst, Serbien und die Kleine Walachei an die Osmanen.
1761	Freundschafts- und Handelsvertrag zwischen Preußen und dem Osmanischen Reich.
1763-1764	Osmanische Gesandtschaft unter Ahmed Resmi in Berlin.
1774	Russisch-osmanischer Friedensvertrag von Küçük Kaynarca mit umfangreichen russischen Landgewinnen im Schwarzmeerraum; zugleich Begründung von russischen Schutzansprüchen über die orthodoxe Bevölkerung im Osmanischen Reich.
1790	Osmanisch-preußischer Bündnisvertrag wird geschlossen.
1793	Osmanisches Reich richtet erste ständige Botschaft in London ein, gefolgt von Paris, Wien und Berlin.
1798	Besetzung Ägyptens durch Napoleon (die französischen Truppen verlassen 1801 wieder das Land).
1817	Serbien erhält Selbstverwaltungsrecht, bleibt aber dem Osmanischen Reich tributpflichtig bis zum Berliner Kongress.
1821	Griechischer Aufstand auf der Peloponnes und Beginn des griechischen Unabhängigkeitskriegs. Der griechisch-orthodoxe Patriarch Gregorios V. wird in der Osternacht in Istanbul erhängt.
1826	Das Janitscharencorps wird gewaltsam zerschlagen.
1827	Englische, französische und russische Schiffe zerstören die ägyptisch-osmanische Flotte vor Navarino (Pylos).

1830	Im Londoner Protokoll wird von den europäischen Großmächten die Unabhängigkeit Griechenlands anerkannt. – Eroberung Algiers durch Frankreich.
1832	Der Wittelsbacher Otto I. wird 1832 als König von Griechenland eingesetzt (1862 gestürzt).
1835	Mission von Helmuth von Moltke im Osmanischen Reich beginnt (bis 1839).
1838	Im Vertrag von Balta Limanı erhält Großbritannien weitgehende Handelsprivilegien durch das Osmanische Reich.
1839	Mit einem herrscherlichen Edikt beginnt die Reformperiode der *Tanzimat.*
1856	Pariser Vertrag (30. März) beendet den Krimkrieg (1853-1856). Aufnahme der Osmanen in das »Konzert der Mächte«. – Zweites Reformedikt der Tanzimat-Periode wird erlassen. – Umzug des osmanischen Hofes vom Topkapı-Serail in den Dolmabahçe-Palast.
1867	Sultan Abdülaziz besucht die Pariser Weltausstellung sowie London.
1869	Eröffnung des Suez-Kanals (17. November).
1875	Osmanischer Staat erklärt Bankrott. – Eröffnung der unterirdischen Standseilbahn *(Tünel)* in Istanbul.
1876	Ausrufung der osmanischen Verfassung. – Osmanische Massaker in Bulgarien.
1878	Russisch-osmanischer Vertrag von San Stefano (Yeşilköy) nach vernichtender osmanischer Niederlage. Revision des Vertrages durch den Berliner Kongress (13. Juni - 13. Juli): Die europäischen Großmächte bestätigen die Unabhängigkeit Serbiens, Montenegros und Rumäniens und erklären Bulgarien zum unabhängigen Fürstentum. Österreich-Ungarn wird die Besetzung von Bosnien und Herzegowina zugestanden. Osmanisches Abkommen mit Großbritannien über »vorübergehende« Abtretung von Zypern.
1881	Frankreich annektiert Tunis.
1882	Großbritannien setzt sich in Ägypten fest. – Deutsche Militärmission, geleitet von General Otto Kähler, trifft in Istanbul ein.
1888	Der »Orient-Express«, eine direkte Bahnverbindung zwischen Europa und Istanbul, geht in Betrieb. – Deutschland erwirbt Konzession zum Bau der Anatolischen Bahn.
1889	Wilhelm II. reist das erste Mal in den Orient (erneute Reisen 1898 und 1917).
1908	Teilen des osmanischen Heers gelingt es, Sultan Abdülhamid II. zur Wiedereinsetzung der Verfassung von 1876 zu verpflichten.
1909	Massaker an Armeniern in Kilikien. – Förmliche Annexion von Bosnien und Herzegowina durch Österreich-Ungarn.
1912	Erster Balkankrieg beginnt nach Kriegserklärung Montenegros, Serbiens, Bulgariens und Griechenlands an die Türkei.
1913	Zweiter Balkankrieg der bisherigen Verbündeten sowie der Türkei gegen Bulgarien.

1914	Die Türkei schließt geheimen Bündnisvertrag mit Deutschland (2. August). – Kündigung der Kapitulationsverträge mit europäischen Staaten (9. September). – Die deutschen Kriegsschiffe Goeben und Breslau greifen Ende Oktober unter türkischer Flagge russische Schwarzmeerhäfen an. Kriegserklärung der Entente-Mächte an die Türkei.
1915	Erste Verhaftungen und Deportationen der armenischen Gemeinde in Istanbul und den Provinzen (24. April). Gesetzeserlass zur Deportation der Armenier aus Anatolien (1. Juni). – 20 deutsche Professoren erhalten Ruf an Istanbuler Universität.
1916	Die Entente-Mächte ziehen sich von den Dardanellen zurück. – »Sykes-Picot-Abkommen« sieht Aufteilung der arabischen Gebiete des Osmanischen Reiches zwischen Großbritannien und Frankreich vor (16. Mai).
1917	Einmarsch britischer Truppen in Jerusalem (9. Dezember).
1918	Kriegsminister Hüseyin Rauf unterzeichnet Waffenstillstand von Mudros (30. Oktober).
1919	Beginn der griechischen Invasion in Kleinasien.
1920	Vertrag von Sèvres. – Alliierte Truppen besetzen Istanbul.
1922	Die Truppen der türkischen Nationalbewegung unter der Führung von Mustafa Kemal schlagen die griechischen Truppen zurück. Einnahme İzmirs durch türkische Truppen (9. September). – Absetzung und Emigration des letzten Sultans Mehmed VI. Vahdettin (reg. 1918-1922).
1923	Gründung der Republik Türkei (29. Oktober). – Vertrag von Lausanne: Internationale Anerkennung des Nationalpakts und der Grenzen von 1922. – Konvention zwischen Griechenland und der Türkei über Bevölkerungsaustausch (30. Januar).
1924	Verabschiedung der neuen Verfassung (20. April). – Gründung der Fortschrittlichen Republikanischen Partei / Terakkiperver Cumhuriyet Fırkası (17. November). – Aufhebung des Kalifats.
1925	Der Nakşibendi-Scheich Said führt einen Aufstand kurdischer Stämme an. Inkraftsetzung des »Reformplans für den Osten«: Kurdische Provinzen werden einem Generalgouverneur unterstellt und »gefährliche Kurden« umgesiedelt. – Verbot der Fortschrittlichen Republikanischen Partei (3. Juni). – Erste kemalistische Reformen: »Hutgesetz«, Verbot des Turbans, Einführung des Gregorianischen Kalenders und der 24-Stunden-Zeitmessung.
1926	Umgestaltung des Strafrechts nach italienischem, des Handelsrechts nach deutschem Vorbild.
1928	Einführung »internationaler« Zahlen (24. Mai).
1929	Gesetz zur Einführung des türkischen (lateinischen) Alphabets (1. Januar).
1930	Rebellion junger Derwische in Menemen, fordern Wiederherstellung des Kalifats. – Religionsunterricht wird in städtischen Schulen, 1933 in Dorfschulen verboten.
1933	Beginn der deutschen Gelehrtenemigration in die Türkei.
1935	Einführung von Familiennamen.

1936	Konvention von Montreux: Gemäß dieser bis heute gültigen Konvention erhält Ankara die volle Souveränität über die Meerengen bei Garantie der internationalen Schifffahrt in Friedenszeiten.
1945	Die Türkei ist Gründungsmitglied der Vereinten Nationen.
1946	Einführung des Mehrparteiensystems durch İsmet İnönü und Aufgabe der außenpolitischen Neutralität zugunsten einer Westbindung.
1949	Die Türkei wird Mitglied im *Europarat.*
1950	Sieg der Demokratischen Partei in den ersten »freien« Parlamentswahlen.
1952	Beitritt der Türkei zur *North Atlantic Treaty Organization.*
1955	Schwere Ausschreitungen gegen die in Istanbul verbliebenen Griechen.
1960	Militärputsch (27. Mai).
1961	Erste türkische Gastarbeiter kommen in die Bundesrepublik. – Neue Verfassung mit deutlich liberaler Ausrichtung ersetzt die Erstfassung von 1924.
1964	Beginn der deutschen Verteidigungshilfe für die Türkei (im Rahmen der NATO). Das Assoziationsabkommen EWG-Türkei (Vertrag von Ankara) tritt in Kraft.
1968	Verhandlungen zwischen der Türkei und der EWG über konkrete Ausgestaltung der »Übergangsphase« der Assoziation.
1969	Die Türkei erhält einen Sitz in der *Organisation der Islamischen Konferenz (OIC)*
1970	Zusatzprotokoll zum Vertrag von Ankara (23. November; am 1. Januar 1973 in Kraft getreten) sieht sofortige Beseitigung der Zölle der EG für türkische Industriewaren und die Freizügigkeit der Arbeitskräfte für den 1. Dezember 1984 vor.
1971	Militärputsch (12. März).
1973	Türkei setzt einseitig die im Zusatzprotokoll von 1973 vorgesehenen Maßnahmen zur Zollreduzierung aus. – Gründungsmitglied der *Konferenz für Sicherheit und Zusammenarbeit in Europa (KSZE).*
1974	Türkische Besetzung des Nordteils von Zypern.
1979/1980	Bundesrepublik Deutschland koordiniert zwei umfangreiche internationale Finanzpakete zur Abwendung eines türkischen Staatsbankrotts.
1980	Militärputsch (12. September).
1981	Die EG friert ihre Finanzhilfen für die Türkei ein.
1982	Neue Verfassung. Enthält deutliche, sicherheitspolitisch motivierte Reglementierungen zum Schutz der kemalistischen Republik.
1983	Turgut Özal gewinnt mit seiner Mutterlandspartei (*Anavatan Partisi)* die Wahlen.
1987	Der türkische Staatsminister für Europafragen, Ali Bozer, überreicht dem Präsidenten des Ministerrates der EG, Leo Tindemans, den offiziellen türkischen Beitrittsantrag (14. April).

1989	Der Ministerrat der EG beschließt, bis 1993 keine weiteren Beitritte zu akzeptieren; Ausbau der Assoziation und Vollendung der Zollunion sollen jedoch stattfinden.
1995	Abkommen über die Vollendung der Zollunion und Umsetzung des Assoziationsvertrags von 1964 (5. März). – Beendigung der deutschen Verteidigungshilfe.
1997	Der Europäische Rat schließt bei einem Treffen in Luxemburg im Dezember die Türkei offiziell aus der nächsten Erweiterungsrunde aus; Tiefpunkt europäisch-türkischer Beziehungen.
1999	Der Europäische Rat erkennt bei einem Treffen in Helsinki im Dezember der Türkei offiziell den Status eines Beitrittskandidaten zu.
2001	Verfassungreform und Reform des türkischen Zivilrechts (Stärkung der Rechte der Frauen).
2002	Reformpaket am 3. August: Abschaffung der Todesstrafe, faktische Legalisierung des Kurdischen. – Wahlsieg der Partei für Gerechtigkeit und Entwicklung *(Adalet ve Kalkınma Partisi)* unter der Führung von Recep Tayyip Erdoğan (3. November).
2004	Referendum über »Annan-Plan« in beiden Teilen Zyperns scheitert (24. April): 2/3 der türkischen Zyprer stimmen zwar zu, aber 3/4 der griechischen Zyprer lehnen den Plan ab.
2005	Beginn der Beitrittsverhandlungen zwischen der Türkei und der EU (3. Oktober).
2006	Acht Kapitel der Beitrittsverhandlungen im Dezember durch die EU vorläufig auf Eis gelegt, bis die Türkei ihrer Verpflichtung zur Anwendung des Zusatzprotokolls zum Assoziationsabkommen (bedeutet vollständige Einbeziehung Zyperns in die Zollunion EU-Türkei) nachkommt.

Register

Sehr häufig im Text genannte Begriffe wie »Asien«, »Balkan«, »Christen«, »Deutschland«, »Europa«, »Islam«, »Istanbul«, »Muslime«, »Osmanisches Reich«, »Südosteuropa«, »Türkei«, »Türken« werden nicht im Register berücksichtigt. Ortsnamen sind nach der im jeweiligen heutigen Staat üblichen Schreibung aufgeführt (z.B. »Senj« statt »Zengg«, »Bursa« statt »Prusa«). Bei den Orten historischer Friedensschlüse (z.B. »Karlowitz«, »Passarowitz«) wird die in der deutschsprachigen Geschichtsschreibung eingeübte Schreibung bevorzugt. Die zahlreichen im zweiten Teil des Buches genannten türkischen Parteien erscheinen unter ihrem jeweiligen türkischsprachigen Originalnamen.